ドラッカー、その思想

Peter Ferdinand Drucker

三戸 公
Mito Tadashi

文眞堂

まえがき

ドラッカーは一九〇九年に生れ、二〇〇五年に逝った。

彼は自分は文筆家であると自称していたが、五〇冊近い学術的著作の多くがベストセラーとなり、ロングセラーとなる、という恵まれた稀有の人物である。

彼より一まわり後れて生をうけ同時代を生きた私は、経営学徒として、経営学の巨人ドラッカーの本の多くに目を通し、読み、論じて半世紀を共にしたことになる。

今、空前のドラッカーブームに際して、求めに応じて、これまで発表して来た論攷の幾つかをまとめることにした。だが、この作業は、私にとってかつて無い難しいものとなった。とりあえず今、ドラッカーをどう把らえるかを書かねばならない。それを序章に置くことにした。書き終えたとき、自ら包蔵されていたドラッカーの全体像が、かなりはっきりして来た。それをここで略述しよう。

彼の全著作は、明確に三つの時期に分けることが出来ると思う。戦前期（戦中期をふくむ）と戦後期、そして戦後期は冷戦期と冷戦終結後の三つの時期区分である。

第一期は、彼が生きる社会＝現代社会はいかなる社会か、それに真向から向き合い『経済人の終り』を書き、『産業人の未来』を書いた彼が、ＧＭのコンサルタントの実体験をすることによって『会社の概念』を書いて、終戦後すぐ発表し、経営学者として世に出た時期である。

彼は、自伝を『バイスタンダーの冒険』と題して、『会社の概念』（一九四六年）が世界にマネジメントブームを起したこと、ＧＭの偉大な経営者スローンとの交流のところで、彼の半世の区切りとして終えている。この自伝は既に功なり名遂げた一九七九年に書かれたものである。この題は、戦後はバイスタンダーではなく、主役として生きた自覚・自負の表現だ、と私はみる。

戦後社会を主役の自覚をもって生きているとはいかなる自覚であるか。ヒットラー全体主義に抗して、人間の本性たる自由の社会の実現を希求して社会を論じて出発したのが彼である。その彼はソ連社会主義社会を全体主義と把握し、それがマルクスによるものと把らえ、マルクス批判の思想と理論を積極的な形で打ち出し、冷戦体制を自由主義産業社会建設をもって対抗しようとしたのである。

それが『新しい社会』と『管理の実践』（＝『現代の経営』）で理論的な基礎が構築・呈示されたのである。彼にとっての管理＝経営は、〈自由にして機能〉する産業社会の拠点である。その理論と実践は、『非連続の時代』（＝『断絶の時代』）と『マネジメント』となって大きく展開した。前者は産業社会は組織と管理の社会であるが、その組織は大企業という産業組織＝企業が決定的な構成要素であった。だが、社会的行為の一切が組織化し、多元的組織の社会となって来た現実を知識社会と把らえて論じたものである。後者は、企業のマネジメントが主内容となっていたが、あらゆる組織の〈マネジメント〉すなわち組織一般のマネジメントが、大冊『マネジメント』として書かれたのである。

やがて、ドラッカーが予言していた全体主義の社会主義諸国家の崩壊と変質による冷戦体制の終焉が実現したとき、そこに生起した世界は、おそらく彼の予期したものではなかったと思う。

彼は、資本主義という言葉を、『経済人の終焉』を論じたときから使った事はなく、先進資本主義諸国は社会主義社会化へ〈見えざる革命〉を遂げたと論じていたのに、にわかに〈資本主義の危機〉を語り、『ポスト資本主義』と題して論じたが、その内容は彼がこれまで論じて来た多元的組織社会＝知識社会論を繰り返すにとどまっている。これが、彼の第三期冷戦終結期である。

冷戦の終結をもって、人類は大きな峠をこえた、歴史の転換だと彼は表現したが、果たしてそう把らえてよいであろうか。経済人の時代は終るどころか、飛躍的に経済人の社会は進化・拡大し、もはや他の生物をもまきこんで危機的情況にまで突入して来た。この情況の出現は、彼の意図したものではない。全くそれとは正反対のものを求めていた筈である。だが、彼の「顧客の創造・マーケティングとイノベーション」の実践が生み出した利潤という目的的結果とともに、生み出された随伴的結果の集積が、現在の危機的情況を生み出したのだ、と言うことが出来るであろう。万物すべて相互連関・生成消滅のプロセスの中にある。

読み手によって画かれるドラッカー像は全て異なるであろう。テレビで上田惇生氏の素晴しい講義を聞いたし、ドラッカー経営管理の研究にほとんど一生を費やした河野大機教授の業績もある。同時代を生き、生き延びている経営学徒の私のこのドラッカー像はいかなる意味をもつものであろうか。

このドラッカー像に到る私の軌跡は、その視座の大きな変化、その時々の問題意識の移り代り、そして彼の業績の時代の推移に即応した展開は、私の論文に直線的な軌跡を見せない。書かれた論文の順序に従って並べるより、私のドラッカー像の理解とその可否・妥当性を看てもらう為には、その逆に並べて一書にする方がよいと考え、この度はそうした。

敗戦後大学に入り経済学を学んだ私は、当時支配的であったマルクス経済学を学び、共鳴した。そこに立って、ドラッカー批判の論文を書いた。その私は社会主義社会の現実がマルクスが希求した方向とはむしろ逆に進みつつあるのは、何故か。私はマルクスの経済学を大筋において肯定しつつ、組織＝管理の問題を問題とするに到った。その時、ドラッカーとバーナードが、そしてフォレットとテイラーが居た。彼等を、くり返し読んできた。

だが、ドラッカーに全面的に依拠する私にならないのは、彼の経済学が自由市場経済を全面的に肯定するところに立っていることである。そして、いま一つ、彼がテイラーを〈経営学の父〉と言いつつも、テイラーを超えた存在として自分を位置づけているところである。それはテイラーの〈経験から科学へ〉の命題の人類史的意味に思い及んでいないからである。科学とは何か。彼の知識社会論の提唱の先見性は既に『断絶の時代』で一世を風靡したが。知識・情報・科学の何たるかの根底的な問いが彼には無いことである。

無いものねだりは無意味である。彼から攝取すべきものの徹底的な吟味と受容は、経営学徒には課せられている。

未だ終っていないリーマン・ショック大恐慌そして世界を恐怖に巻き込みつつある原発事故にあわず、その前夜に彼は逝った。だが、それを彼は予感しつつ逝った。私達はこれに否応なく向き合わねばならぬ。我々は彼から、なお学び取るものがあると思う。

なおドラッカーの主舞台である経営学について、その位置と意味に言及しなければなるまい。

ドラッカーは「経営学の父」か

「マネジメントの父」と呼ばれ、「マネジメントのバイブル『マネジメント』の著者」と言われているピーター・ドラッカー」と、今、ＮＨＫのテレビ・アニメで紹介されているＰ・ドラッカー。彼は既に早く『ドラッカー、企業社会を発明した思想家』と題されたJohn J. Tarant, *The Man Who Invented the Corporate Society*, 1970（風間禎三郎訳、ダイヤモンド社）、また『マネジメントを発明した男』Jack Beaty, *The World According to Peter Drucker*, 1990（平野誠一訳、ダイヤモンド社）と紹介されてもいる。果たして、このドラッカー評は妥当なものであろうか。

ドラッカーの書いた少なからぬ本がベスト・セラーとなり、ロングセラーとなり、それに比肩する経営学者は無いのだから、彼にこのような評が生まれるのは、当然かも知れない。だが、奇妙なことに、戦後五〇年代にドラッカーが日本に紹介されてしばらくの間は多くの経営学者がその本を読み論じた。ところが、少数を除いて経営学者のほとんどがドラッカーを取り上げることはなく、現在に到り、この度の〈もしドラ・ブーム〉に触発されてか、にわかに取り上げられて来た。何故、このような奇妙な現象が生じたのであろうか。

二十世紀において、最も大きな影響力をもった思想家は、マルクスとドラッカーだと思う。マルクスの思想は経済学書『資本論』を頂点とするものであり、ドラッカーの思想は『マネジメント』を頂点とする。『資本論』は、マルクス三〇歳の時の共産党宣言の末尾に生き生きとした一節にこめられた彼のヒューマニズムに満ちた理想社会の実現を科学の名において論議しようとした比類なき業績である。すなわち、「階級と階級対立をもった旧ブルジョア社会に代って、各人の自由な発展がすべての人の自由な発展の条件となるような共同社会があらわれる。」

マルクスの思想・燃えるヒューマニズムは、科学の書を目指した『資本論』に他の思想・学問を許容しないイデオロギー性を付与している。それは力をもつと同時に、学を自由に論じ許容し利用することを拒む風潮を生んだ。今、資本主義の危機・大転換が叫ばれて来て、彼が再び論じられ、取り上げられて来ている。当然であろう、資本論に勝る経済学書は他に無いように思われる。イデオロギーから解放された彼が、自由に現在に即して発展的な把握が為されざるを得ないであろう。ともあれ、資本論は多くの経済学者をとらえ、生涯を経済学即資本論と観念した研究者が多数生じた。

これに対して、戦後日本において、また世界において、これほど一般の実業人から読まれ支持されて来たドラッカーの経営学書が、経営学者から積極的に取り上げられ論じられることなく現在に及んだのは、何故であろうか。この問は重い。

〈経済学の父〉アダム・スミスと言われるように、〈経営学の父、マネジメントの父〉と言えば経営学者なら誰でもF・W・テイラーの名をあげて来た。そして、経営学者は経営学の父とドラッカーの名をあげることはあるまい。テイラー自身がThe Father of Scientific Managementと墓碑銘に望んだ。そして、ドラッカー自身もまた、誰よりもテイラーの業績の意義を知悉していた。それを示す一文を紹介する。そして、彼の経営学観を見事に表現したこの一文の末尾もともに。

テイラー協会の後進の協会から、一九六七年に最高の賞であるテイラー・キーを受けたドラッカーの書いた「フレデリック・W・テイラーの先駆性」という短文（Frederick W. Taylor, "The Professional Management Pioneer", *Advanced Management Journal*, October, 1967.）（村上恒夫訳、ダイヤモンド社全集５）より、ドラッカーは、まず当然のごとく親しくテイラーを父親と呼び、次のように言う。「ニュートンが古典力学を樹立したからこそ、量子力学が生れたこと、まったく同様に、七五年前にテイラーが作業の研究組織の研究の基礎をつちかったからこそ、今日われわれは現代経営理論の新しい用具と概念をもてるようになったのである。」そして、この短文の末尾を次の一節で締め括っている。

「これは、もはや今日では流行していないようだ。理論と実践、研究と実験、教育と実行を分離する強い傾向が、とくに、経営管理を表芸とする学界で認められる。反面、経営管理は臨床の分野——つまり理論なき実践は、実践なき理論とまったく同様に役だたない分野、仕事の効果をあげるには書斎でも患者の側でも慣れていて、概念的な理論にも、効果的な実地応用にもともに熟達していなければならない分野――であるというテイラーの洞察を否認する、強い傾向が認められる。しかし臨床の分野を〝純粋〟なものにしようとするのは、純粋な理論家であれ、純粋な実践者であれ、いずれもまったく不毛なものにしてしまう責めを負うべきである。」

学者は、まず理論家であろうとする。経営学者もその例外ではない。それどころか、経営学は医学に似て病理学とともにその治癒の臨床学の二領域をセットでもつように、経営学は社会現象であるけれど、理論と実践の分離のままでは許されぬものである。経営学者がそれを忘れると、その理論の実効性は乏しいものになる。それをドラッカーは強くいましめている。そのことは、経営学に限らず一切の学について言えることではあるかも知れない。

経営学者の多くが、このドラッカーのいましめを心せずに、専門家集団を意識してのみ論文を書くことをもって研究者を自認していることを、ドラッカーが経営学専門家集団の病弊として強く批判していることを示している。ドラッカーは経営学専門家集団に向かって経営学書を書いてはいない。ともあれ、彼はここではテイラーを〈経営学の父〉と言っている。

この一文は、彼の『マネジメント』七年前のものである。その彼は、一九九三年『ポスト資本主義社会』においては、〈歴史の境界〉を大きく越えた大変革の時代に入ったが、その〈マネジメント革命〉の担い手・先導者として自分を位置づけている。

彼は言う。《産業革命》は階級社会を創り出し、マルクス主義を生み、それはテイラーの《生産性革命》によって克服された。だが今や、知識こそ最重要の要因となり肉体労働ではなく知識労働によって推進される組織社会・知識社会になり、現在進行中の《マネジメント革命》を主導して来たのが自分である。

この自負にみちた発言は、まさに彼の大著『マネジメント』は〈マネジメントのバイブル〉であり、〈経営学の父〉であり、〈マネジメントの発明者〉と一般に言われていることを、既に自認していた、と読みとれることが出来よう。

ビジネスの世界で、これまで圧倒的な評価・支持を受けて来た彼は、何故これまで経営学者たちからほとんど無視され、論議の対象とされて来なかったのであろうか。

それは、大学に席を置いた経営学研究者達・専門家集団の経営学とドラッカーの経営学が異質のものであったからである。ドラッカーは、自分を文筆家＝ライターと自称し、経営学者だと言っていない。彼は大学教授でもあったが、アカデミズムの研究者ではなかったのである。彼が自分を学者だと自称したのは、社会と文明の中心課題を研究する社会生態学者 Social Ecologist としてである（*The Ecological Vision*, 1993. 上田惇生・佐々木実智男・林正・田代正美訳『すでに起った未来』ダイヤモンド社、終章「ある生態学者の回想」）。

彼の数多い著作は、社会生態学系統とマネジメント系統、そして自伝および小説の類いである。

社会生態学に関するものは、非連続の連続史観であり、あくまで個人と集団、社会と政治・経済・芸術等々のかかわりを、あくまで現実的に整理し総体的に把握し、現実の中に歴史そして未来をつかもうとするものである。仮説・検証・測定・実験に立とうとする科学的接近、あるいは理論体系の緻密と論理展開の整合性を重視するアカデミズムの研究者が積極的に取り上げようとしないのは、残念なことである。私はかつて藻利重隆の「〈ドラッカーは経営学の金山であり良質の鉱石が豊富に埋蔵されている」の発言に同意するものであり、それは経営学のみに限らない、と思う。

経営学のみに関して言えば、すでに紹介したドラッカーのテイラーに関説した経営学観が、アカデミズム研究者と異なるものであるからであり、端的に言って彼の経営学は規範論であって、研究者達のはそうではないからである。『もしドラ』でも示されているように、ドラッカー経営学は有効であるが、経営学者たちの経営学の有効性とはいかなるものか、それが今、経営学者に問われている。

更に一言しておこう。ドラッカーの経済学は、市場経済を前提としたものであり、市場経済とはいかなるものかを彼は問うていない。彼は、ロシア社会主義国家が崩壊することが時間の問題となったとき、『断絶の時代』で未来社会論として論じられていると評された知識・組織社会が二〇年たった一九八九年の今、既に『新しい現実』*The New Realities*（上田惇生・佐々木実智男訳、ダイヤモンド社）として論じ、続いて先に紹介した『ポスト資本主義社会』を書いている。

彼は処女作で経済人の社会の終焉を論じ、先進諸国では既に『見えざる革命』として年金基金社会主義が成立していると論じた彼が〈ポスト資本主義〉と言って知識社会論をあらためて論じているが、社会主義は崩壊し資本主義が新自由主義イデオロギーに支援されて、新しい段階に突入しつつあった。その事をドラッカー自身も認識していたが、その問題に立ち向う前に彼は二十一世紀に入ってすぐ逝った。商品資本・貸付資本・産業資本の実体資本に対して、デリバティヴ＝金融派生商品＝架空商品＝バーチャル・コモディティの出現による架空資本の成立とその急激な増大という資本主義の新しい段階は、歴史の大転換が凄惨な様相をもって迫りつつあるかに見える。彼はこの事態を予感し憂えたが、この状況を生ぜしめるのに彼の理論が無縁ではないことには気づかずに逝った。

組織を具体的・多面的に把握し、豊かに現実的に把握し、組織のあるべき姿の実践を求めたドラッカー経営学はそのままでは大転換に立ち向かうことは出来ない。あらためて、経営学とはいかなる学問であるかを問い直し、ドラッカー経営学がいかなる位置と意味をもつものか、を問い直さねばならない。その作業は、既に求められ進められている。

二〇一一年六月一一日

三戸　公

目次

序章　ドラッカーの代表作『マネジメント』序文、考

初出、書き下ろし

一　はじめに――三つのドラッカー・ブーム――

『もし高校野球部の女子マネージャーがドラッカーの《マネジメント》を読んだら』という長い題名の本が、『もしドラ』と略称されて二〇一〇年に二〇〇万部も売れて、ベストテンの一位となり、二〇一一年に入ってもなお売れ続けているという。本屋の店頭には、『ドラッカー入門』とか、『図解ドラッカー』とか、一〇ばかりのドラッカー関係の本が山積みされている。驚異のドラッカー・ブームである。

日本において起ったドラッカー・ブームはこれで三度目になる。一度目は彼の *The Practice of Management*, 1954 が野田一夫監訳『現代の経営』と題されて一九五六年に自由国民社版で出版され、売れ、この本は完訳とは言い難いものだったので、一九六五年にダイヤモンド社版として出されたときには、既にブームと言ってよい程の売れ行きを示した。以来、次々に出される彼の本のほとんどは日米同時発売されている。この時のブームを支えたのは、戦後日本の経済再建復興・高度成長を担って来た経営者層・管理者層であった。

二度目のブームは、彼の *The Age of Discontinuity*, 1969（林雄二郎訳『断絶の時代』ダイヤモンド社、一九六九年）が発売された時である。訳本には、「来るべき知識社会の構想」が付されているが、広く知識人層をとらえ、堺屋太一『知価社会』が出たりし、知識社会化の世界的・歴史的現実を、あらためて認識させられた。また、この本はスチューデント・パワー＝大学紛争の嵐の最中であったが、〈断絶〉の言葉はまさに流行語として流布した。

三度目のブームが今回のそれである。この度のブームはドラッカーのものではなく、ドラッカー解説本が火をつけた。そして、それにつられて、上田惇生訳『抄訳・マネジメント』ダイヤモンド社などが並んで置かれている。誰がこのブームを支えているのであろうか。『もしドラ』で類推されるように、これまでの企業の経営者・管理者さらには知識人層と違って、あるいはそれらの層に加えて、あらゆる組織体の管理者層によって生み出されたものであろうか。彼のいう多元的組織社会のニーズに応えんとして書かれた本だからであろうか。

ドラッカーの『マネジメント』は、まずは大冊である。Peter Drucker, *Management: Tasks, Responsibilities, Practices*, 1974は八三九頁であり、野田一夫・村上恒夫監訳、風間禎三郎・久野桂・佐々木実智男・上田惇生訳『マネジメント、課題・責任・実践』ダイヤモンド社、一九七四年は上巻六二一頁・下巻七三九頁の頁数は経営学では類を見ない大冊である。ドラッカーは、経営に関する包括書ではなくしかもまだまだ書き足らない、と言っている。彼はどれをとっても力のこもった四五冊の本を書いた巨人である。一九〇九年生―二〇〇二年没の彼の本がブームを起したのは、何よりもまず、彼の本そのものの力である。〈マネジメントの発明者〉と評され、彼もそれを自認していた。

ドラッカー・ブームの第一期のときには、経営学者も加わっていた。多くの者がドラッカーを読み、少なからぬ者がドラッカーに触れた論文を書き、本を書いた。第二期以降はドラッカーについて論ずる者は極めて少なくなり、現在の第三期のブームに積極的に関与している経営学者はほとんど無いと言ってよいのではあるまいか。もっとも、ここで言う経営学者はアカデミズムの経営学者であって、ドラッカーの翻訳などにたずさわり、ドラッカー理解によって経営学者となった人達がおられる。たとえば、多くの「新訳」を一人で出された上田惇生氏などは、この度のブームへの寄与少なくなかろう。

松下幸之助と並んで日本の経営に寄与するところ大であったとされるドラッカーの経営学、しかも日本の多くの経営学者から研究対象とされないという奇妙な事実をどのように考えたらよいであろうか。経営学とはいったいどのようなのであろうか。

二　『マネジメント』の二つの序文

1　〈断絶〉と〈マネジメント・ブーム〉

ドラッカーは、社会を政治・経済・組織・環境・知識等々の総体のダイナミックな動態・生態と把握し、それを非連続の連続として変化してゆくという独自の歴史観でもって把握し、現代社会における決定的な要因として組織維持機能としてのマネジメントを据え論じることによって、「マネジメントの発明者」と言われ、「経営学の父」と呼ばれるようになった学者である。そして、今、大冊『マネジメント』の解説本が様々な趣好をこらしてブームを起している。この現象は、これまで二度のブームがいわゆるブームとして一過性のものでなかったように、組織社会が続くかぎり、容易に衰退することはないであろう。

私もここで、『マネジメント』の二つの序文、『日本語版』のそれと原著の「専制にかわるもの」と題されたものを手引きとして、彼の経営学について語ってみよう。どちらもカリフォルニア州・クレアモントにて、一九七四年春、と記されていて、日本語版のものが先に置かれている。その順序に従って取り上げよう。

「日本の経営者は、いまや「断絶の時代」の挑戦をまともに受けている。過去において日本の経営がなし遂げた偉業は、まことに目を見張るものがあった。太平洋戦争後にはじまった〈マネジメント・ブーム〉の四半世紀にわたる成功は、とくにすばらしいものであったが、それもいまや終りを告げようとしている。」

この劈頭の三行は、ただ読めば、そのまますうっと読むことが出来る。太平洋戦争後にはじまった〈マネジメント・ブーム〉を挺子として、四半世紀の間に日本は〈日本的経営〉という素晴らしい経営システムを作り上げ、ジャパン・アズ・ナンバー・ワンと言われるほどの経済大国になるという見事な成功を納めた。だが今やそれも終りを告げようとしている。何故か。それは世界は現在〈断絶の時代〉に入りつつあるという挑戦を受けているからである。経営者はこれまでと同じような経営を続けることは出来なくなる。さあ、どうしますか。これまでのマネジメント・ブームの時代は終り、今マネジメント・パフォーマンスの時代に移行しつつあるのです。序論の題「マネジメント・ブームからマネジメント・パフォーマンスへ」にそのことをまずはっきりと書いています。そして本論としてこれからのマネジメントのあるべき姿・方向・方法・手段・責任・成功について精しく書いています。私の優等生として成功して来た日本の経営者の方々、この大冊を読みこなして成功を納めて下さい、と。

だが、この文には奥行きがある。それはキー・ワードの〈断絶の時代〉と〈マネジメント・ブーム〉の二語が、今や一般的な言葉でありながら、彼の造語であり、彼がつくり出した現象とも言えるものだからである。〈マネジメント・ブーム〉は第二次大戦後に起った。それを起したのは、ドラッカーである。彼は、ヒットラーが何故政権を取ったかについて、独自の歴史観をもって *The End of Economic Man; The origins of Totalianism*, 1939 を書いてチャーチルから認められ、更に *The Future of Industrial Man*, 1942 において現代社会はいかなるものであるか、そして第二次大戦はいかなる意義をもって戦われているのかを論じて文筆家として多くの支持を得て、当時世界一の大会社ＧＭのコンサルタントに委嘱されて書いた型やぶりの報告書とも言べき *The Concept of the Corporation*, 1946 をものした。この本について、彼自身次のように言っている。「予想に反して発刊と同時に大ヒットし、何度版を重ねても買い手は無くならず、今なお多くの人から読まれ利用されている。」この本が経済学者や社会学者からは理解して貰えずうさん臭い奴と見做されるようになったとも書き、続いて次のように書いている。

「この著作は、それまで知られてもいなかったし教えられてもいなかった一つの主題、つまりマネジメントという学問分野の確立に確かに寄与した。『会社という概念』は良くも悪くも、ここ三十年間の「経営学ブーム」の火つけ役を果たした。これは多分に、めぐり合わせがよかったせいである――私はたまたま、余人に先んじたにすぎない。けれども、『会社という概念』は、マネジメントという学問分野の主要関心事のすべてを――組織と社会的責任、個人と組織の関係、トップ・マネジメント機能と意思決定プロセス、マネジャーの育成、労使関係、地域社会との関係、顧客との関係に加えて環境問題までをも――取り上げており、しかもそれらの多くを他に先んじて論じている。三十年たった今日、「経営陣《マネジメント》」は企業だけではなく現代社会のすべての組織体《インスティテューション》に特有の機関である、」

この引用は、『マネジメント』から六年後の六九歳の時に出された半世の自伝*Adventure of Bystander*, 1979（風間禎三郎訳『傍観者の時代』ダイヤモンド社）のものである。この自伝は、彼の生い立ちから彼三六・三七歳の〈マネジメント・ブーム〉を惹き起こす前後で筆を擱くまでを彼が出合った人々との交流を軸に画かれている。彼は、父母をはじめ凄い人達との交流の中で人間形成をしている。オーストリー政府高官で後アメリカで大学教授として世を送った父のサロンには、世界第一級のフロイト、シュンペーター、トーマス・マン等の名がある。その彼、文筆家として立とうとしていた彼が、世界一の会社ＧＭのコンサルタントに招かれたのを機縁として世界的マネジメント・ブームを創り出し登場して以来、経営学の主役として生きて来た自覚と誇りが、「それまでの自分は傑れた人達＝主役の人達の中で脇役として精一杯生きて来たのです。それは言ってみれば、それまでの私はAdventurer of Bystanderとでも表現出来ましょうか。その後の私は世界の最前線に躍り出て、冷戦体制の自由主義国を牽引して行った主役としての人生を私は生きて来た。これからも生きてゆくのです」、と功成り名遂げた彼が言っているのである。

Concept of the Corporation の章建ては、第一章アメリカ資本主義、第二章人間行為体としての大企業、第三章社会的制度としての現代大企業、第四章産業社会における経済政策、となっている。この本は、イギリス版の書名 *The Big Business* ＝現代大企業でも悪くはないように思われる。だが、それでは、経済学書となってしまう。大企業を制度と把らえ、それを人間行為の本としてそれがどのように管理＝マネジメントせられ、いかに管理せらるべきかを決定的重要事項として把握し、その社会的意義を論じたものである。そこに重点を置いて把握すべきを強調したとき、*Concept of the Corporation* という題名となる。

この本は、極めて野心的な序文につづいて第一章アメリカ資本主義と題して冷戦体制がアメリカがこれから主導してゆく自由企業体制を如何に機能させるか、その前提条件としてソ連社会主義体制の安定的成長が必須条件であることを論じ、自由企業体制は大株式会社体制であり、会社・Corporation 体制であること、第二章以下会社は人間の協働行為体と概念づけ管理運営さるべきであるとして論を展開している。ここにこの本の決定的な意義がある。すなわち、経営ないし経営学は、これまで個別的企業の内部的な問題として論じられ、経済そして社会全体における決定的に重要な問題として取り上げられることは無かったのである。それをドラッカーがやった。その現実が彼によりこの本となって画き出されたことによって、この本が世界的なマネジメント・ブームを惹き起したのである。

ところで、日本においては戦後すぐの世界的マネジメント・ブームは起っていない。一〇年たってドラッカー・ブームが起った。何故か。経営そして日本の経営学は既に早く企業そして管理を個別的企業の枠内だけのものとして理解していなかったからである。日本企業は明治維新以来、国益優先思想を強くもった上からの資本主義であり、経営学は〈骨はドイツ、肉はアメリカ〉の経営学であったからである、と思われる。

2　『会社の概念』――世界的マネジメント・ブーム――

ドラッカー・ブームは一〇年以上後れて起った。そのことは、既に書いた。一冊目は四年後に出された*New Society: The Anatomy of the New Order*, 1950（現代経営研究会訳『新しい社会と新しい経営』ダイヤモンド社、一九五七年）であり、それから四年たって出された*The Practice of Management*, 1954であり、『現代の経営』の題で野田一夫監訳、自由国民社版、一九五六年、同ダイヤモンド社版、一九六五年、上田惇生『新訳・現代の経営』ダイヤモンド社版、一九九六年が出ている。私は、ドラッカーの多数の著作の基本的なものが、この二冊によって代表的な形として形成せられたとみる。すなわち、現代社会をどう把握するか、それを政治・経済・社会の統合体としてこれからどう展開するかを把らえたのが前者であり、後者は現代社会の基本的、構成的な単位である協働行為体の組織とその管理＝マネジメントを論じたものである。

彼は彼が生きた現実を、『経済人の終り』そして『産業人の未来』の非連続の連続の迫間の混迷にヒットラー・ナチズムの出現をみ、第二次大戦を、自由主義を指導原理として構築するか、それとも全体主義で構築するかの戦争であると、『産業人の未来』で意味づけた。その業績が認められて、当時世界一の会社GMのコンサルタントに招かれ、二年間つぶさにその現場、組織、経営者と交流をもち、『会社という概念』を書き、この本によって世界的ブームを起し、その後の彼の生涯を決定づけた。この『会社という概念』が『新しい社会』と『管理の実践』という全く独立した二冊でありながら、切り離すことの出来ないものとして書き上げられ、その後の彼の全業績の基礎ともなった。

『新しい産業社会』は、フォードにおいて創出された大量生産原理＝専門化と統合の組織原理によって展開されてゆく産業社会革命がもたらした新しい社会である。それは産業企業体を社会の構成的・代表的・決定的な制度とした、経済的・統治的・社会的制度である。その社会は資本家対労働者の社会では、組織社会であり、職務体系によって生れる地位・権限・資格・身分・威光の格差社会での経営者支配の社会であり、失業が最も脅威の社会である。そして、経営者によって担われる組織維持＝マネジメントこそ社会にとって、産業社会の最重要課題である。

彼は組織体のうち最重要の産業企業体の存在を貫く経済法則に対して、全く独自の見解を披瀝した。彼は利潤のもつ負のイメージを根底から覆えそうとした。すなわち、利潤は、費用である、企業維持の為の回収さるべき費用、未来の為の費用である。それこそ、企業が社会の為にどれほどの貢献をしたかの測定尺度であり、更には企業以外の諸組織体の維持存続の為の費用であり、これを損失回避の法則として提言したのである。

加えて、『新しい社会』の産業社会の秩序原理として工場共同体の自治、労働組合の役割を論じ、最後に財産権に立つ自由主義的産業社会に対して、国有化・計画経済の民主社会主義の社会の実現の困難性を論じている。

この自由主義による産業企業体のマネジメントを論じたのが、『管理の実践』である。ここに、ドラッカーによって定式化されたマネジメント・システムが、極めて明快に提示されている。

企業が成功するも亡ぶもそれを左右するものは経営者である。経営者の職務は企業の管理、管理者の管理、働く人間とその仕事の管理である。この三者は別個のものであると同時に切り離すことの出来ないものであり、彼の仕事の中核は意思決定である。

管理の対象である企業とは何か。その目的は顧客の創造である。それを実現する為の機能は、マーケティングとイノベーションの二者である。

目的を達成する為には目標管理をしなければならぬ。目標は八つの領域として、市場における地位、イノベーション、生産性、物的資源および財源、収益性、経営担当者の能力と育成、労働者の能力と態度、社会的責任を挙げることが出来る。

この八つの領域の目標管理は、集権性ではなく分権制であらねばならぬ。この分権制を事業部制と日本訳して用いる人もいるが、事業部制より分権制の方が広く深い。それは、ドラッカーの管理は、〈自由にして機能する管理〉と表現せられるものであり、自由＝責任ある選択こそドラッカーが人間の本質として掴んでいるものであり、人間の本質に立脚しその実現を意図した管理システムの一環としての分権制だからである。なお、ドラッカーは真正面から管理者＝経営者の資質として〈品性高潔〉をあげている。

ドラッカーは、この二著作につづいて現代社会論、経営者論についての著作を発表しつづけマネジメント・ブームを持続させたが、段階を画する二著作をマネジメント・パフォーマンスの新時代を創出するものとして、『断絶の時代』と大冊『マネジメント』を世に送り出したのである。

3 『マネジメント』の形成と内容

「産業社会の構成的・決定的な制度である産業企業体がマーケティングとイノベーションによって顧客を創造してゆく社会である」とドラッカーは喝破し、企業が一斉にそう動き出したマネジメント・ブームは、〈新しい社会〉を非連続的に創り出し、世は『断絶の時代』とはなった。ドラッカーは、それを、第一部・知識技術、第二部・世界経済、第三部・組織社会、第四部・知識社会をコンテンツとする *The Age of Discontinuity*, 1969 を出した。

イノベーション競争に勝ち残った企業のみが存続可能となり、企業の寿命が三〇年、二〇年、一〇年と数えられるようになった。イノベーションは知識技術によって為される。彼は旧来の産業である農業・鉄鉱業・自動車産業の革新を語り、新たに登場し未来ある情報産業・海洋産業・材料産業を語る。そして新しい知識技術を市場経済＝マーケティングによって現実のものとする革新的企業家を「知識技術」と題して語る。

続いて、世界経済と題して、それぞれの国民経済はそれぞれの文化をもちながら、彼の言う大量生産革命の波の中で需要と供給の増大、貨幣と信用を実体として把握し理論化した近代経済学によって、世界経済が把握され、統御せられ不況も克服せられ、企業は多国籍企業と化し、貧困国においても生産性革命が進行して来た姿を描き出した。

産業企業体がマーケティングによって作り出した利潤＝富は、様々な社会的行為を組織化した。学校が、病院が、スポーツが、娯楽が組織化され、社会は多元的社会と化した。全て組織がマーケティングとイノベーション競争の渦中のものとなり、その為にはそのもと（本・元・原・基）となる知識技術の役割・発展が不可欠となる。かくして、世は知識こそ最重要な資源となった知識社会の出現となったのである。知識を生み出すのは知識労働者である。知識労働者をどのようにつくり出すか、教育こそ学校こそそのあるべき姿が求められ、知識労働者の評価・処遇・管理が不可欠の問題として登場し重視せられて来る。

知識こそ最重要な資源であり、組織社会である現代社会にとって最重要なものとして対処しなければならぬものとなって来た。翻訳者林雄二郎は日本語版にて「来るべき知識社会の構想」の副題をつけている。〈知識社会〉という言葉は、一九六九年に『断絶の時代』が出版されたときは、目から鱗の新鮮さをもって、第二次ドラッカー・ブームを惹き起した。そして、これまでの『新しい社会』（一九五〇年）、これまでマネジメント・ブームを支えて来た『管理の実践』（一九五四年）＝『現代の経営』によって展開されて来た社会は、今や〈新しい社会＝知識社会〉に非連続＝断絶的に進行しつつある。知識社会をいかに生き維持するか、その指南書として書かれたものが『マネジメント』（一九七四年）である。

ここで、ようやく『マネジメント』の日本語版のさきに引用した冒頭の一節に返って来た。ドラッカーは、これにつづいて次のように論じている。

日本の経営は戦後、マネジメント・ブームに乗って、先進諸国を凌駕する経済大国をつくり上げて来た。それを成し遂げた最大の要因は〈教育革命〉である。過去半世紀、急速に進んだ高進学率・高学歴化・知識労働者化これである。（知識社会化が日本でも既に進行していたのであり、それをドラッカーによって指摘され、ガッテンしたのである。ドラッカーの未来論は、現在既に進行中であり、それが今後増大してゆく、と把握されるものを未来論として論じているのである。）

だが、マネジメント・ブームは、環境破壊、エネルギー・資源の危機、国家及び国家主権に対する多国籍企業の挑戦、それ等とともにより基本的なものは労働者の問題であり、勤労意欲・生産性とりわけ知識労働者の地位と成果の問題である。これ等すべては、経営＝マネジメントが惹き起し、マネジメントが解決しなければならぬ問題である。それが、この大冊『マネジメント』に書いてありますよ、と言うのである。だが、彼は日本の経営者に何を為すべきかを言うつもりはない。私は日本の偉大な経営者渋沢栄一の言う「経営の本質は責任である」に共鳴し自分の考えと全く同じうするものであり、日本人の文化に立った経営の成果を学び西欧諸国に伝えたいのだ。この本は西欧の読者に向って書いたのだ、と言う。ここで、原著版の序言に移ろう。

序言は「専制にかわるもの」The Altanative to Tyranny と題されてい、彼が一貫して求めて来たもの、全体主義・独裁・専制に対して彼がヨーロッパの伝統的価値としての自由、彼は自由＝責任ある選択をここでも掲げている。そして、社会生態学者として自認する彼らしく、『断絶の時代』を書いた頃より起った大学紛争、権威に対する反抗、好きなことをする風潮に対して、それを多元的組織社会化に対しての反乱とみて、これを論じることから筆を起こしている。この多元的組織社会化の流れに抗する運動は、かつて産業革命に対して起ったラッダイト・ムーブメントの機械打砕し運動、テイラーの科学的管理に対して起った労働組合の反抗、その禁止運動と同様の非連続の連続＝断絶に対する旧秩序維持のはかない運動であるとみる。そして、多元的組織化の流れをとめようとする儚いあがきは、所詮は専制を生む結果を招くことになろう。そのようなものを生んではならない。組織の本質は機能である。自由にして機能する組織の形成すなわち〈マネジメント〉こそ求められるべきものである。組織を責任ある選択をもって自律的に高い水準で業績をあげさせることによってのみ、多元的組織社会は自由と尊厳が守れるのである。それを可能にするものは、経営者であり、マネジメントに他ならぬ。

多元的組織社会を自由にして機能する社会たらしめるものは、人間であり、マネジメントである。こう言い切るところにドラッカーのマネジメントの特質、独自性がある。そこが彼のマネジメントが他の諸学者、諸論者と違うところである。だから、そこのところを次のように言う。

「マネジメントは一種の仕事である。仕事としてのマネジメントには、独自な熟練技能・用具・技法というものがある。本書では、かなり多くの技能・用具・技法が論じられている。なかには詳しく論じられているものもある。だが本書で強調されているのは技能、用具、技法ではない。マネジメントという仕事でさえもない。本書で強調されているのは経営者の「課題」なのである。」

では、何故、技能・用具・技法の手段・方法すなわち手段論＝機能論の展開を主内容とせず、目的論である〈課題〉に力点を置いて論を展開しようとするのか、それは、人間の営みを問題とし、社会＝多元的組織社会における決定的重要事と把握するからである。彼は次のように言う。

「というのは、経営者は、彼らが経営する組織体の機関であるからである。組織体に活力を与える能動的な躍動的な機関であるからである。組織体、たとえば企業がなければ経営者もいない。だが、経営者がいなければ、組織体というよりは烏合の衆がいるだけである。さらにまた、その組織体そのものが社会の機関であり、社会・経済・個人にとって必要な成果を貢献するために存在するにすぎない。機関の定義は、それがどんなことを行うかによって決まるのではない。ましてや、それをどのように行うかによって決まるのではない。機関の定義は、それが何を貢献するかによって決まる。」

従ってこの本は数書の内容・構成と異なった次の三部構成をとって論を展開していると言う。

「経営書の大部分は、マネジメントという「仕事」を扱ったものである。それらの本は、マネジメントを内部から眺めている。しかし、本書は「課題」から出発している。本書はマネジメントをまず外部から眺めて、経営者の課題の諸次元とか、それらの次元に関する必要条件とかを研究する（第一部）。その後はじめて組織化の仕事と管理技能に転じ（第二部）、そしてさらに、最高経営者、その課題、その機構、その戦略へと論を進める（第三部）。」

更にドラッカーは、マネジメントの類書と異なるところとしてマネジメント中心ではなく、経営者中心で論を展開しているところを次のように強調している。

「また、本書は経営者中心でもある。その出発点は、「経営者は、自己に与えられた課題に耐えられるには何を知らねばならないか、ないしは少なくとも何を理解せねばならないか」という設問である。

マネジメントに関する実に多くの本が、技能中心、規範中心ないしは職能中心である。つまり、それらの本は、経営者の課題の一側面だけを扱っている。また、それらの本は、企業を経営するとか、従業員の管理とか、特定の用具（たとえば管理手段）とか、特定の問題を扱ったものであるかもしれない。つまり、それらの本は、経営者の課題を扱ったものというよりは、著者自身の特殊な関心ないしは期待の分野を扱っている。

本書は、それらの本とは違うようにつくられた。本書は、私自身の知識とか特別な興味の分野というよりは、経営者に必要なものを出発点とし、それを本書全体を通じる執筆原則としてつくられた。

こうした理由から、本書には何が含まれ、何が省かれたかがわかろう。」

彼のマネジメント論が人間中心・経営者中心として論じられるかぎり、人間かくあるべし、人間の行動かくあるべし、経営者かくあるべし、彼の仕事かくあるべし、すなわち彼のマネジメント論において最も重視せられるべきは〈規範〉とならざる得ない、論であり、学たるかぎり理論がなければならぬ。マネジメントが仕事であるかぎり、技術論・政策論がなければならぬ。だが、人間中心、人間の行為中心であるかぎり、決定的に重要なものは規範である。彼は言う。

「マネジメントはたんなる〈常識〉ではない。マネジメントはたんなる〈成文化した経験〉ではない。マネジメントは、少なくとも可能性としては組織だった知識の集りである。本書では、これまでにわかっている、わずかなことを提示する努力が払われている。

だが反面、はるかに大きな組織だった未知の集り——すなわち、新しい知識が必要なことがわかっており、その必要なものを定義できるにもかかわらず、その新しい知識をまだもつにいたっていないという分野——を提示する努力も払われている。まったくのところ、それらの〝組織だった未知〟の分野こそ、おそらく本書の核心になろう。」

この本書の核心になろうと云う〈組織だった未知の領域〉については、私の言及の及ばぬところである。核心の部分が理解を超えているということは、結局のところ彼の真髄については無智というべきか。

なお、彼は最後にこの大冊『マネジメント』とこれまで彼の書いて来たマネジメントに関する著作群との違いについて述べている。私には、その違い、とりわけ『マネジメントの実践』＝『現代の経営』との基本的な違い、根本的な違いがこれまでよく分らなかった。彼は、次のように述懐している。

「本書は、その狙い、範囲、アプローチが、これまでの私の「経営」書と違っている。これまでの「経営」

書というのは『会社という概念』（文献4）、『現代の経営』（文献17）、『創造する経営者』（文献31）、『経営者の条件』（文献50）である。だが、本書はあらゆる点で新しい著作であるとはいえ、これまでの私の著作から発展したものであるのはいうまでもない。また、私は適当な場合には、私のこれまでの著作から引用するのを躊躇しなかった。その際、最も多く負っているのは『現代の経営』である。だが同書からの直接引用はかなりまれで、本書の第四、五、六、七、三四、三六の各章の数ページに限られている。だが、第二〇、二九、三一、五〇の各章もまた『現代の経営』で最初に提示された考えを発展させている。だが以上の材料は、せいぜいのところ本書の本文の二〇分の一程度を占め、また二〇年前に最初に『現代の経営』で紹介されて以来、マネジメントの基礎教義ならびに基幹概念となった「われわれの事業は何か」という設問、「企業の目標」「目標と自己規制による管理」といった基本概念、ならびに経営者の仕事の諸要素を主として説明するためのものであった。」

『現代の経営』と『マネジメント』は「あらゆる点で違っている」と言っているが、〈事業とは何か〉、〈企業の目標〉、〈目標と自己規制による管理〉の基本概念、そして『現代の経営』もまた第一章から第三章まで「経営者の課題として論を展開し、経営者の要件として能力とともに〈品性高潔〉を不可欠のものとして論じていることを併せ考えれば、この大冊『マネジメント』が根本的に違う本としては、私には受けとり難いものであった。だが、今回は腑に落ち納得するものがあった。

それは、大冊であり、なお書き足りない、平易だが難解だと書いていることと関係する。〈マネジメントは組織だった知識の集積〉であり、〈どこにでも公開出来る学問〉であり、〈文化〉であり、〈価値観から解放された科学〉ではない、ということである。日本の文化から生れたマネジメントも西欧の文化から生れたマネジメントも共に有効なものとして学び〈集積された知識〉として体系的に呈示されなければならぬ学問である。その認識は、文末の謝辞に赤裸に語られている。妻、同僚の大学教授、出版社等の名を列ねた最後に、次のように書いている。「この本が最も多く負っている人々の名前をあげることはできない。彼らは、私のコンサルタントの依頼主で、依頼主はプライバシーの権利をもっている。それでも実に多くの経営者――企業ならびに非企業のサービス組織体の、またアメリカばかりでなくヨーロッパ、日本、中南米の経営者――が私を信頼して、彼らと関心を共にし、彼らと一緒に、彼らの問題と取り組むのを許してくれなかったならば、本書はできなかったであろう。その種の仕事と関係から得られた経験があったからこそ、本書はできたのである。」

要するに、この本は各国の多くの経営者達と共に経営について語り、様々な問題を解決して来た長年にわたる蓄積・集積のたまものであり、それなくしては書けなかったものだ、と明言しているのである。このような本は、研究室での研究中心の学者には絶対に書けないものである。ドラッカーの『マネジメント』は、彼のような経歴の研究者によってのみ生み出すことの出来るものであり、そのような本は平易な叙述でありながら、組織に生きる人間なら誰でも有益な知を得ることが出来る経営書である。とすると、研究室中心の経営書とは、それはいったい如何なるものであり、それは誰にとって有益なものなのか、という問いが生れて来る。

その問いを真正面から問うことは、ドラッカー・マネジメント論そのものがいかなるものかを問うことでもある。だが、その前に、大冊『マネジメント』を超えるマネジメントの体系的な著作はないが、それとともに彼の現代社会論の分野における積極的・体系的なものとして『新しい社会』『断絶の時代』に比肩するものはない、ということを指摘することも出来よう。にも拘らず少なからぬ著作（書き下しと論文集）の中に、彼の現代社会把握が現実の進行を体系的に把握しきれなくなった彼の歴史観の限界を露呈して来たものがある。それを取り上げねばならない。

三　ドラッカーの経済学的位置と意味

彼の『マネジメント』に代表される全業績は、現代史に独自の役割を果たすべく書かれたものである。すなわち「専制にかわるもの」を希求したものである。それは、『経済人の終り』についての彼の資本主義観に現われている。

1　『経済人の終り』から『見えざる革命』まで

〈資本主義社会から社会主義へ〉という歴史認識は資本主義社会を生み出したヨーロッパのものであるが、それを〈空想から科学へ〉と理論づけその必然を論じたものがマルクスでありエンゲルスであった。その思想は十九世紀から二十世紀にかけて人々をとらえ、遂にはレーニンによってソ連社会主義を生み、第二次大戦後は世界を二分する冷戦体制を生んだ。ドラッカーは、ヒットラー・ナチスの全体主義・独裁体制に抗して『経済人の終り』を書き、第二次大戦後は全体主義・専制政治マルクス・レーニン主義政党支配に抗する〈自由にして機能する社会〉を目指して論陣を張って来た。

経済人の社会が終っているにもかかわらず、それに代る新しい社会が見えてこない混迷に生れて来たのがヒットラー・ナチスであるが、それに抗しその出現を阻止するのがキリスト教であり、マルクス主義であるはずなのに、抗し得なかったのだと把らえた。マルクス主義もまた損得中心で行動する経済人の社会の終りを論じ社会主義の必然性を説いて多くの知識人にも支持されたが、ソ連の現実は〈抑圧から自由へ・貧しさから豊かさへ・戦争から平和へ〉の約束を実現するものではなかったことに失望したからだ、と論じた。

ドラッカーは、経済人の社会から非連続の連続として産業人の社会が来ると把握した。産業人の社会は〈大量生産〉の時代であり、それは〈専門化と統合〉＝組織の社会であり、資本家支配の社会から経営者支配への移行であり、階級社会から格差社会に移行してゆく社会であると把握した。

産業社会においては利潤は私的な金儲けではなく、企業その他諸組織維持の費用となる未来費用であり、拡大再生産・社会発展の費用として、回収されるべき〈損失回避の法則〉下にある。更に、利潤は企業目的たる顧客の創造の為の二機能すなわちマーケティングとイノベーションの効果の測定尺度でもある、と説いて利潤のもつ負のイメージの一切を拭い去ったのである。

冷戦体制下において、ソ連に主導される社会主義国家群に対して、これを全体主義＝専制的なものと把らえ、それに対して〈自由にして機能〉する産業社会の形成を対峙させ、自由主義国家群の牽引車の自恃を生きた。自由とは何か。自由とは〈責任ある選択〉であり、アウグスチヌスによって人間の本質として把握されて以来、ヨーロッパにおける思想の根幹とされて来たものである。自由の喪失は、自分を神の位置に据え、あるいは絶対に他より自が優越している信念によって権力が行使されるときに生ずるとした。

産業社会論はやがて『断絶の時代』として〈知識社会・多元的組織社会〉として展開されたことは、その社会における決定的な制度として〈マネジメント〉が把握され、それが論じられたことは既に述べた。

『マネジメント』が上梓された三年後の一九七六年に*The Unseen Revolution, How Pension Fund Socialism came to America*（佐々木実智男・上田惇生訳『見えざる革命』ダイヤモンド社）が上梓された。この本は、社会生態学者ドラッカーの面目躍如たるものがある。

彼は言う。アメリカは既に「見えざる革命」によって、資本主義国から社会主義国になって来ており、その革命は更に進行中である、と。何故か。資本主義国とは資本の所有者たる資本家支配の社会に他ならぬが、アメリカの上場株式会社の株式の三分の一を所有しているのは個人ではなく、年金基金であり、一九八五年には二分の一に達する。その年金基金は労働者のものであり、そのうち退職者の比率は増加の一途を辿っている。

この変化は、労働者の生活を支える労働者の年金基金の所有比率の増大とその投資先が安全・確実な健全な会社に限られ、その法的規制のもとにあるとき、それは既に所有主体の資本家から労働者への移行と、その投資先と被投資企業の社会化・健全化への進行の経営者支配への変化は、まさに社会主義化・社会主義革命と言いうる。それは、労働組合の意義と存立さえ危うくするものとなる、と言うのである。

なお、この本の日本版には、訳者は「来るべき高齢化社会の衝撃」という副題がつけられているように、この問題も併せ論じられ、それは特に日本において顕著な事象であり問題であると論じて、先見の明にうなずくものがある。

だが、ここでは、年金基金社会主義論を問題として取り上げる。

年金基金社会主義論は、まさにドラッカーの政治的信条たる自由にして機能する産業社会か、それとも専制的産業社会かの二者択一の冷戦体制のあり方をめぐる戦いの凱歌ともいうべきものである。マルクス・レーニン主義に対するドラッカー・イズムの勝利ともいうべきものである。何故なら、アメリカにおいて、ドラッカーの主導によってマルクスとエンゲルスが約束した〈抑圧から自由へ、貧しさから豊かさへ、戦争から平和へ〉の社会が、見えざる革命によって資本家所有＝支配の資本主義から年金基金という労働者所有の経営者支配の〈マネジメント〉社会が成立したことを告げたからである。

2　「資本主義の危機」の表明

一九八〇年代に入り、ソ連社会主義体制の内部諸矛盾の告発、共産党支配の内部矛盾によるスターリン体制の動揺・改革が進行、体制崩壊をうかがわせるようになった。そのことは、アメリカにおける新自由主義の擡頭によって抑制せられていた資本主義の解放をもたらした。時代の流れに鋭敏なドラッカーの問題意識に、この動向が把らえられざるを得ない。

彼は、八〇年代に入って急増して来た企業買収を取り上げ、そのあるべき姿を示す一文を「企業買収成功のための五つの原則」と題して発表している。彼は言う。起って来た企業買収ゲームは事業上の理由をもたない。単なる金銭上の操作による金儲けの手段にすぎぬ。事業上意味のない企業買収はマネーゲームとしてさえ失敗する。成功するには五原則がある。

第一に、買収する側もされる側も、双方何が貢献出来るか。とりわけ前者の貢献が問題である。第二に買収による多角化は、共通の核あって成功する。第三に買収する側の人間が、される側の製品・工場・顧客に敬意をもっていなければ成功しない。第四に買収する側は、一年以内にトップ経営者を送り込まねばならぬ。第五に、一年以内に、双方のマネージャーを境界なしに異動し大巾に昇進させねばならぬ。まことに、ドラッカーらしい五原則である。

ところが、この企業買収の健全性を求めた論文の五年たった一九八六年に書いた「敵対的買収とその問題」では、論調は一変し、これに対して如何なるものかを明快に説明し強く危惧の念を表明している。

「通常、敵対的企業買収は、レイダー（襲撃者――乗っ取り屋）がターゲット企業（目標――獲物）の株式を株式市場で少し買い付けることから始まる。普通その買付けは、目的を明示して借り入れた資金によって賄われる。レイダーは、企業の場合も、個人の場合もある。しかし、個人がレイダーである場合でも、法的には法人の形をとり、法人として動く。」

〈法人〉という概念が、ドラッカーの企業買収論におけるキー概念と言ってもよい。

レイダーは買付け資本を市中銀行から借り入れ成功したら高金利で返済の約束だけである。八〇年代に入って、それに見向きもしなかった市中銀行が応じるようになり、レイダーは思うがままに企業買収を行うようになった。

レイダー株主の示す高価格を拒否する株主はいない。一般株主はもちろん機関投資家＝年金基金もその誘惑に抗することは出来ない。年金基金はアメリカ株式の五〇％を大企業に限れば更に大きい所有者である。だが、基金管理者は所有者としてではなく従業員から資金運用をまかされた存在であり、市価より高い買付け価格の提示を受け入れるほかない。レイダーの申入れに従うことは、ターゲット企業にとってはマイナス以外の何ものでもないこと百も承知。だが、基金運用者は従う。

敵対的企業買収は資源の効果的配分につながるなどの弁護論は意味ない。レイダーのほとんどは私利私欲以外の何の目的ももっていない。

産業社会を担う経営者、多数の人間の行為体、社会的制度として社会的諸欲求充足の課題を担う人間的行為としてのマネジメントは、レイダーの前には無力な存在である。社会の一切を担う個人と協働行為体の営みも、損得でうごく経済人が権利義務の法人のほしいままなる行為の前に抗するすべのないのが、〈法人資本主義〉である。

さて、私はドラッカーの敵対的企業買収論のキー・ワードを〈法人〉として彼の言う〈法人資本主義〉を私なりに彼の行論を読み解いて来たが、終りに近く次の文に出会うことになった。

「ところが、バーリとミーンズ言うところの投資家が、やがて年金基金という投機家に変貌したとき、マネジメントは、その最初の挑戦者たるレイダーに対して、自らがまったく無力であることを思い知らされた。かくして敵対的企業買収が、法人資本主義なるものの息の根を止めんとするにいたったのである。」

ともあれ、彼は次の一節をもって論を締め括っている。

「しかしいずれにせよ、われわれは必ずや、法律によってであれ、二種類以上の株式の発行によってであれ、あるいは司法による解決によってであれ、なんらかの手段によって、企業の従業員や、企業の長期的成長と繁栄や、ますます激しさを増す世界経済におけるアメリカの競争力などすべてのものを短期の投機的な利益に従属させてしまうような敵対的企業買収から、永続的事業体としての企業を守る道を探し出すことになるにちがいない。〔一九八六年〕」

敵対的企業買収を、法人資本主義から投機家資本主義への進行であり推転であると把握した論文を、同じ一九八六年に、ドラッカーは「資本主義の危機」と題して発表している。

彼は、法人資本主義という言葉が一九六〇年代に専門家の間で流行語となったが、二〇年たった今、その語は今や死語となりつつある、と切り出している。

法人資本主義とは何か、仏人シュルベールの言い出したこの言葉は、バーリ＝ミーンズによって明らかにされた株式の個人所有の分散による所有者＝資本家支配の資本主義が経営者支配の資本主義への進行を指す。それは巨大企業が所有にもとづかず、自らその管理運営する権限をもち、責任をもつ自律的な経営者によって揺ぎなき支配権を掌握する資本主義である。そして、その経営陣は「〈啓蒙専制君主〉として、株主、従業員、消費者、納入業者、地域社会、さらには経済社会一般の利害を最もよくバランスさせて、企業を運営することを約束した。これは、当時のあらゆる企業の年次報告書において明言されていた。」

これが、法人資本主義と言うものである。だが、株式の分散の過程は同時に機関株主（年金基金）による所有の拡大・集中の過程を伴って進んだ。今や、その資金は二兆ドルに迫ろうとし、公開株式会社の全株式の三分の一、大企業に限ってみれば二分の一以上となっている。

この厖大な年金基金が、市場の一般的金利を遙かに上回る金利を提示され、その取引が成功裡に終る現実の前に基金管理者がそれを拒否する根拠は何一つない。市場経済社会は売りと買いであり、それの自由を行使することなく基金の維持確保をないがしろにすることは許されない。だが、敵対的買収は投機的行為であり、企業そのものの健全な維持・成長を損ない、企業競争力の低下を招く。法人資本主義は投機家資本主義へ推転してゆく。

企業は経済的、統治的、社会的制度であり、構成的・決定的・代表的な制度である。古くはアリストテレスが喝破しているように、大きな組織は諸価値がバランスをもって管理・統治されるべきものであるが、これが投機家の餌食とされ、私利私欲のものと化して、他のステークホルダーの諸価値がないがしろにされるのは許されないことである。ドラッカーは、次のように行論を閉じている。

「二〇年前の法人資本主義の提唱者は、正しい解を手にしたと考えた。しかし投機家資本主義が、その解が実は誤りであることを証明した。投機家資本主義者は、問題提起においては正しかったと言える。しかし投機家資本主義もまた間違ったものであって、しかも現に、アメリカ経済の将来にとって脅威であることがはっきりした以上、われわれは改めて同じ問題に取り組まなければならない。

それらの問題に対するわれわれの解答いかんによって、自由企業体制にどれほどの将来性があるかということも決まってくる。（一九八六年）」

ドラッカーはこの論の一〇年前に書いた『見えざる革命』では、年金基金の支配的所有化を社会主義＝年金基金社会主義の実現として論陣を張っていた。だが、ここでは、年金基金の実質的内容は法人資本主義と同一のものであり、その法人資本主義は年金基金が私利私欲の敵対的買収の資金源と化し、企業の不健全化、アメリカ企業の競争力の低下、アメリカ経済を衰退化させる投機家資本主義という誤まった方向に転化したことに深い危惧の念を開陳したのである。

だが、この彼の年金基金社会主義が投機家資本主義へと推転したとは、彼自身の文としては全く書かれていない。そして、この重大な社会的・経済的現実について、彼はこの論文の三年後に出した書き下しの *The New Reality: In Government and Politics, in Economics and Business, in Society and World View*, 1989（上田惇生・佐々木実智男訳『新しい現実』ダイヤモンド社）には、全く触れられていない。そこには、ソ連社会主義社会の崩壊が目前に迫っているその時の、世界における組織社会・知識社会の〈新しい現実〉が画かれているにとどまる。

この『新しい現実』につづいて出された一九九三年書き下ろしの *Post-Capitalist Society*（『ポスト資本主義社会』上田惇生・佐々木実智男・田代正美訳、ダイヤモンド社）は、彼が『断絶の時代』から二〇年経った世界のこれからを画いた作品である。この本は、冷戦体制終結後の世界を、資本主義から知識社会へ、国民国家から巨大国家へ、知識の更なる重要性を軸として論じている。

彼は、これまで社会を組織社会・知識社会として論じ、資本主義は過去のものであり、アメリカでは既に社会主義に移行していると論じていたのではなかったか。そして、八〇年代に入り敵対的買収の横行に社会主義の基礎をなす労働者の年金基金が機関投資家の健全なる投資行動が、投機に加担し投機家資本主義に推移した現実に深刻な憂慮を示した。

ところが、この本では、最大の所有者たる年金基金は〈受託者〉に過ぎないものであり、所有者はその最終の〈受益者〉である従業員＝労働者である。年金基金運用者自体が専門職従業員である。年金基金資本主義は、〈資本なき資本主義〉である。

年金基金の資金は、退職者に対して賃金に相当するものを支払う為に積み立てられた繰延賃金である。それはマルクス主義者の言う労働者からの搾取・収奪物ではない。またそれは非マルクス主義者のいかなる資本の定義にも該当しない、と論じている。

これはいったいどうしたことか。先に彼が論じた年金基金社会主義論が再論されており、法人資本主義の投機家資本主義への推移の現実を積極的に論じた彼は何処に行ったのであろうか。

ドラッカーがいかなる資本主義観をいだいていたか、を端的に示すものがある。「資本主義を超えて」という題を彼自身が指定し、雑誌記者に答えたものである。

「私が支持しているのは資本主義でなく自由市場経済である。うまく機能してはいないが、他のものよりはましである。資本主義に対しては重大な疑念を抱いている。経済を最重視し偶像化している。あまりに一元的である。

たとえば、私はアメリカの経営者に対し、所得格差を二〇倍以上にするなと何度も言ってきた。これを超えると、憤りとしらけが蔓延する。私は一九三〇年代に、あまりの不平等が絶望を招き、ファシズム全体主義に力を与えることを心配していた。残念なことに、心配は当たった。

経営陣が大金を懐に入れつつ大量のレイオフを行なうことは、社会的にも道義的にも許されない。そのような行為が一般社員にもたらす憤りとしらけは、必ず高いつけとなって返ってくる。

人間として生きるということの意味は、資本主義の金銭的な計算では表わせない。金銭などという近視眼的な考えが、生活と人生の全局面を支配することがあってはならない。」

彼は人間の本質を個人における自由＝責任ある選択と把らえ、そこに人間の尊厳を見出し守ろうとする。だから、それを踏みにじる全体主義・独裁に抗する思想・言論を展開する。資本主義が貧富・不平等を生むことに賛成出来ない。それが、経済重視・金銭重視で人間の心の豊かさを脅やかし人生の全局面を支配することは許さない、というのは彼の心情の吐露である。彼は言う。「私が支持しているのは自由市場経済である」。では、市場経済とは何か。これについて説明していっており、有益な分析を述べている。だが、彼は資本主義・市場経済についての根本的な分析、それが何であるかについては全く言及していない。彼は資本主義経済と市場経済との関係について一切言及していない。そして、資本主義経済は支持しない、市場経済は支持するという。

市場経済は、商品の売りと買いによって成立する経済であり、商品の価値尺度機能をもち、商品の交換を媒介し、商品の購買、支払機能、そして蓄蔵機能をもつ貨幣を基軸とし、それによって成立する経済である。この商品が労働生産物のみであった社会においては、市場経済は社会の一部を占めるに過ぎなかった。だが、この本来的な商品に加えて、労働生産物ならざる商品として労働力と土地とが登場するに及んで、社会における生産・流通・分配の一切は市場経済に巻き込まれる。すなわち、資本制生産社会である。

資本とは何か。それは商品の買いと売りによるその差額である利潤を得る事象を指す。商品と貨幣の成立は、商業資本を生み、貨幣の貸借によって利子を得る利付資本を生む。労働力と土地が商品となって、産業資本が成立し資本制社会が成立する。利潤追求は、資本制社会以前は私利私欲の行為として蔑視され、節度ある利得行為、節度ある支出が求められた。だが、資本制生産社会は社会の一切を市場経済すなわち売りと買いの競争その社会的な全面的競争の場と化すことにより、驚異的な生産性の向上と生産力の増大をもたらした。と同時に貨幣＝資本家と労働力商品の所有者の貧富の差の増大、階級対立の激化をもたらした。資本の利潤追求行動が社会の進歩の基本的条件であるとして、これを肯定し推進しようとするのが資本主義であり、その主義にもとづいて展開される経済が資本主義経済であり、資本主義社会である。資本制経済即資本主義経済ではない。制度と主義＝イデオロギーとは、即の関係ではない。

資本制生産社会の経済法則・経済構造を比類なく見事に画いたのがマルクスである。マルクスは階級社会を根絶し、自由で豊かで平和を希求し、資本制生産社会の終焉と社会主義社会の成立を科学的必然として画き、その思想・理論を絶対のものとして社会変革を目指すイデオロギーが、マルクス主義である。ドラッカーはこの思想にふれ、共感するものをもたなかった。

彼がマルクス主義に共感出来なかったのは、彼は「人間の本質を自由＝責任ある選択」であり、そこに立たないものとしてマルクス主義とともにマルクスを拒否したのである。自分の思想を絶対のものとし、他の存在を拒否し許容しない思考はひとりマルクスにかぎらず偉大なる宗教・思想はそこに原理主義という狭義のイデオロギーを成立せしめる。

ドラッカーは、彼の生きた時代・社会を肯定的に見てゆく。肯定的に行動してゆく。文筆家として生きてゆく。商社マン、銀行マン、新聞記者をしながら大学に籍を置き学位を取得し、大学教授になろうとしてヒットラーに忌避され、ロンドンそしてアメリカに渡り、ライターとして、大学教授として、コンサルタントとして生き書いた。自由を唱導し、自由主義国を導く思想家として、全体主義、専制的な社会主義諸国に対峙した彼は、マルクス経済学と真向から対立した経済学に立った。すなわち、利潤追求を搾取・抑圧と把握するマルクスに対して、ドラッカーはこれを企業維持、社会維持として成長の源資＝費用として肯定し追求すべきものと把握した。視点の相異による。どちらも、その限りでは是である。その時、ドラッカーはマルクスから学んだものをわがものとしている。企業の目的は顧客の創造であり、その手段はマーケティングとイノベーションの二者をあげている。マルクスが資本運動における決定的プロセスとして商品から貨幣への転化過程＝販売、そして生産性の向上を相対的剰余価値と把握したものである。そして、個別資本と総資本の運動、単純再生産・拡大再生産における利潤の役割、これがドラッカーにおいて利潤論として再生されている。ドラッカーはアカデミズムに立っていない。だから、彼の考えのもとをなした文献については、全くふれていない。それは単なる引用ではなく、完全に自分のものとして変形・変質されている。それは、彼とマルクスとの関係にとどまらず、経営学に関しても同じことを指摘できる。

ドラッカーは、親友とも言うべき彼が世話をした同じベニントン大学教授K・ポランニーから市場経済のいかなるものであるかを学ぶべきであったと思う。ポランニーは、マルクス経済学に基本的には依拠しながらもマルクスに組みすることなく市場経済のもつ矛盾の展開が社会に *The great Transformation*, 1957『大転回——市場社会の形成と崩壊——』をもたらさざるを得ないと論じている。ポランニーがこの本を書いているとき、ドラッカーは『産業人の未来』を書き、市場経済、市場社会に関心がなかったのであろう。

ドラッカーが二十世紀の終りに、敵対的企業買収の横行に向かってそれがもつ不健全性に危惧の念を表し、その問題意識をより深めて行ったら、ドラッカーは新しい境地にまで進んで行ったかも知れない。それは「資本主義を超えて」の前年一九九七年の「対峙するグローバル経済と国家」論文において変動相場制下における国家を呑み込んだ世界市場の出現は、彼が市場を世界と国家と地域との三次元で考える枠組みに彼が問題意識をもたざるを得ない事態が生じ、それに向かったからである。彼は、電子マネーが市場に登場した事による市場を次のように論じている。

「国民国家の政府が自制するとの望みは幻想にすぎなかった。しかし今日では、グローバル経済が各国政府に厳しい制約を課している。国民国家に対し責任ある財政政策に戻るよう圧力をかけている。

変動相場制は、おそるべき通貨の不安定化をもたらす一方において、膨大な世界通貨を生み出した。この世界通貨は、グローバル経済とその通貨市場以外の場には存在しない。それは、投資、生産、消費、貿易などの経済活動ではなく、通貨取引によって生み出される。価値の尺度、富の蓄積、交換の手段など、いかなる通貨の定義にも当てはまらない。いかなる属性ももたない。それは現実の通貨ではなく、いわばバーチャルな通貨である。

しかし、その力は本物である。あまりに膨大なために、一国への出入りそのものが、金融、貿易、投資にともなう通貨の流れよりもはるかに大きなインパクトを与える。一日で、全世界が貿易と投資において一年間に必要とする額を取引する。経済的な機能をもたないがゆえに、まったく自由に移動する。トレーダーがクリックするだけで、数十億ドルが通貨から通貨へと移動する。通貨としてのいかなる経済的な機能ももたず、金融上のニーズも満たさないがゆえに、経済の論理に従うことがない。移り気であって、噂や予期せぬことによって簡単にパニックに陥る。」

ドラッカーは、国家と市場経済、国家と国民経済・グローバル経済の問題を鋭く、バーチャル・マネーという概念を出して、論点を明らかにしている。

バーチャル・マネーは、ＩＴによってつくり出された電子マネーである。それが、日常生活におけるカードという現物形態をとっている段階ではバーチャルではない。それが流通手段ではなく売り買いの決済手段として無限にひろがり縮少する信用を背景にして作用するとき、それは記録された数字の書き替えという処理で済まされる。それは、経済の実体から離れた差額だけの処理である。実体から遊離した差額のみを追求し拡大してゆく市場経済は、実物経済と次元を異にしながらも、完全には切断されていない現実市場であり経済である。

ドラッカーは、電子マネーの乱舞にまかせて生起する実物経済の不健全性を憂慮する。だが、最後には、「しかし、この二〇〇〇年を見るかぎり、政治的な情熱と国民国家の政治が、経済的合理性と衝突したときには、必ず政治的情熱と国民国家のほうが勝利して来ている」、と結んでいる。

ここに紹介した二つの論文「資本主義を越えて」と「対峙するグローバル経済と国家」は、論文集 *Managing in the Next Society*, 2002. 上田惇生訳『ネクスト・ソサエティ』ダイヤモンド社、の第Ⅱ部第九章・第Ⅲ部第二章をなすものである。二〇〇二年三月と序文に記しているが、この年一一月一一日九五歳で逝っている。

とすれば、敵対的買収の本質にせまる見事な分析をして憂え、電子マネーをバーチャル・マネーと把握し、そこに市場経済のグローバル化と国民経済との対立・矛盾の解決の困難性を指摘する彼は、ヘッジ・ファンドの急成長、二人のノーベル賞経済学者を加えたＬＴＣＭが一九九四年運営開始、二〇倍から三〇倍のレバレッジによって日本の国家予算の六倍もの資金にまで成長、一九九八年に破綻の事実を知っていたであろう。そしてその延長である二〇〇八年のリーマン・ブラザース大恐慌である。彼が生きていたら、デリバティヴ＝金融派生商品をバーチャル・コモディティ＝架空商品と把握し、実体なき架空商品の売買によって利潤を得る資本、バーチャル・キャピタル＝架空資本の概念をたてたであろうか。それは、彼の把握した投機家資本主義ではない。それは、投機という当るか当らないかの金儲けではなく、既在価格と未来価格の動向、差額を情報の収集とその理論的分析の優劣によって勝敗のわかれるゲームの領域と化し、確実に利を獲得しうる投機資本主義ではない。それはＩＴによる売買行為、ＩＴによる電子マネーによる決済、情報の収集、科学的処理によって成り立っている利潤獲得行為であり、情報資本、情報資本主義と呼称してもよい。そしてその架空資本は実体資本に対して、リーマン・ショックの時点で既に一〇倍に及んでいたと言う。

この事実を彼が生きていたら、何と言うであろうか。〈大風が吹いたら桶屋が儲かる〉の論法で言えば、彼の言う投機家資本主義、架空でありながら現実的なバーチャル・マネー、架空商品、架空資本の横行を生み出したのは、ドラッカーである、と言うのである。それは、社会主義＝専制主義に対して自由主義を標榜して冷戦体制下の自由主義国のおそらく最大の役割を演じた思想家といいうる彼、そして社会主義諸国の崩壊、抑制なき資本主義、自由をとなえ、マーケティングとイノベーションを論じつづけた彼、専制に抗し、自由にして機能する社会と管理の理論と実践を主導しつづけて来た彼、それによってソ連型社会主義の崩壊、新自由主義の出現、投機領域の資本の成立と成長。

四　ドラッカー経営学の位置

あくまでも現実を重視し、現実に即して対象把握、理論化・規範化してゆくドラッカーなるが故に、企業管理論の基礎をなす経済学ないし社会経済学の認識において、現実の変化は彼の認識の不十分・不徹底を、自ら露呈することになるべくしてなった。すなわち、資本主義と資本制生産社会、資本制生産社会と市場経済との関係の把握において、十分な理解がとどいていなかった、ということである。そのことが、冷戦体制の終焉が資本制生産社会に新しい商品形態・新しい資本形態すなわち架空商品・架空資本という実体経済から遊離し派生した商品・資本を生起せしめ、市場がそれによって支配される事態の出現である。そして、彼はそれから目をそらすことなく、その真髄に迫っていった。だが、彼は逝った。

ドラッカーは〈マネジメントの発明者〉といわれ、〈経営学の父〉とも呼ばれているが、彼もそれを自認していたようにも受けとれる。だが経営学者の多くは彼を論じ、彼から学ぶことあまりにも少なかった彼等は、この度のブームをどうみているのであろうか。少なくとも、彼らはドラッカーを〈経営学の発明者〉とは思っていないことだけは確かであろう。だが、この度の『もしドラ』二〇〇万部超えを惹き起したブームは、それぞれ自分の経営学をいかなるものと受けとめるかを、促がすものではある。

実は、F・W・テイラー自身が、自分の経営学における位置と意味を既に語っている。まずは、それを紹介し、それを吟味することになる。

経営学者は、F・W・テイラー（1856–1915）の〈科学的管理〉をもって、テイラーを〈経営学の父〉と呼んで来た。異論を唱える人はいない。テイラーの墓碑銘は〈The Father of Scientific Management〉である。だが、多くの経営学者達はテイラーを既に過去のものとしている。それをたしなめて、テイラーこそ物理学におけるニュートンに比すべき存在であり、彼の古典力学があったればこそ現在の量子力学があるのと全く同じく、テイラーがおったればこの現在のわれわれ経営学があるのだ。ドラッカーは〈経営学の始祖〉テイラーと言う。経営学というディシプリンは、まさにテイラーのディシプリンである。経営学者は、テイラーのディシプリナリアンと言うべきか。

ドラッカーは、更にテイラーをもって、十九世紀が生んだ資本主義対社会主義の対立抗争を真に超え陳腐化せしめた新しい社会哲学の創出者であるとまで言っている。

なお、ドラッカーはテイラーの経営学の傑出したところは、その影響力の匹敵することの出来ない貢献である。それを可能にしたのは、理論と実践、思索、実験、実行と教育とである。彼は、そのように生涯を送ったのだ。マネジメントにたずさわり研究し、また最初のコンサルタントであった。

ドラッカー程、テイラーを深く大きく、把らえ、人類史的人物として画いた者はこれまでない。私はドラッカーの把握に組みする者である。

ドラッカーのテイラー観、経営学観は、一九六七年、彼がテイラー・キー（最高の賞）を受けたときのものと思われるが、この一文は彼が『現代の経営』につづいて、『創造する経営者』*Managing for Result: Economic Tasks and Risk-taking Decisions*, 1964. 野田一夫・村上恒夫訳、ダイヤモンド社、『新訳』上田惇生訳および『経営者の条件』*The Effective Executiv*, 1966. 野田一夫・川村欣也訳、ダイヤモンド社、『新訳』上田惇生のマネジメント三部作を書き上げ、彼のマネジメント観が形成せられ、それをテイラーに托して表明したものとも受けとれる。

テイラーの科学的管理をもって資本主義・社会主義の対立を超える新しい社会哲学と把握したのは、ドラッカー自身がそれを求めたものを、テイラーにおいて見出したからである。だが、テイラーをニュートンの古典力学になぞらえ、現代では量子力学の時代に入っている、というニュートンの物理学における位置付けをしたドラッカーは、このとき量子力学の新しい次元に立ったアインシュタインの位置に彼を置いて把握していたであろう。彼は、後にそのことを論文として述べている。

自分の経営学を含めて一切の経営学は、テイラーのディシプリンの枠内にあると言いながら、彼は自分の経営学はテイラーと段階を画する次元の経営学だとの自恃を表明している。それは、テイラーの業績を産業革命につづく生産性革命の始祖であり牽引車と把らえ、自分をそれに続くマネジメント革命の始祖であり牽引車であると、ドラッカーは自分を位置づけ、意味づけているからである。

『ポスト資本主義社会』一九九三年は、ソ連社会主義国の崩壊、冷戦体制の終結に際して、『マネジメント』を「専制にかわるもの」として書いたドラッカーが、あらためて自分の世界観、これからの世界はどのように進み、どのように進むべきかを論じたものである。だが、その内容は現実を、新しい現実を見つめ続けるドラッカーが、『断絶の時代』で展開した組織社会・知識社会の現実と未来をあらためて語ったものであり、それを〈ポスト資本主義〉社会として論じたものである。

「資本主義から知識社会へ」と題する第一章において、ソ連社会主義国家の解体はマルクス主義、社会主義イデオロギーの終焉であり、資本主義の次に来る新しい社会は知識社会である。資本主義とマルクス主義の終りをもたらしたものは、生産性革命であり、マネジメント革命である、と主張している。すなわち、資本主義の発展は産業革命によって、労資の対立、労働者階級の貧困化、社会主義社会の必然を説くマルクス主義の成立と隆盛をみた。だが、テイラーによって説かれ世界的に支持を拡大していった生産性革命によって労働者の貧困化、プロレタリア化の方向に進まず、二十世紀に入ってソ連社会主義国家の成立を見たものの、その現実はヨーロッパ知識人の支持を失った。そのことが、ヒットラー・ナチズムの登場を可能にしたのだ。

第二次大戦後、彼が惹き起したマネジメント・ブームそして彼の唱導するマネジメント革命によって、また専制国家群の社会主義諸国はそれ自体が主義としてもつ約束を果たし得ず自壊したのだ、と彼は言うのである。

彼がこのような論を立てた時、そして、その後、彼は自身既に気付いていたように、資本主義はイデオロギーとして消滅するどころか、復活し、新しい資本形態の出現が社会主義の敗退を招いていたことについては、既に述べている。

産業革命につづいて、生産性革命、マネジメント革命という把握には、首肯しえないものがある。それは、産業革命は作業機そしてそれを動かす動力機の出現とその大規模使用によるもの、生産手段の革新によるものである。そして、テイラーの科学的管理は人間労働、仕事の科学化、仕事のシステム化、管理の科学化を意図したものである。そして、ドラッカーの管理論は、テイラーの科学的管理の領域を超えるものではなく、その段階的発展と把握しうるものである。

道具から機械へを核とする産業革命に対して、テイラーの科学的管理は労働〈個人と協働〉における〈経験から科学へ〉の人類史を画する出来事であり、ドラッカーのマネジメント革命なるものは、バーナードによる組織の科学的把握を媒介とする管理の飛躍的発展の一形態と把握すべきものである。そして、三者はいずれも、生産性の飛躍的向上、技術革新であって、テイラーの科学的管理のみが生産性革命と名付けられるべきものではない。この三者は、いずれも資本制生産社会によって成立したものであり、それは既に早く、〈相対的剰余価値の生産〉として概念化されたものの具体的展開である。

ドラッカーの経営学が、経営学という学問領域において、いかなる位置と意味をもつかについて、さらに見てゆく。

ドラッカーは、「われわれの学問の父テイラーはわれわれが成熟するにつれていかに頭脳明晰で偉大であったか分かる」と言っているが、この時学問という言葉をDisciplineという語を用いているが、テイラーは彼の科学的管理を、次の二命題として表現している。第一命題は〈対立からハーモニーへ〉、第二命題は〈経験から科学へ〉である。第一命題は人間規範であり、人間が個人であると同時に協働的存在たることを示し、第二命題は行為的存在としての人間にとっての機能性追求の人類史的規範として、打ち出したものである。テイラー以前の科学は認識科学であり、真理追究の学であった。それに対して、テイラーの科学は目的達成の為の知の体系であり、機能性追求の知的体系であり、応用科学、設計科学と呼ばれるものの誕生を意識的に宣言する人類史的言辞と私は考える。

なるほど、テイラーが手がけたものは作業の科学であったが、彼が打ち出した管理は課業管理 task management と呼ばれるものであり、管理の一切の領域の科学化を意図したものである。そして、その後、管理学の発展は、作業＝ワークの一切に及び、メーヨー＝レスリスバーガーの人間関係の科学、バーナードの組織の科学、サイモンの意思決定、コンティンジェンシー理論の環境論の諸領域の科学化が展開されて現在に及んでいる。私は、このテイラーの第二命題に主として立脚して、管理科学化の新領域の発見、既存の領域の精緻化につとめる経営学者を、多数派をなすが故に主流と名づける。

これに対して、テイラーの管理の二命題に立つ学者を本流として、その代表的人物としてテイラーに続いてフォレット、バーナードをあげ、そしてドラッカーを加える。

ドラッカー自身も自分の注目すべき経営学者として名をあげているのは、テイラー、フォレット、バーナードの三人だけである。ではこの三人に対してドラッカーはいかなる関係に立っているであろうか。第一命題の人間規範に重心を置くフォレットは政治学者として出発し、管理の全体をプロセス把握した上で、統合論を第一命題に立てると同時にそれを機能論とし、ソーシャル・ワーカーとして働いた彼女について度々言及している。まさに、彼の先駆者である。それに対して、ドラッカーは、バーナードについて言及しない。だが、彼の管理論はまさにバーナードに依拠している。彼はバーナードを読んだが、バーナードとドラッカーの学問性格は全く異なる。バーナードは厳密な理論家であり、ドラッカーは理論家ではあるが管理論に関するかぎりすぐれて規範論である。共通するところはバーナードは経営者として、様々な組織の管理者として生涯を送り、ドラッカーはコンサルタントとして経営に深くかかわって生涯を送ったところである。

ドラッカーが特記しなくても、彼の記念すべき経営書の第一作『会社という概念』の基本概念は、バーナードのものである。それは、四章構成からなる論述が第一章アメリカ資本主義、第二章人間行為体としての会社、第三章社会的制度としての会社、第四章産業社会における経済政策、を見てもわかるように、アメリカ資本主義と置きながら、第二章は人間行為体としての会社と据え、それを社会的制度と把握し、更にそれを経済的制度と把らえ、それにいかに対応するか、を論じている。これまで、会社の概念はまずは経済的範疇として把握されていた。それに対してこれを全く別次元の人間行為体と把らえ、更にそれを社会的制度、経済的制度と具体化して把握し直したのである。会社は既に経済的制度・法的制度として把握されていた。ベブレン、バーリ＝ミーンズ等がその代表的なものである。だが、ドラッカーは、会社をまずは人間行為体であり、多数の人間の協働行為体であり、それは社会的、経済的制度だと把らえたところで、会社の構造と機能の実態をGMという世界一の会社の内部に密着して独自の史観を生み出しつつある気鋭のライターが、依頼者GMに何等の顧慮するところなく画き出したのである。

自伝によれば、既にこの事を書く前にバーナードの『経営者の役割』を彼は読んでいる。バーナードによる協働行為体、協働体系 cooperation, cooperative-system は、バーナードのものである。それは経済人仮説に代えて全人仮説をたて、それによって、協働体系を組織論を中核として把握したのであり、組織論こそ彼が〈前人未踏〉の領域を開拓した画期的業績である。書名は *The Functions of the Executive*, 1938（山本安次郎・田杉競・飯野春樹訳『新訳』、ダイヤモンド社）となっているが、バーナード自身は、〈組織〉を主題とする書名にしたかったと言っている。

バーナードを読んだからこそ、『会社という概念』という世界的なマネジメント・ブームを惹き起した本を書くことが出来たのである。だが、ドラッカーはバーナードを精読していない。だから、経済学的アプローチをしていたほとんどの人々に対して組織論的アプローチ、彼の場合はリーダーシップと分権制を軸として〈人間行為体〉＝協働体系として〈会社〉を定義づけ論じたのである。だが、彼は遂にバーナード理論を積極的に把握し、それを更に理論的に超えゆく努力をすることがなかった。

彼のマネジメント論は、『会社という概念』を超えて、*Practice of Management*, 1954（野田一夫、現代経営研究会訳『現代の経営』上田惇生『新訳』ダイヤモンド社）、そして *Managing for Result, Economie Tasks and Risk-taking Decision*, 1964（野田一夫・村上恒夫『創造する経営者』、上田惇生『新訳』ダイヤモンド社）と *The Effective Executive*, 1966（野田一夫・川村欣也訳『経営者の条件』、上田惇生『新訳』ダイヤモンド社）の三部作ともいうべき三冊が成った。

協働体系・組織としての会社がマネジメントによって維持せられ、それを担う経営者マネージャーの在り方を論じられたのである。そして、その三冊を一冊本として大冊『マネジメント』*Management, Tasks, Responsibitities,*

Practices, 1973が書かれている。原題を入れたのは、彼のマネジメント論の展開が読み取れるからである。

ここまで論じて来て、最初に提起した問題すなわち、このドラッカーの最初の三部作と大冊『マネジメント』とはどこが違うのか、について答えが出るところまで来た。

さて、大冊『マネジメント』を文章は平易だが難解であると自評、三部作とくに『管理の実践』から少なからず引用しているが、それはこれらの著作を発展させたものであるからである。だが、本書は「その狙い、範囲、アプローチがこれまでのものとは違っており、本書は全ゆる点で違ったものだ」と言っているが、私にはこれまでその違いが分らなかった。副題「課題・責任・実践」の三者いずれも、三部作のキー・ワードでもある。だが、今は、分ったというのは、彼の先に紹介したテイラーの偉大さをあますところなく把らえ頌えた「テイラーの先駆性」論文の終りに書いている、彼がテイラーの経営学と同じ性格のものだと力説している事項について首肯するところがあるからである。

「彼は経営管理の理論家、学徒、学者であったし、最初の経営コンサルタントでもあった。いいかえると彼は、理論と実践、思索と実験、実行と教育を一身に、一生を通じて兼備した。

これは、もはや今日では流行していないようだ。理論と実践、研究と実験、教育と実行を分離する強い傾向が、とくに、経営管理を表芸とする学界で認められる。反面、経営管理は臨床の分野——つまり理論なき実践は、実践なき理論とまったく同様に役だたない分野、仕事の効果をあげるには書斎でも患者の側でも慣れていて、概念的な理論にも、効果的な実地応用にもともに熟達していなければならない分野——であるというテイラーの洞察を否認する、強い傾向が認められる。しかし臨床の分野を〝純粋〟なものにしようとするのは、純粋な理論家であれ、純粋な実践者であれ、いずれもまったく不毛なものにしてしまう責めを負うべきである。」

すなわち、経営学は医学とよく似た性格の学問だというのである。すなわち、理論と実践とを兼ねそなえたものであらねばならぬ、というような事であろうか。医学は身体、精神とりわけ身体の健康と病気に関する理論的な知識を必要とすると同時に、病気を治癒する方法手段をより優れたものにする為の知識も不可欠とするが、更にそれを学び実際の患者の病気を治療し治癒させて、はじめて優れた医者となる。それと同じように、組織体の健全な維持の為の理論、その政策・技術を不可欠とし、更にその実際における実践的適用によって効果性を実証しなければならない。その経過の中に、医学も経営学も教育という過程が入る。

ドラッカーは、テイラーの経済学の性格を以上のように把握すると同時に、現在ではそれはもはや主流を為していないが、自分はテイラーと似た経歴をもって経営学者となった。これこそが、経営学の本道であって、純粋な理論家、純粋な実践者は、医学の分野であれ、経営学の分野であれ、どちらもその領域を不毛のものとする責めを負うべきだ、と警告している。

このテイラーと自分の経営観・経営学観が全く同じものだ、経営学はこのようなものだ、という見解に留意したとき、私は最初に提起した序文の末尾についての問題に立ち返り、うなずくものがある。それは、マネジメントに関する彼の三部作の発展したものであるが、この新たに書き下しなお書き足らない『マネジメント』は全く違った経営学書だと断言する彼の言である。どこが、違うのか。そのことが、はじめてその通りだ、と頷けるのはどこまでも現実に即して思考する彼にとって、経営学は理論であり技術であり規範であるその三者一体のものであり、それは経営の内部にコンサルタントとして入り込み経営者と共に経営の実践に参加し、その経験の結晶として経営書をものしたのが、この大冊『マネジメント』なのだ、というのである。

このことは、先にもとり上げて来たが、ここまで論じて来て、より深く理解される。

「この本が最も多く負っている人々の名前をあげることはできない。彼らは、私のコンサルタントの依頼主で、依頼主はプライバシーの権利をもっている。それでも実に多くの経営者——企業ならびに非企業のサービス組織体の、またアメリカばかりでなくヨーロッパ、日本、中南米の経営者——が私を信頼して、彼らと関心を共にし、彼らと一緒に、彼らの問題と取り組むのを許してくれなかったならば、本書はできなかったであろう。その種の仕事と関係から得られた経験があったからこそ、本書はできたのである。

カリフォルニア州　クレアモントにて　一九七四年の春」

彼はこの本を平易にして難解だと言っている。たしかに文章は易しい。だから、誰でも読める。高校の女子マネージャーだって読もうと思えば読め実践して効果をあげることができる。だが、経営学者にとっては、彼のどの本よりも読みづらい。難解だというのはどういうことだ。この本は、大学教授の経営学・経営学書とは異質のものなのである。だから、ほとんどの経営学者は打ち込んで読もうとしないのである。読めないのである。

五　むすびにかえて——自由、責任ある選択——

ここまで来ると、われわれの経営学観を問われることになる。

管理論としての経営学は、テイラーを始祖とし、その後の一切の経営学説はテイラー・ディシプリンの中に納まると、ドラッカーは言ったが、私もそう思う。それを一歩進めてみると、テイラー・ディシプリンは所詮彼の言う科学的管理の本質と彼の言う二命題すなわち〈対立からハーモニー〉と〈経験から科学へ〉にいかにかかわるか、によってそれぞれの学説の位置づけが可能となる。

〈経験から科学へ〉という機能性追求命題に主とし依拠しているものを多数を占めているが故に私は主流と名付け、この機能性命題とともに〈対立からハーモニーへ〉の人間性命題をも不可欠のものとするものを本流と名付ける。主流は、テイラーの作業＝仕事の科学、メーヨー＝レスリスバーガーに始まる人間関係論＝インフォーマル・オーガニゼーションの科学、バーナードに始まる作業の科学、サイモンに始まる意思決定の科学、そしてコンティンジェンシー理論によって開拓された環境の科学、そして更にそれ等の全体を科学的に把握しようとする自己組織性論＝情報・資源論である。これに対して、本流としてのビッグ・ネームはテイラー、フォレット、バーナード、ドラッカーである。プロセス・スクールを統合論として論じたフォレット、組織論の基礎を大きく据えたバーナード、彼はシステム・アプローチをもって組織の科学化の道を大きく拓いたが、その時〈人間とは何か〉の問をたて、経済人仮説にかえて全人仮説をたてた立論であるが故に本流に入る。そして、ドラッカーが本流の先駆者に学びながらこの派の巨人となった。

管理論のキー概念は組織であるが、バーナード組織論を学び、その上に意思決定論をたてたのがサイモンである。バーナード＝サイモン理論という表現が生れるのも当然である。だが、バーナードはサイモンに対して不満の意を表明している。

バーナードが存命ならドラッカーに対して何というであろうか。管理論の発展、展開に対するドラッカーの貢献を大きく評価し喜ぶとともに、不満の意を表明するであろう。それは、バーナードはドラッカー以上に経営の実践、経験をもった上での組織と管理の理論の構築者であるからである。しかも、バーナードは前人未踏の領域の組織についての理論を最初に打ちたてたとの自負をもつ。その為に、彼は「デュルケム、パレート、テンニース、タルコット、パーソンズその他多くの人々を研究しそれに負うところ大であるが、それにもかかわらず本書の実体は個人的体験と観察とそれに対する長い間の思索の結晶である」と言っている。彼、理論家としてのバーナードは、ドラッカーの理論に対する不徹底については許容しないであろう。ドラッカー自身、組織に関するかぎり、組織がもつ問題の大きさ深さについて自分は十分な論究をなしていないと、自ら述懐してもいる。

大学教授たちは、何よりも理論を重視する。次に政策、技術を取り上げる。近ごろは、それを認識科学、設計科学といって後者をより重視する傾向が強い。そして、規範は科学の領域外、学問の領域外とする考えさえ有力である。だが、経営学は学なる限り理論はあくまで第一義的に重要であり、それはあくまで抽象的なものでありながら、具体的現実に立脚したものである。管理の理論もまた豊かな深い管理世界の現実に立脚したものでなければならぬ。多元的な組織社会に生き、さまざまな組織において管理者そして被管理者として生きざるを得ない吾々にとって、個人的体験に根ざさない管理学は、ドラッカーの言うように不毛である。そして、組織に生きざるを得ない人間にとって、〈かくあるべし〉の規範が求められざるを得ないし、経営学はそれと無縁のものではありえない。管理者であろうとあるまいとコンサルタントであろうとあるまいと、管理の実践の場に吾々は立たされているのである。

ここまで、『マネジメント』の序文を読みながら、ドラッカーのマネジメントがいかなる世界観・歴史観をもち、その上でいかなる経営学観、経営学におけるいかなる位置・いかなる意味をもっているかについて、書いて来た。終るに当って、『マネジメント』の内容について、一言しておくことがある。

『マネジメント』は「課題・責任・実践」の三つのキー・ワードがあげられ、内容と目次は序論「マネジメント・ブームからマネジメント・パフォーマンスへ」において、二十世紀に入って、マネジメントが出現した世界史的意義を組織社会そして多元的組織社会化における決定的意義をもつものとして論じられる。そして、第一部「タスク」、第二部「マネジャー」、第三部「トップ・マネジメント」となっている。

この三部構成は、つづめれば第一部の「タスク」と第二部・第三部の「マネジャーとトップ・マネジメント」である。このような構成をとった経営書はおそらくは、この本をもって最初とするのではないか。この構成は管理・経営現象は、人間行為体・人間協働体系における不可欠の機能であると把握した上で、その機能はあくまで人間によって担われたものであって、そこから一歩も離れるものではない、というゆるぎなき認識に立ったものであるからである。

その時、機能体・組織体は現在においては社会的制度＝機関として、社会に対していかなる役割・課題を果たすべきものであるか、そのタスクの内容の明確な認識・責任・達成こそ経営における決定的事項であるとのゆるぎなき認識に彼は立っていたのである。〈タスク・マネジメント〉はドラッカーが創始者ではない。その創始者はこれもまたテイラーのものである。テイラーのタスクは、企業ないし工場における各人が担う個々の仕事・職務であった。各人のタスクが果されてはじめて工場・企業は維持されるのである。ドラッカーのタスクはまずもって、企業が社会に対して担う役割分担としてのタスクであって、次に企業内部におけるテイラー・レベルのタスクがある。テイラーは、各人のタスク＝仕事・職務の科学化を説くという思えば驚嘆すべき人類史を画する第一歩を踏み出したのである。しかも、テイラーはその時、〈対立からハーモニー〉こそより重要な規範であるとの発言を忘れなかった。

経営学者たちの多くは、テイラー・レベルの科学化を目指し、機能化・科学化を目指す。だが、ドラッカーは違う。社会から与えられた課業を担うのは人間であって、ロー・ミドル・トップのどのマネジメントであれ、それを担うマネージャーは彼の仕事についてタスク達成において、個人の身についた技能、決して科学化・技術化しえない部分があることをドラッカーは、深く認識していた。そして、そのような叙述体系を示したのである。だから、第一部の終り近く、責任ある従業員、雇用・所得・付加給付、そして人間こそ最大の資産として章を置いている。彼は人的資源の見事な分析をしながら、人的資源管理を否定している。

なお、この三つの章に続く四つの章を「社会的衝撃と社会的責任」という題のもとに〈責任〉について論じている。

〈自由にして機能する管理〉こそ、ドラッカーの管理論である。自由〈責任ある選択〉こそ人間の本質であり、人間行為体・協働体系＝組織体として、企業のみでなくあらゆる人間の社会的行為が営まれる多元的組織社会となって来た現在、組織維持機能において自由こそ最も重要事であり、決定的な規範たるべきだ、とドラッカーは観念しているのである。だから、企業であれ、如何なる企業であれ、自由の規範が貫かるべきであると考える。

社会から課せられたタスクには、それを選びとって担っているかぎり果さねばならぬ責任がある。そして、組織内のタスクを担っている従業員は全て、機械的な作業のみでなく意思決定する範囲、技能的要素をもつ責任ある従業員たらしむべきである。

もちろん、一般的な他人に害を与えるような非社会的行為をすべきではないことは勿論であるが、タスク遂行の途中で生じるマイナスの〈副産物〉についても、責任を負うべきであるという責任論を積極的に論じていることを、ドラッカー管理論の特色の一つとして述べておかねばならない。

彼が〈副産物〉と言っているものに対して、私は目的的結果に対する随伴的結果という概念をたて、目的的結果と随伴的結果との両者をともに把握し、それに対して責任を負うべきを複眼的管理たるべしと論じたが、ドラッカー理論の延長でもある。今、原発事故で安全・安心を奪われた日日、電力会社と原発のもつ負の側面に十分な考慮を払わずに推進した、会社と国家を背負って来た経営者と政治家・官僚・学者の責任は重い。

人間の本質は自由であり、責任ある選択であり、それは楽なものではなく、全くその逆のものであり重く、放棄したくなるものだが、それを放棄したら人間は人間でなくなる、とドラッカーは言う。だが、原発事故の責任を関係者はとる事が出来るであろうか。自由経済・市場経済のもつ負の側面にかかわる人達はその責任をとる事が出来るであろうか、とらす事が出来るであろうか。科学がつくり出した負の側面をいかに考え、理解したらよいであろうか。人間観そのものまで考え直さねばならぬ時代とはなった。

［ドラッカーに関する解説書、研究書］

「ドラッカーに関する解説書や研究書は必ずしも多くはない。それでも、数冊の御高書がこれまで出版されてきている。ドラッカー教授・またはその著作・またはその理論について、藻利重隆教授は〝埋蔵の量が豊富で質が優良な金鉱山〟に譬えられ、野田一夫教授は〝経営指導や文明批評の権威者〟と評価され、寺澤正雄教授は〝経営管理の具体的諸方法により構成されたドラッカー・システムとこれらによって抽出される人間革新と経営革新についてのドラッカーイズム〟と把握され、三戸公教授は〝グローバルな（規範論・理論・政策論の三者を統合的にもっている）理論家〟〝新しい時代の予言者〟として見做され、小林宏治会長は〝経営の良き教師であり、文明と人間に対する洞察に無類の力をもつ思想家である〟と称讃され、岡本康雄教授は〝既成の思考の枠にとらわれない、産業社会―企業（制度）―経営管理に関する新鮮な問題の発見者・評価者〟と意義づけられ、堤清二会長は〝弁証法とプラグマチズム精神とが変革の時代に見事に結実したもの〟だと看破され、ボナパルト＝フラハーティの両教授（T. H. Bonaparte & J. E. Flaherty）は〝現代経営思想家のトップの位〟に指定され、タラント氏（J. J. Tarrant）は〝企業社会を発明した思想家〟、田代義範教授は〝自由で機能する産業社会の希求者〟と看取されている。」この引用文は第一期のドラッカー研究の主だったものについての河野大機『ドラッカー経営論の体系』三一書房、一九八六年、増補版一九九〇年の序文の一節である。河野は第二期において多くのエネルギーを注いだ代表的な研究者である。これに第一期はドラッカーの *Concept of Corporation*, 1946 を『現代大企業論』未来社、一九六六年にすぐれたドラッカー論を訳者まえがきに加わえた、訳者下川浩一を加え、第二期に高宮晋・経営研究所の研究会で経営者と多くの研究をもった麻生幸『ドラッカーの経営学――企業と管理者の正当性』文眞堂、一九九二年と経営実践の場から大学教授になった島田恒「使命・責任・成果」の副題をつけた『非営利組織のマネジメント』一九九九年、新版、東洋経済新報社、二〇〇二年、そして立命館大学副学長・アジア太平洋大学学長等の経営経験をふまえた坂本利一『ドラッカー再発見』法律文化社などを加えることが出来よう。

第一章　ドラッカー思想の展開

初出、青森公立大学経営思想研究懇話会／村田晴夫・吉原正彦編
『経営思想研究への討究——学問の新しい形——』二〇一〇年

一　はじめに――社会思想家の巨人、マルクスとドラッカー――

二十世紀の前半の世界に最も大きな影響力を持った思想家をK・マルクス（Karl Marx）とすれば、二十世紀の後半の世界を牽引した最大の思想家はP・F・ドラッカー（Peter F. Drucker）である、と言えようか。

マルクスは、彼の生きた時代を資本制生産社会と把握し、資本とは何か、資本制生産社会の経営を資本の運動法則として、比類なき論理構成を持って画き出し、そこにおける人間関係を資本家対賃労働者の激化と資本家の打倒と社会主義社会の成立を論じたのである。そして、彼の死後、二十世紀に入って、第一次世界大戦とロシアにおける社会主義国家の成立、更に第二次世界大戦と世界を二分するまでに社会主義国家の簇生による資本主義国家と社会主義国家との冷戦体制が生まれた。そして二十世紀の終わり近くソ連をはじめ社会主義国の崩壊と残存社会主義国の市場経済化が起こり、二十一世紀を迎えるに到った。

ドラッカーは、彼が生きた時代、生きた世界と真正面から向き合い、マルクスと同じヨーロッパの知的伝統にたって、第二次大戦後の世界を組織社会と把らえ、組織維持機能である管理の理論と技術論と規範を豊かに画き出し呈示し、広く受容されたのであった。二十世紀の後半の五〇年ほど目まぐるしい変貌の連続であった時代は、人類史上かつてない。彼は、この五〇年の人類史的転換の〈連続と非連続〉を誰よりも早く見事に画き出し、行動指針として彼の本は、世界の多くの国で受容されてベストセラーとなり、二十一世紀のとば口に入って惜しまれて逝った。

ドラッカーは、マルクスとどのように交錯するのであろうか。ドラッカーはマルクスの把らえた資本の論理、資本制生産社会をどのように把らえていたのであろうか。彼は、最初からマルクス主義・社会主義批判の立場をとっている。その立場は、人間主義であり、自由主義である。彼はマルクス主義が〈憎しみ〉を動機とし、その増大を原動力として社会主義を目指すものとして拒否した。ロシア社会主義の現実は、マルクスの掲げた〈抑圧から自由へ・貧困から豊かさへ・戦争から平和へ〉の約束を目指す方向に進んでいない、と批判し、そして遠からずその体制は崩壊すると予言した。その通りとなった。

彼は、マルクスの最初の超克者として、〈科学的管理の父〉を自称して逝ったF・W・テイラーを産業革命につぐ生産性革命の創造・推進者と位置づけ、次にマネジメント＝管理革命の創始・推進者として自分を位置づけたのである。果たして、その自負は妥当なものであろうか。

ソ連社会主義崩壊後一〇年たって二十一世紀となり、今、マルクスも目指しドラッカーも目指した、抑圧・貧困・戦争の克服された自由の世界が我々の目の前にあるであろうか。十九世紀・二十世紀と形の違った抑圧・貧困・戦争が二十一世紀に生きる我々の前に潜在し深化・進行し、〈安全と安心〉が求められ、加えて自然破壊の進行は待った無しの状況に立ち到っている現在である。そして、〈資本主義〉・〈現代資本主義〉という言葉が復活してきた。現代資本主義とはいかなるものと把らえられるのであろうか。ドラッカーは、それをどのように把らえ、死んで行ったのであろうか。

ドラッカーは、彼が生きた時代と社会を資本主義社会とは把らえていなかった。では、彼はどのように把らえていたのであろうか。彼の現代社会観はいかなるものであったのか、彼の現代社会観は現代社会を資本主義社会とみる社会観を超えるものであろうか。資本主義経済とその社会は如何なるものであるのかについて、マルクスを超える理論家・思想家として誰の名をあげられるであろうか。ドラッカーの理論はマルクスの資本理解にどのように関わるものであろうか。ドラッカーの自恃どおりに超克されているであろうか。

ドラッカーの現代社会論を、大きくは第二次大戦の終わりまでの戦前期、それに続く戦後期の資本主義・自由主義国対社会主義・計画経済国の二つの体制の冷戦期、そして社会主義・計画経済の崩壊後、この三つの時期に分けて把らえることによって、提起した問題に迫ってゆこう、と思う。この第二次世界大戦終了までと第二次世界大戦以後、そしてこの大戦後の冷戦体制期とその体制崩壊後の三つの時期区分は、そのまま、彼の思想の形成の初期、彼の思想の確立と展開の時期である中期、そして彼の思想の限界が露わになってきた後期とそのままぴたっと重なる、と私は把らえる。

二　ドラッカー思想の形成――戦前期――

1　『経済人の終り』、全体主義ヒットラー政権成立の意味

戦前期のドラッカーには、処女作ともいうべき『経済人の終り―新全体主義の研究』（*The End of Economic Man: A Study of the New Totalitarianism*, 1939）と『産業人の未来』（*The Future of Industrial Man*, 1942）の二著がある。前者は、一九〇九年生まれのドラッカーが二十世紀に入って第一次大戦・ロシアにおける社会主義国の成立、一九二九年の世界大恐慌を経過した一九三三年にナチズム・ヒットラー政権樹立、その年数カ月して〈この政権がどうして誕生しえたのか〉を書き終え、一九三九年に出版されたものである。この本について彼は、一九六二年日本版序文に次のように書いてある。「『経済人の終わり』は二五年前にヨーロッパ問題として取り上げ分析したものであるが、その問題は今や全世界の問題となっており、そして日本という国にとってもまた特別の意味をもっている」と。そして、二十一世紀に入った日本にとって、この本は過去のものとなっているか、それともより大きな問題として意味を持つものであろうか。

彼は、ヒットラー・ナチズムの政権樹立はどうして成り立ったのか、何故ヨーロッパの伝統的価値である自由と平等を否定する全体主義に大衆はついて行ったのであろうか、と問うた。それは資本主義というイデオロギーに牽引された社会が、一方において物質的生産を大いに高めたにもかかわらず、他方において資本主義経済の周期的恐慌が一九二九年のウォール街の株式大暴落にはじまり、その自律的回復の不可能状態に立ち到り、国家権力の何等かの介入を余儀なくさせてきたからである。これからどうするか、資本主義経済をどうするか誰も先が見えないところで、大衆は〈溺れるものがつかむ藁〉としてA・ヒットラー（Adolf Hitler）に縋ったのである。

暴虐の恐怖・侵略主義の不安と憎悪の全体主義ナチズムを、ヨーロッパの知的伝統が許容できるはずがない。愛・自由を説くキリスト教をヒットラーは取り込もうとしたが、これに反抗した人達、K・バルト（Karl Barth）等がいた。だが及ぶところではなかった。そして、資本主義を否定し新しい社会を建設しようとした社会主義者もまた、ヒットラーに抗し得なかった。彼等は、ファシズムは絶体絶命の資本主義が社会主義革命を遅らせる最後の企てにすぎないと把らえた。だが、それは現実を離れた空論であり、ヒットラーに積極的に加担する大企業も資本家もいない。しかも多くの知識人や労働者を惹きつけたマルクス主義は、ロシア社会主義の現実の進行によってヨーロッパから次第に薄れていきつつあった。

資本主義というイデオロギーも社会主義というイデオロギーも、ともに現実に健全に機能し得ないのは何故であるか。それは人間を経済人と把らえ、人間の行動を経済原則に立って行動することを第一原則とし是とする人間観であり社会観である。たしかに、人間の行動の一般的原則として〈最少の犠牲で最大の効果〉の経済原則がある。だが、人間の行動にとって、この全ての行動に通じる原則とともに、行為体としての人間にとってそれ以上に大事なものとして〈何を為し、如何に生きるか〉の問題がある。それが見失われ軽視されてはならぬ。物質的豊かさは、精神的豊かさを伴わなければならぬ。

彼は次のように締め括っている。経済人のイデオロギーが支配する社会は既に終わっている。そこから惹き起こされた行き詰まりは、戦争さえも予想される。経済人イデオロギーに代わる新しい社会の建設は、自由で平等な人間の非経済的人間イデオロギーによって画かれる社会像の力強い推進によってのみ可能となる、と。

この本は、一九三九年に出版されているが、後にドラッカーはこの本の原稿は一九三三年のヒットラー政権樹立の年に脱稿していたと書いている。出版された一九三九年、彼三〇歳の年は第二次大戦開戦の年であるが、その時、大戦中の首相となるW・チャーチル（Winston Churchill）から認められたことが、ライターとして生きる自信を得たと言っている。

2　『産業人の未来』——新史観による第二次大戦の意義——

ドラッカーは『経済人の終わり』を論じた。それは経済人イデオロギーに主導せられた資本主義社会と成立して来た社会主義社会が、いずれも全体主義社会であり、それを超克すべき自由と平等を掲げる社会を創り出すべきを主張したものであった。だが、この処女作は注目せられ少なからぬ共鳴者を得たが、この本では経済人の社会はいかなるものであるか、そしてその社会に続く社会はどのような内容のものであるかについては殆ど語られていなかった。

ドラッカーは自分を文筆家と称し、生涯、本・論文を書きつづけているが、第一作を脱稿した一九三三年から第二作の出版までの間には九年の歳月が経過している。第二作『産業人の未来』は、彼が予期していた戦争が第二次世界大戦という形をとって一九三九年に起こるや、この戦争がいかなる意味をもつものであるかを、社会的に歴史的に問うものである。彼はそれを根底から問うた。だから、彼は社会とは何か、人間とは何か、その本性を問いつつ、独自の見解を構築し、その史観に立って現代社会を、そして第二次世界大戦の意義を問うたのである。結論を彼は冒頭で述べている。この度の戦争は、J・ワット（James Watt）が蒸気機関の発明・産業革命以来展開し、それが支配的となって来た産業社会の新しい物質的現実の社会的政治的秩序をめぐるものである。産業社会を自由主義で秩序づけ機能せしめるか、それとも全体主義で秩序づけ機能せしめるか、その主導権をめぐる戦いである、と。

産業社会とはいかなる社会か、産業社会の物質的現実とはいかなるものか。社会とはいかなるものか。社会は単なる人間の集合でもなければ集団でもない。それは維持せられ機能しなければならぬ。社会という組織は社会的価値・社会的規律・社会的権力という要素をもった組織をもたねばならぬ。そのような組織として、社会は機能し維持存続されうる。

社会という組織は諸個人の集団である。諸個人からなる社会は、社会における組織において、それぞれ地位と機能をもたねばならぬ。個人は、それぞれ個人的目的・目標・理念・理想をもって行動し機能する。そして諸個人の集合体たる社会もまた社会的目的・目標・理念・理想をもつ。そして両者は統合せられねばならない。そうでなければ、社会は健全に機能し維持せられ得ない。その統合を目指し機能する権力が社会の正当なる権力であり、そうでない権力は非正当な権力である。社会にとってそれが健全な組織体として機能し維持せられる為には、正当なる権力は不可欠である。

彼はこの社会をいかなる把らえ方をするかについて、これを社会の純粋理論と名付けこの純粋理論をもって、第一次大戦前の百五十年間を商業社会、それ以降の社会を産業社会と把握する。彼が『経済人の終り』と把らえたものは商業社会の終わりであり、それに続く社会が『産業人の未来』に他ならない。

商業社会はどのような社会であったか。産業革命によって都市は産業都市化したが、それを取り巻く社会は農村であり、都市は依然として農村に支えられて、社会全体としては商業社会であり、それ以前の社会と本質的には異ならなかった。そのことは、第一次世界大戦の実相がよくこれを示している。飛行機も戦車もあったが、武装の主力は依然としてそれまでの銃や大砲と大差なく、軍隊の編制も旧来のものの域を超えていなかったことによっても示される。因みに、第二次大戦は、科学技術と大量生産の産業による各科学兵器を決定的要因として、軍隊はそれに対応し大編制され組織されて戦われている事実と比較したとき、ことは象徴的に示されている。

さて、商業的社会においては、諸個人の社会的地位と機能は市場によって与えられ統合せられ、その社会における決定的な支配力は市場における正当な権力であった。

市場は経済制度と見られている。市場の発展は経済的な発展であり、諸個人は財産の所有者として市場に参加し、市場の発展は諸個人を豊かにした。市場は財産権の行使によって健全に保持され、市場によって権利・義務の統合者は公正によって成り立ち財産を確保するものであると考えられた。財産権こそ正当な権力の基礎であった。

経済すなわち生産・流通・分配は、人間にとり、個人及び社会にとって不可欠のものである。そして、諸個人の所有物もまた不可欠のものである。財産またしかり。それは、個人の社会的地位と機能と不可分のものである。だが、財産そして財産権は市場システム・市場制度のもとにおいては特別な意味をもつ。多くの社会において財産は社会的地位・機能の結果として付いてくるものであるのに対して、市場社会においては逆に財産こそ社会的地位・機能の基礎となり原因となる。市場社会とはそのような社会であり、それは単なる経済的制度であるにとどまらず社会的・政治的制度ですらある。市場は単なる経済的制度として無政府なものであり、無規制・無権利・無法の地帯ではなく、そこには正当な権力が存在し規制も権限もあり、それなくしては存在し得ぬものである。

十八世紀末に完成した商業社会とその制度は、それ自体としては産業制度・産業社会とは異質のものであり、産業的諸制度を創り出しはしなかった。その中に産業制度が胚胎せられ、十九世紀の間成立し続け、二十世紀に入って産業社会にとって代わられたのである。では、産業社会とはいかなるものであろうか。

現代産業制度の代表的現象は、大量生産工場と株式会社である。大量生産工場は、これまでの農村と商業的都市に代わった制度であり、株式会社は市場に代わった社会的制度であり、経営者は産業制度における決定的・代表的な権力者である。

株式会社は、合名・合資の会社組織の発展として成立して来たが、会社財産が株式証券化され、株式証券の所有者が株主として会社財産権の分有者であり、財産権の行使者として商業社会における正当な支配者として存在していた。だが、工場の大量生産工場化・大規模化とともに、株式所有の集中は分散化に進み、株式会社の支配権は株主から経営者に移行して行き、経営者支配の状況が成立して来た。その過程についてはA・バーリ＝G・ミーンズ（Adolph A. Berle, Jr. and Gardiner C. Means）の実証的・理論的分析によって既に為されている通りである。

財産権＝所有権こそ絶対的な支配者の基礎と考えるマルキストは、資本家所有から全人民所有を革命によって成し遂げる理論に立つが、財産権を支配の基礎と法律的に決めている社会において所有と経営、所有と支配はいわずとも分離し、所有と経営の分離も所有と支配の分離も成立している。所有と支配の結合は必ずしも絶対的なものではない。だが現在の株式会社法のもとでは経営者支配は、既にそれが成立していても、そこには法的な正当性はない。

経営者支配が法的正当性の有無にかかわらず、実質的に正当性をもつとは言えない。実質的な正当性は、服従者がその支配をいやいやながらではなく、積極的に受容できるかどうかである。社会主義社会における権力が法的正当性をもっていても、実質的に正当性を持つ保証はない。そして法的正当性のない経営者支配もまた実質的正当性をもつとは保証し得ない。そのことは、Ｊ・バーナム（James Burnham）が既に論じたところである。

実質的な支配の正当性を経営者支配がもちうるには、いかにすべきか。それは産業社会の論理に即すること、すなわち産業社会をまずは〈機能〉させることである。機能は組織維持の基本的条件に他ならない。

ところで、産業制度における既存の二大要因は大量生産工場と株式会社であるが、前者は実体であり、後者はシンボルである。株式制度そのものは法そして市場に関するものである。シンボルは常に実体と乖離する。株式会社において、所有と支配が乖離したのは大量生産工場の実体が所有者支配をもってすると機能し得なくなり、機能阻害を起こし、それは株主の利益とも反する状況に立ち到ったからである。

では、大量生産工場という会社の実体の機能だけが支配の正当性の根拠であろうか。ドラッカーはそれとともに、自由をあげている。彼は、大量生産工場は人間の営みに他ならず、人間の本性は自由であると考えているからである。彼の言う自由とはいかなるものか。ヒットラーに追われてイギリスに移りアメリカに渡った人間として、自由をわが事として考え抜いたドラッカーの自由論は深く大きく、生々しい息吹がある。

自由は楽しいものではない。個人の幸福でもなく、安全・平和・進歩でもない。芸術・科学の繁栄でもなく、清らかな統治・最大多数の最大安寧でさえもない。自由はこれらの諸価値と本来的に両立出来ないものではないが、両立し得ない場合もある。自由とは何か。その本質は責任ある選択であり、何事かをするかしないか、ある事を行うか別の事をするか、ある信念をもつかそれともそれと対立する信念をもつか、について二者択一の自由であり、それは解放ではなくして責任そのものである。決定と責任の両者の統一こそ自由であり、時代の権力に追随して個人的幸福・安全・進歩を求めるか、それとも権力に抗して困難の道を選ぶかの問題である。

自由は人間が本来的・自然的に具有するものではなく、歴史的なものである。原始的・神話的時代を経て、情緒的選択でなく意識的理性的選択をするようになり、善悪を考えどちらかの選択を迫られるようになったとき、決定と責任の自由が問題となってくる。それは、ヨーロッパにおいて、キリスト教をギリシア哲学によって整理してとらえた聖アウグスチヌス（Aurelius Augustinus）によって概念化せられた。彼は、自由を個人的述語以外で定義することは出来ないと言っている。

人間の完全性ないしその認識可能性を信ずるところに自由はない。そこに生まれるのは専制政治であり、全体主義である。自分ないし自分の属する集団が完全であり、或いは優越していると信ずるところでは、そこでは他を支配し従属せしめることだけが善となる。自分ないし自分の属する集団に反するものはこれを徹底的に慴伏させることのみが善となる。人間一人一人、誰しも完全ではなく不完全であり、そこで選択を余儀なくされ、それが誤ちをおかしたとき責任をとらねばならぬ。可能な限り完全に近い選択・善に向かう選択をしなければならぬ。そしてその責任をとらねばならぬ。

個人は社会に対して権利と義務を持っている。そして彼はまた彼の属する集団＝組織に対して責任を回避することは出来ない。更にその集団もまた社会に対して責任を回避することは出来ないし、集団の責任はその成員諸個人の責任であり、決定にかかわる限りにおいて責任を負わねばならぬ。自由よりする政治的帰結は自治である。個人の決定と責任を欠いた自治は自治ではない。権力は社会諸関係を決定する内的編制の一手段にすぎないが、社会の究極的目的はつねに倫理的目的であり、自由に立つものであらねばならない。自由は目的・目標ではなく組織原則である。

自分たちの概念・理念を唯一絶対とする理想主義者たちに対して、自由主義者は常に現実主義者であらねばならぬ。そして、信念や理想を否定する現実主義者・実証主義者・機能主義者に対しては、自由主義者は理想主義者であらねばならぬ。なぜなら、自由はその本性において決定の不完全と責任という二元性・両極的二元性をもつものだからである。

民主主義は自由主義に立つものである。だが、多数派が正しいという根拠は全くないことは言うまでもなく、多数派が進歩・改革を叫ぶとき、常に攻撃されるのは個人・少数派の自由であるのは、現在どこでも見受けられる政策である。

さて、今、戦われている第二次世界大戦はいかなる戦争であるか、何の為に戦われている戦争であるか。それは経済人の社会・商業社会が終って産業社会に移行して来たが、その新しい『産業人の未来』は、ドラッカーが彼独自の世界観・社会観・人間観を吐露しつつ、第二次大戦を見据え論じて自己の思想を大きく深く形成開示した作品である。彼は未来を見つめて、過去より到った現在を論じる。だから、彼の作品は全て現在から形成せられてゆく未来である。彼の『産業人の未来』は、そのまま第二次大戦後の世界につながり、それは常に過去・現在・未来の連続と非連続が意識的そして無意識的に豊かに画かれてゆくことになる。

戦後彼が自ら〈文筆家〉と称して発表した作品の多くが世界の多くの国でベスト・セラーとなり、世界を牽引してゆくことになった。そのことはまた、この本の確かさ、そしてその位置と意味が示されていることにもなる。そして、彼の理論がもつ不完全もまた、既にここに胚胎せられている。それは後に彼自身によって意識的・無意識的に語られ、表明せられることになる。

三　ドラッカー思想の確立——戦後冷戦体制初期——

戦後の彼の作品は、二つの時期に分けて把らえる事が出来る。その点から見れば、初期と中期と後期と把握することも出来よう。戦後期を中期・後期と分けるのだから、論の筋が本質的に変わったわけではない。戦後を二つの時期に分ける基準は何であるか。それは戦後世界の社会・経済の時期区分が、社会主義国家群が簇生したことによって、資本主義諸国と社会主義諸国の冷戦体制といわれる時期が成立し、その体制が崩壊した以降の時期に二分される。そして、ドラッカーはヒットラー・ナチズムにつづいて世界大戦を真正面から見つめて自己形成して行った彼が、この二つの体制のそれぞれの時期を見つめて論陣を張っていったからである。そして、初期ドラッカーの思想は変わることが毫もなかった。その思想が戦後豊かに展開し、思想の中核としてマネジメント＝管理の思想が理論・技術論・規範論として構築され、自らをマネジメント革命を創出した人間として、〈科学的管理の父〉と自称したＦ・Ｗ・テイラー（Frederick W. Taylor）を生産性革命の創始者として産業革命におけるワットの位置と対比してマルクスを超えるものとして位置づけ、それを更に超える存在として自分を位置づけたのである。

1　『会社という概念』――経営学ブーム起こす――

戦後、彼の最初の本 *Concept of Corporation*（1946）が出版されるや驚異的売行きを示して経営学ブームを惹き起こした、と彼は書いている。だがこの本は日本では、一九六六年に下川浩一訳が『現代大企業論』（未来社）と岩根忠『会社という概念』（東洋経済新報社）が同じ年に彼の本としてはかなり遅れて出版され、現在に到っても省みられることの少ない状況にある。下川訳の書名にはイギリス版の Big Business となっているが、この間の事情については、彼の半生の自伝『傍観者の時代』（*Adventures of A Bystander*, 1979）にも触れるところあり、日本で経営学を学んで来た者として考えるところもあるが、省く。

『会社という概念』は、既に世界一となっていたＧＭの副会長Ｄ・ブラウン（Donaldson Brown）が『産業人の未来』を読んで、ドラッカーが意図しているであろう産業社会の政治的・社会的構造と産業秩序の研究に役立つものとしてＧＭのコンサルタントとして大企業の現場に接してみないか、の誘いを機縁として生まれた。この誘いこそ戦後ドラッカーを生み出す決定的な機縁となったものであり、『会社という概念』はブラウンの期待を超えた力作となった。

企業＝会社はそれまで言論界においては、主として経済現象として経済学的に、また株式会社論として法学的に把握され、経営学は〈川向こう〉的なものとして見られていたのに過ぎなかった。ドラッカーはそれを何よりもまず人間行為体として、そして社会的・制度的存在としても決定的意義をもつものと把握すべきという新しい視点・コンセプト・概念をＧＭの実体を素材としてつかみ、書いたのである。日本ではこの本は注視されること少なかったが、この本の衝撃は欧米に経営学ブームを起こしたものであり、経営学者ドラッカーの呱々の声である。

2　『新しい社会』――産業社会における企業制度論――

『会社という概念』に引き続いて、この作品の主旨に副って展開された『新しい社会と新しい経営』（*The New Society: The Anatomy of the Industrial Order*, 1950）と『現代の経営』（*The Practice of Management*, 1954）が出版された。この二作品によって、戦後ドラッカーの現代社会論そして管理論の理論的基礎が大きく据えられた。そしてその思想と理論は現実の発展とともに豊かな内容を盛り込みつつ展開され、戦後世界に最も大きな影響力をもったライターとなった。彼を書いたＪ・ビーティ（Jack Beatty）が、その書名を『マネジメントを発明した男・ドラッカー』（*The World According to Peter Drucker*, 1998）と付けているのも頷ける。ちなみにＪ・タラント（John Tarrant）の本の書名は『ドラッカー、企業社会を発明した思想家』（*Drucker: The Man Who Invented the Corporate Society*, 1976）と付けられている。

『新しい社会』は、資本主義・社会主義を超越した新しい社会観として自恃を十分に示したものである。彼は、次のように書き起こしている。「現下の世界的革命は〈メイド・イン・U・S・A〉である。もちろんそれは、共産主義とか、民族主義とか、その他新聞の見出しを賑わす〈何何主義〉といったものとは何の関係もない。それらは、現代社会の課題に対しては二義的な意味をもつに過ぎない。それらは皆、今から論ずる〈大量生産の原理〉がもつ真に革命的性格とは比すべくもない。この原理は、H・フォード（Henry Ford）の「T型」の製造から僅か四〇年たらずの間に、社会の基盤を根本的に変革してしまっているが、それは、その速さにおいて、その普遍性において、その衝撃において、人類史上未曾有のものであった」、と。

大量生産の原理とは如何なるものか。それは、機械化の原理でも、技術的な原理でもない。それは、全ての種類にとっての組織形成の一般的原理である。それは〈産業〉Industry という〈人間労働の組織〉という原義をもつ分野に生まれてきた〈人間の組織の原理〉であり、社会の原理である。だから、それは個人と組織・個人と家族・個人と社会・家族と組織・社会との間に大きな衝撃を引き起こしたのである。

大量生産の原理は人間の組織原理である。そこから社会に大きな衝撃が起こってくる、ということより、そこに人間疎外、個人と社会の人間疎外が生ずると、ドラッカーは看取したのである。大量生産原理は組織原理であるということは、科学技術体系としての機械装置の体系と合体した人間の組織の原理である。人間は人間の自然を遥かに超えた機械体系の従者となり、諸個人の協働体系は客観的職務体系という組織の職務担当遂行部品の地位に個人をおとしめざるを得ない。人間の非人間化、疎外である。そして、諸個人がそのような地位についたとき、家族という人間集団の基本的原理もまた、解体してゆくという疎外現象が生ずる。と序論で述べて「世界的な産業革命」本編に入る。本編は、まず「産業企業体」と題して、産業社会の決定的な制度として、大企業のなんたるかについての斬新極まりない概念が提示され、産業社会の秩序が、経済・労働組合・工場共同体・経営者をめぐって論じられ、最後に「自由な産業社会」が論じられる。

大量生産の原理としての組織原理とはいかなるものか、それは専門化と統合、そして階層化である。この三者こそ産業、そして産業社会の秩序原理である。本質を突く指摘である。この三者こそ、組織とその社会の秩序の眼目というべきか。

それまで、企業は何よりもまず経済的範疇において把らえられ、論じられて来た。ドラッカーは、それをまずは決定的・代表的・構成的な制度と把らえ、次にその性格として経済的・統治的・社会的制度と把握している。

現代企業は経済的・統治的・社会的制度ではあるが、何よりもまず経済的制度として経済的機能を果たすこと、経済的成果をあげる事が論じられるが、それは同時に統治的・社会的機能をも同時に果たすべきものとして論じられることとなる。このような制度として企業を把らえたとき、企業観は革命的ともいえる内容をもったものとなった。それは、利潤の把らえ方の大革命である。

従来企業の目的は利潤追求であり、利潤追求は負のイメージの強いものとして把らえられていた。金儲けを生業とする金貸しや商人は、前資本制社会においては武士や農民から卑しいものとして見られていたし、資本制社会になってからはマルクスによって把らえられていたように搾取者として一般にも見られていた。ドイツ経営学が生まれたとき「私的金儲け学は学問の堕落である」として経済学者たちから否定的に見られていた。ドラッカーは、利潤にまつわる一切の負のイメージを払拭した。彼は、利潤は目的ではなく費用であり、企業と社会の維持のための費用として回収すべきものであり、利潤は企業維持・社会維持の為の未来費用として回収すべきものであると把握した。それが出来なくなることを防ぐことこそ、すなわち損失回避の原則こそを、企業の第一原則とすべきであると提唱したのである。

マルクスが価値と使用価値の二重性において把握したものを、彼は実体＝リアルと象徴＝シンボルの二面性と把握した。物的生産手段と人間労働・生産物とサービスからなる実体経済と貨幣及びその機能・購買力から成る象徴経済の二面性において把らえ、前者はそれはそれとしての価値をもち後者もまたそれ自体の価値体系をもち、両者を自立・自律的存在と把握した。惜しむらくは、ドラッカーのこの独自の二面性論は指摘にとどまり、その展開は十分に為されてはいない。

「産業社会の秩序論」が続いているが割愛する。ともあれ、この利潤観は従来の利潤観・企業観・社会観を一変させる力をもった。社会の変化の方向、産業社会の進展という物的現実そのものの変化とその原理をドラッカーが正確に読み取り表現したと言うべきか。World according to Drucker.

3　『管理の実践』――管理のバイブル――

『新しい社会』における決定的・代表的・構成的制度である企業の維持こそ、現代社会の最重要課題というべきである。その企業の維持はどのようにしたらいいか。それを論じたものが『管理の実践』（*The Practice of Management*）である。『現代の経営』（*The Practice of Management*, 1954）は、現在から未来を大きく見据えつつ、GMにはじまりGEその他世界をリードして来た多くの企業のコンサルタントとして企業経営の最先端の現実を踏まえたものであり、この本が企業管理のバイブルとして、広くとりわけ日本において迎えられて現在に到っているのは、当然の成り行きと言えよう。

企業は行為体であり、組織体であり、制度である。それは特定の目的をもって機能してはじめて存在意義をもつ。そして、それは人間協働体であり、人間にとってもっとも重要であるものは自由であり、それは死さえ超えて重視されるものである。管理のキー・コンセプトは〈自由と機能〉である。

では、企業の目的は何か。利潤追求ではなく、顧客の創造である。顧客の創造を可能とするものは、〈マーケティングとイノベーション〉の二機能である。この二者こそ企業の存続を可能とするものである。絶えざる改革・革新のみが、それがマーケティングと結びついてはじめて企業は生きのびることが出来る。

自由にして機能する管理は、目標管理であらねばならぬ。それは、人が人を強圧的＝上から力でもって働かせるのではなく、各人が目的に向かい目標に向かって協働するもの、すなわち目的達成の要因・指標たる目標達成を各人が我が事として働くこと、すなわち目標による管理であらねばならない。それは、ノルマを上から指示して、その遂行を強制するがごときものではない。その為には、企業目標が非社会的な内容のものであってはならない。

目標管理を可能にする組織は軍隊式＝ライン式＝上位権限であってはならない。それは分権制組織であらねばならない。一切の職務が可能な限り自主的・自立的なものと設計され、それが計算可能な単位として設計されるべきである、とする。ノルマ主義ではない。

それは、従業員各人がそれぞれ自主的・自律的人間として、自分の職務＝仕事に責任をもつ責任労働者として機能することである。

従業員一人一人は、全て目的達成という観点から見れば、物的資源と並ぶ人的資源である。人的資源は物的資源が人間によって機能せしめられるのに対して、その人間その人その人によってのみ機能せしめられる。だから、物と同じように人を管理しなければならぬ。だが、人的資源として管理するのではなく、人間として共に働く人間、自由という尊厳をもった人間として対応すべきであり、人を責任労働者として対応すべく、職務設計をしなければならぬ、というのである。人的資源論を肯定しながら、それを超えるのである。

そして、企業という組織体に生命を与え、環境にダイナミックに対応し、従業員に生き甲斐を与えるかどうかに、最も大きな役割を演じ責任をもつ存在は、経営者である。経営者はそのような能力をもった者でなければならない。それは単に権力と能力をもったパワーの所有者としてではなく、品性高潔＝インテグリティの所有者であらねばならない。

この本は、企業の目的は〈顧客の創造〉であり、それを達成する為の機能は〈マーケティングとイノベーション〉であり、それの為の管理技法として目標管理・分権制・責任労働者をあげ、その担い手の経営者の最大案件として〈品性高潔〉をあげ、全体を貫く規範として〈自由と機能〉をうたい上げることによって、〈管理のバイブル〉と言われるようになった。

四　ドラッカー思想の展開——戦後冷戦体制期——

1　『非連続の時代』——組織多元化と知識社会の提唱——

戦後のドラッカーを資本主義対社会主義の冷戦体制期とそれ以後と二分するとしたが、この冷戦体制期＝ドラッカーにとっての中期は、二つに分けて把らえることが出来る。それは戦前の初期、ドラッカーの思想・哲学・理論の生成期に続く産業社会論の確立期であり、紹介した二編他の論文集群からなる時期であり、確立した産業社会論が更に豊富なる内容をもって展開せられていった時期である。この時期は『断絶の時代―来るべき知識社会の構想―』（*The Age of Discontinuity*, 1969）と『マネジメント―課題・責任・実践―』（*Management: Tasks, Responsibilities, Practices*, 1974）によって代表せられる作品群である。

『非連続の時代』は、『断絶の時代』と和訳せられ、「断絶」とは当時流行語となる程、庶民を巻き込んで多くの人々を広くとらえてドラッカー・ブームを惹き起こした。

現実の社会を、その全体と部分の総体において把らえようとするドラッカーは、『新しい社会』を書いた一九五〇年から一九年たった世界の現実に立ってアメリカを軸として『非連続の時代』と把らえた。〈新しい社会〉＝産業社会は、大きく変貌する時代を迎え非連続の時代と表現するのが適当である時代を迎えている、と彼はみた。

彼は、歴史を非連続の連続ないしは連続の非連続とみている、と思う。すなわち、社会は様々な次元から成り立ち、様々な要素から成り立っている。その各次元・各要素のそれぞれは、あるものは長く、またあるものは短期に生まれそして消滅して、それらがそれぞれ複雑に絡み合って進行している、そのような非連続を内包した連続とみている。そして非連続の時代＝断絶の時代とは、社会の基底的な次元ないしは重要な要素が同時的にあるものは生成し、あるものは消滅に向かい、そして新しい様相を示しつつある時代と把握し、その新しく生成し大きく成長を遂げつつある要素の現実を誤りなく把らえて呈示して見せたのである。既に起こった未来、起こりつつある未来を、現実において把握し画くことを志した文筆家である、彼は。このドラッカー理解は、不正確であるが、許容されうると考える。この本は、第一部・知識技術、第二部・世界経済、第三部・組織社会、第四部・知識社会となっているが、第一部第一章の題は、"the End of Continuity"「連続性の終焉」となっていることでも、不正確さがわかるであろう。だが、このことに関して、これ以上書かない。ドラッカーもわかってくれることと思う。これに類する叙述はこれまで数カ所においてなしている。

第一部「知識技術」は、産業分野における非連続である。衰退してゆくであろう産業分野と成長してゆくに違いない産業分野の指摘である。農業・鉄鋼業・自動車産業の旧産業に対する情報産業・海洋産業・素材産業・メガロポリス産業、そしてバイオ産業の新産業の隆盛。衰退を生ぜしめるものは科学技術の進歩のその分野における停滞と発展であり、それを産業化する企業家であり、更にそれを支援する行政である。

第二部「世界経済」は、経済の領域における非連続が取り上げられ、国民経済から世界経済への現実とそれに対応すべき経済学の遅れを指摘している。国民経済の世界経済化は、貨幣の金銀銅の現物から紙幣・信用貨幣への進展と世界の基軸通貨と対応する市場経済の発展が世界を単一市場化してゆき、とくに多国籍企業の進展は、経済のグローバル化を決定的なものとした。

それは、先進国と後進国の格差問題・南北問題を生んだが、それを乗りこえる鍵は生産性であり、その典型として日本をあげることが出来るであろう。この現実に経済学は対応しきれていない。マルクス経済学は金を中心とした実物経済の域をこえず、近代経済学は信用経済の域にまで進んでいるが、ニュー・エコノミックスといえども技術・生産性の問題を不可欠の要素として構築するところまで進んでいない。

第三部「組織社会」では、既に組織を産業社会の基礎として論じてきたものを、新たにそれが多元的組織に進んできたことを論じている。組織は大規模化とともに意義をます。産業社会の代表的・構成的組織は企業体であったが、大規模組織は大企業のみに限らず、大企業と並んで大規模組織であった労働組合・政府の他に、大学を筆頭に教育研究機関、医療機関の保険厚生、地方行政の諸機関がそれぞれに大規模化してきた。それら諸機関はそれぞれに自立・自律の責任と権限をもつ組織体として、しかもそれら諸組織が相互依存的な関係を持つ多元的組織社会となって来たのである。それら機関＝組織は、その内部において分権化すると同時に、国家＝政府を原点とする上下関係的、上位権限的関係から分権的・多元的関係へと進化して来た。現在のロシア社会主義の方向は、逆に国そしてその権力を掌握する共産党の一元的国家支配・一元的党支配の全体主義的方向をとっている。

組織にとって最も大切なことは、組織維持である。組織は物ではなく、物と物との関係においてのみ成り立つ。その組織維持の機能がマネジメント〝管理〟経営である。組織にとって、最重要なものは組織の目的・目標である。そして、管理にとって最重要なものは管理者＝経営者である。マネジメントという英語は、管理と管理者との二つの意味をもっている。組織の目的・目標が決まらねば管理は出来ない。何をするのか、仕事が達成されたかどうか、うまくやれたかどうか。目標がなければどうしようもないし、組織構造を設計することも出来ぬ。そして、それを決定するのは科学の問題ではなく、全体観の問題であり、価値判断の問題である。

それぞれの組織は、それぞれの目的・目標をもち、企業の場合は収益性という測定尺度をもつが、他の諸組織においてはそれぞれの成果を測定するのに適切な尺度はなく、ここにも価値判断の問題が伏在する。

組織維持の機能が管理者によって担われているが故に、幹部管理者＝経営者の役割は極めて重要である。経営者の能力の如何が組織の存続に決定的な作用を及ぼす。では、経営者の有効性をどのように測定するのか。彼等の責任をどのように問うか。企業に比して他の組織とりわけ大学における管理者の能力そしてその責任が問われることは少ない。

責任とは何か。それはなによりもまず目標達成であり、組織目標は社会からの要請であり、使命である。それは所与のものであると同時に、それは選びとるものである。この選択は責任を伴うものであり、責任ある選択を自由という。その選択した目標を達成する責任とは、目標達成の如何にかかわる結果責任である。ところが、大企業をはじめとして、全ての大規模組織は目的的結果とともに、その行為は環境の内部でなされるが故に大きな随伴的結果が生ずる。その随伴的結果は社会環境ならびに自然環境に対して大きなインパクト＝衝撃を与える。このインパクトに対して組織はその度合に応じて責任をとらねばならぬ。とドラッカーは言っている。この随伴的結果という概念は三戸のものである。更に公式組織は規則をもった組織であり、法律によってつくられた法的制度である。したがって、組織体にとって法の遵守・適法性の維持もまた不可欠である。と指摘している。今、コーポレート・ガバナンス、コンプライアンスが叫ばれているが、ドラッカーの慧眼は既にここにも示されている。

組織社会である現在において、最も大きい組織は政府である。それは、国民の統治機関として、益々国民の生活万般にわたって支配作用を与えて来た。にもかかわらず、今ほど政府が信頼を失った時はない。何故か。その病患を分析した章、そして最後に彼の信念である自由・個人の自由と組織の問題を知識＝情報社会との関係について論及している。

第四部「知識社会」が、本書の主要部分である。科学技術による産業社会の非連続も、国民経済の世界経済化も、組織社会の多元組織化も、それは社会の知識社会化への非連続的展開によるものとして、ドラッカーが現在既に生じこれから大きく深く進行してゆく世界変動の最大非連続を誰よりも早く指摘したのである。

現在における経済の基礎は、科学・技術であり、それを含む情報であり、知識である。知識産業こそ現代から未来への基礎的産業であり、生産現場は肉体労働から知識労働への非連続的進行を見せつつある。この肉体労働から知識労働への第一歩は、F・W・テイラーの科学的管理であり、彼の「経験から科学へ」はまさにその象徴的表現に他ならない。この言葉により、労働の生産性と労働者の生活に真に革命が起こった。

組織の基礎は知識であり、それが与えられ支えられる場所＝機会は、大規模組織である。大規模組織体は知識によって創り出されたものであると同時に、知識労働者の働く場として拡大して行った。企業・行政体・大学・学校・研究所・病院等々。

知識労働者は、あくまで自分が自分の頭脳をもって知識を創り出すものでありながら、大規模組織に属する雇用労働者として働くという矛盾に満ちた存在として、今後この問題は複雑に展開するであろう。

彼は最後に、自由主義者として、知識に携わる者の自由＝責任ある選択を論ずることを忘れない。知識労働者は清貧に甘んずる必要はまったくない。教師、小学校・中学校・大学をとわず、学校の給料の低い国は後進国として退化し、頭脳流出を招くことになる。学識者はその基本的決定を知識に基づいてなすべきではない。それは高い倫理基準に基づいて為されるべきであり、時に反権力的意思決定を為さるべき存在として身を持さねばならない責務を負うべきである。何と高邁な言説ではないか。

2 『マネジメント』――畢生の大著――

Management: Tasks, Responsibilities, Practices（1974）は、ドラッカー六九歳のまさに八三九頁質量ともに彼畢生の大著というべきである。野田・村上監訳のダイヤモンド社版で上巻六七一、下巻七三一頁に及ぶ。頁数からして、今後おそらくこれ以上の経営書は出ないであろう。また、質的にもそうであろう。何故なら、経営＝マネジメントは、所詮は実践であり、それを論じたものは実践と深い関係をもつことなくしては、不可能であり、しかも論ずることは実践においてすぐれるだけでは不十分だからである。ドラッカーは、『管理の実践』以降、少なからぬ経営書を書いたが、いずれも企業の経営に関するものであった。『非連続の時代』において〈多元的組織〉の時代という明確な認識を示して、企業のみでなくあらゆる組織体の管理に通じる管理一般の書として本書を書いた。しかも、管理を論ずるにあたって、彼の持つ信念・価値・信条たる〈自由〉を貫いている。

目次は、序論「マネジメント・ブームからマネジメント・パフォーマンスへ」、第一部「課題」、第二部「マネジャー・仕事・職務・技能」、第三部「トップ・マネジメント・課題・組織・戦略」の三部が六一章からなり、最後に「マネジメント＝経営者の正当性」が結論と題して置かれている。なお、この本は、かなり長い「まえがき、専制にかわるもの」が彼の他の本と違って、目次の前におかれている。それを紹介する。

まずは、多元的組織社会はそれぞれの組織体が多元的存在に適わしくそれぞれが責任をもつ自立的・自律的に高い業績をあげるべきであり、それが一元的・専制的に支配・管理されるべきでない、と主張する。

マネジメントとは何か、仕事である。仕事にはそれぞれ独自の技能・用具・技法がある。もちろん、本書でもこれに触れるが、本書で強調するものはマネジメント＝経営者の〈課題〉である。何故か。マネジメントは組織体の機関であり、組織体は社会の機関＝制度であり、それは社会・経済・個人にとって必要不可欠な成果を貢献する存在だからである。機関はそれが何を貢献するかによってのみ決せられるものであるからである。マネジメントの用具や技法について、マネジメント・サイエンス＝経営科学が進歩をつづけ重視されるが、大事なことはそれによってどんな事が達成され成果が生まれるかであって、組織体本来の目的・目標・使命・課題こそ最重要なものであり、それをいかに行うかはあくまで従属的なことに過ぎない。

経営書の多くはハウ・ツウものであり、著者それぞれの関心事や期待を取り扱ったものであるが、本書はどこまでも経営者にとって真に必要なものは何か、それを徹頭徹尾問題としている。その基準によって何を取り上げ、何を省いたか。長い本になったが、包括書ではなく選択の結果のものである。そして、多くの経営者と永年新しく交流した結果の作品であるが、いくら重要であり興味深いものであっても全ての経営者にとって必要不可欠と思われないものは取り上げていない。

更に言う。本書全体を通じてマネジメントは規範である。それは常識でもなければ、成文化された経験でもない。それは組織立てられた知識体系である。同時に大きな組織立てられた未知の体系の提示こそ本書の核心である。明日の職務の理解・思考・知識・技能の準備に努力を払っている。

なお言うべきことは、マネジメントは一般的な知的体系であると同時に〈文化〉であるということである。すなわち、マネジメントは〈価値観から解放された科学〉ではなく、特定の価値観・慣習・信条・伝統の中で、行政・政治の制度にしっかりと根ざした文化的存在である。すなわち、マネジメントは文化に規定されると同時に文化を創り上げてゆく存在である。このことを大きく教えたものは日本的経営に他ならない。

マネジメントは何よりも課題であり、規範であるが、同時に人である。マネジメントが達成するか失敗するか、それは全て経営者による。経営者のビジョン・献身・誠実が経営の正体の一切を決するのであり、経営者の責任である。だが、つまるところマネジメントは実践であり、知識でも心情でもなくそれは行為である。行為の成果・業績こそマネジメントのオーソリティに他ならない。マネジメントには基本原理があり、哲学は不可欠である。だが、マネジメントは畢竟するところ実践であり業績である。

さて、ドラッカーの『マネジメント』は易しい言葉で綴られていて一般の学術書とは違う。だが、彼自ら言っているように、『マネジメント』は難解である。優れた経営者に多くの追随者を見ながら、学者・研究者で追随者を多く見ない所以である。内容紹介をせず、彼のマネジメント観を披露するにとどめる。彼がマネジメントのインベスターと評価される深い根拠はこれに示されていると言えようか。マネジメントの何たるか。そしてその学問的意義・現代的意義を示して、これ以上の文章はおそらく現れることは無いであろうとさえ思われる。

3　『見えざる革命』――年金基金社会主義の成立――

『見えざる革命―来るべき高齢化社会の衝撃―』（*The Unseen Revolution: How Pension Fund Socialism Came to America*, 1976）を、本章では逸することは出来ない。彼は、資本主義から社会主義というパラダイムを拒否し、経済人社会から産業人社会へ、産業社会を組織社会・知識社会へと把握する。そして、彼はソ連型社会主義を全体主義的・専制的なものとして、それに対して自由主義的・民主的なものを対峙させた思想家である。その彼がソ連型と異なって階級対立・抗争によって社会主義社会が成立したのではなく、アメリカにおいて皆が気づかぬうちに〈年金基金社会主義〉が到来して来ていたのだ、と論じたのが本書である。

社会主義は労働者が生産手段・工場・企業を所有する制度であり、実はアメリカ資本主義の内部で企業の支配者が所有者から経営者に移行していたが、所有も大株主が個人資本家から年金基金に移行していた事態になって来ていた事実を注視すべきである。年金基金は私企業労働者や公務員が老後に備えて積み立てている資金・基金であり、それは健全・安全に維持・経営されている大企業に投資されざるを得ない資金である。すなわち、労働者が企業の所有者となっている体制すなわち社会主義にアメリカは何時の間にか移行していたのだ、と指摘したのである。

五　ドラッカー思想の限界——冷戦体制終結後——

一九八〇年代に入って、ようやくソ連型社会主義体制を健全に維持することが困難となり、その崩壊が予想されるようになり、それに対峙した資本主義・自由主義体制側がアメリカを主動力として抑制せられた資本主義から抑制の除かれた資本主義へ、解放された資本主義への道を進みはじめた。一九九一年ソ連邦解体後は新自由主義を旗印とした資本主義は新しい段階に進んで来た。そのような状況の中でドラッカーは、どのような言論を展開したであろうか。

ドラッカーには、明確な題名のもとに書き下ろされた本と、夥しい論文を発表しそれをテーマ毎にまとめて一冊の本としたものとの二種類のものがある。後者の本の価値が低いとは必ずしも言えない。だが、この論考では前者を取り上げてきた。

1　『ポスト資本主義社会』——この題名の意味——

『ポスト資本主義社会——二十一世紀の組織と人間はどう変わるか——』（*Post-Capitalist Society*, 1993）は、次のように書き起こしている。

西洋の歴史は数百年に一度際立った転換を行う。世界は〈歴史の境界〉を越える。世界は、新しい時代のために数十年かけて、世界を変え、価値観を変え、社会構造を変え政治構造を変える。技術や芸術を変え制度を変え、やがて五〇年後には新しい世界が生まれる。

かつて四半世紀前『非連続の時代』という本を書き、新しい多元的組織と知識労働者によってこれまでの世界と全く異なった世界が展開されると論じて、世界の耳目を集め世界を牽引した。だが、社会の一切が変った新しい世界が歴史の境界を越えて展開すると書き起こしたにもかかわらず、その本の書名は〈ポスト資本主義社会〉と題されており、内容は〈資本主義から知識社会へ〉が主たるものである。この本の四年前『新しい現実―政府と政治・経済とビジネス・社会および世界観にいま何が起こっているか―』(*The New Realities: In Government and Politics, In Economics and Business, In Society and World View*, 1989) で彼は〈歴史の境界〉論を打ち出し、彼がそれを見据えて論陣を張ってきたソ連邦の社会主義の崩壊が現実のものとして見えて来たとき、それについて論じ、そして政治・経済の現実と「新しい知識社会」を論じた。そこにおいて論じられたものは、陳腐な内容でなく読むに耐えるものであるが、全く新しいこれから支配的なものとして成立してゆくであろうという彼のこれまでの〈新しい現実〉として画かれたものに匹敵するものではない。既述の知識社会の現実が述べられているに過ぎない。彼は現代を経済人の社会である資本主義は既に終わった、と把握していたのではないか。現代社会は産業社会であり、組織社会であり、知識社会である、との論陣を張っていたのではないか、それを現代社会のリアリティと把握していたのではないか。

数百年に一度の歴史の境界を越えた新しい世界が来つつあるというのに、〈ポスト資本主義社会〉すなわち資本主義の後に来る社会、資本主義を背後に置いた社会（Post は behind, after）と題した書名にするのは、これまでのドラッカーの論述の仕方と違っている。現在支配的なものが次第に過去のものとなってゆき、現在既に存在するものが今後次第に成長してゆき支配的なものになってゆく、その非連続を書いたのに、その新しいものがこの本においては積極的に画かれていない。

ここに新しいものとして画かれているものは既に論じた組織社会・知識社会の現実的進展であり、その指摘は既に『非連続の社会』において衝撃的に指摘したところである。それが、『ポスト資本主義社会』として画かれているにすぎない。

この本の第一部「社会」は、第一章「資本主義から知識社会へ」と題し書き出され、第三部「知識」は次のように書き出されている。「一見したところでは、知識が基礎的な資源になったからといって、経済はほとんど影響がないように見える。経済は〈資本主義〉であり続け、〈ポスト資本主義的〉とはならないようにみえる。しかし見かけは当てにならない。たしかに経済は市場経済でしかも世界的規模の市場経済であることに変りはない。しかもその経済は、〈計画〉経済や〈社会主義〉経済が存在しなかった第一次大戦前の市場経済よりはるかに大きな拡がりをもった市場経済である」、と。

現代を〈経済人の社会から産業人の社会へ〉と把らえ、産業社会の内実を組織社会そして知識社会と把握し、資本主義社会は既に過去のものとしてきたドラッカーが、何故〈資本主義社会〉という語を復活させたのか。

彼は、この本の四年前、『新しい現実』（*The New Realities*, 1989）で、〈歴史の境界〉・〈歴史の転換期〉として現代を把らえ、マルクスによって唱導された〈社会による救済〉の理論・理念・信仰の〈社会主義〉は、M・S・ゴルバチョフ（Mikhail S. Gorbachev）・鄧小平によって現実的に終焉をとげ、ロシア帝国とも言うべきソ連邦も解体する運命にあるし、戦後冷戦体制期のアメリカ政治を代表するルーズベルトの〈利害集団の連合〉思想も既に過去のものとなり、これまでの世界＝冷戦体制を過去のものたらしめた新しい現実は何か、を論じている。それは〈組織社会と知識社会〉を新しい現実として画いたものである。その同じ内容がより進化した現実として画かれた『ポスト資本主義社会』と題して画かれたのは何故か。これまで現代社会を資本主義社会ではないと言ってきたのに、ここにきて『ポスト資本主義社会』と題して未来を論じた本を書いたのは何故か。それは、彼が年金基金が、年金基金という労働者が老後生活の為に積み立てた資金が最大の株主として資本集中が進行している現実を、年金基金資本主義という〈見えざる革命〉と把握する見解について、その見解を揺るがす事態が生じて来たことに対する彼の知的誠実の現れである、と私は見てとる。

2　論文「資本主義の危機——誰の責任か——」

彼は、一九八六年に「資本主義の危機—誰の責任か」(in *Managing for the Future*, 1992) という文を起こし、年金基金社会主義と称するに足る実態に背くような事態が急速に進行しはじめた現象を直視し、その事態を憂慮したのである。健全な大株主として、健全な企業に安定株主として長期・安定・確実な利益配当を期待し、そのような投資行動をしていた年金基金が短期・高額配当を要求する投資家となり安定株主として止まる状態から投機株主に追随せざるを得ない方向を彼は正確に理解し、衝撃を受けたのである。その衝撃の強さが、彼の論文集としての著書ではなく、書き下ろし著書の書名に『ポスト資本主義社会』という題名を撰定せしめたのであろう。

彼は『ポスト資本主義社会』と題して一書としたが、そこで資本主義社会の未来も運命も語っていない。それがどのように終焉しそれに代わっていかなる未来社会が展開してゆくかについて何等論じていない。既に言ったように一九六九年『非連続の時代』で大きく指摘した組織社会・知識社会のその後の進展を語ったに過ぎない。何故、そうなったのか。それは、彼が「資本主義の危機」と題する論文の副題に「誰の責任か」と彼にすれば当然すぎる問題提起をしながら、遂にそれをどこまでも追求することなく、その後においても提起された問題追求がこれに続いてなされなかったからであろうか。

戦後世界は彼が指示する通りに進行し、彼によって牽引されていったと言ってもよい。だが、世紀末になって歴史の現実は大きな食い違いが始まった。彼はそれに気付き誠実に向きあおうとしたが、二十一世紀の初頭生を終えた。

六　むすび――現代資本主義、ドラッカーとマルクス――

ドラッカーは、彼の生きた時代を、その初期において「経済人の時代は終わり産業人の未来がこれから展開する」との思想を提起して登場した。中期において、産業人の社会は組織と知識の社会であるとして、その社会の自由と機能を豊かに論じて戦後世界を牽引した。そして後期において、現代は歴史の大きな転換期であり、これからポスト資本主義社会に入ってゆく、と論じつつ逝った。経済人の時代とは資本主義の時代ではないのか。「人間がより小なる犠牲をもってより大なる成果をあげようという経済原則を基軸にする社会、機能性を第一原理とする社会、利潤追求を目的として生産が為される社会は、資本主義社会であり、その社会は既に一九三〇年には終焉している。」と彼は処女作『経済人の終り』で言っているのではないか。

一九三〇年代は、資本主義社会の大きな転換期であった。すなわち各人が利を求めて経済人として行動することが経済の発展となり社会の発展となるとの経済人の時代・自由放任のままに見えざる手の摂理が働き、景気循環はあってもそれは自律的に調節せられて、より大きなうねりとなって成長してゆく、と見られる時代が終わった時代であった。それは第一次大戦とそれに続く一九二九年大恐慌であり、その恐慌は自律的回復不可能なものであり、国家権力の介入を不可欠にした時代に入った。

その時代は、〈元手としての貨幣で商品を買いそれを売って利をあげる〉商人資本＝商業資本の進化した〈人を雇い商品を生産して販売して利をあげる〉生産資本＝産業資本が成立し、産業革命が生じ、資本家対労働者の社会が拡大深化し、商品販売の拡大の為の戦争が生じ、資本家対労働者の階級対立が激化し、既に階級対立の社会としての資本主義を克服した社会主義社会が来ていた時代であった。その時、貸付資本は、金融資本と呼ばれる巨大なものと為っていた。ドラッカーは、その時代を〈経済人の終焉〉とみたのである。経済人の社会は終わり、既に新しい時代・新しい社会が生まれて来ているのにそのことについて誰もそれがはっきりと見えていないので、その混迷に乗じてヒットラー独裁・専制・全体主義が生じた、と彼は言ったのである。

〈経済人の終り〉とは、利潤追求を目的として私的利益追求をこととする資本家が経済そして社会を支配する社会は行きづまり終りを迎えてきた、と彼は見たのであろう。その限り、そのように把らえることは誤ってはいないと思う。だが、資本家即資本所有者と把らえ、その資本家が支配する社会が即資本主義社会と彼が把握していたとすれば、それは浅薄の誹りを免がれない。資本主義社会即所有資本家支配の社会とは必ずしも言えない。

資本主義社会を英語で書けば、ドラッカーが書いているようにCapitalist Societyであり、資本家社会であり、それは同時に資本主義社会である。資本家というとき、ドラッカーは、個人所有者にして同時に利潤追求体である企業の支配者を資本家とみていたのであろう。だが、企業は大規模化するに伴って合名・合資・株式会社という所有形態の発展を遂げ、株式会社は所有の分散、個人所有から組織体＝機関＝制度所有へという推移を経て、所有者支配から経営者支配へと言われるような状況になって来た。

企業の大規模化を彼は大量生産の原理＝組織の原理と把らえ、株式会社の推移を資本家支配から経営者支配へと把らえ、〈経済人の社会は終り〉を告げ、新しい〈産業人の未来〉がこれから展開してゆくのだと把握した。その新しい産業人の社会をどのように創り上げてゆくか、それが一番重要な問題であり、それは、ヒットラーのナチズムやソ連社会主義のように独裁・専制・全体主義でゆくか、それとも自由主義・民主主義でゆくか、これが最重要な問題であり、彼は〈自由＝責任ある選択〉という人間存在とくにヨーロッパが最重要規範として掲げて来たものに立脚すべきを力説した。

だが、この資本主義社会についての彼の認識の不徹底が示されねばならない。すなわち、資本の所有者支配から経営者支配への推移についての理解の不十分の露呈である。

それは経営者とは如何なるものか、企業経営者は、彼が企業の所有者であろうとなかろうと彼が経営者であり、企業の生み出した利潤の一部を受取る者であるかぎり、彼は資本家である。経済人であり、資本の機能すなわち利潤追求機能の担当者であり、それに応じた所得を得る存在である機能資本家であり、そのかぎり経済人支配である。という認識の欠除である。

企業は市場経済のもとに成長する。それは元手としての貨幣でもって人的資源と物的資源を商品として購入し、それを生産的に消費して新しい商品・サービスをつくり出し、それを販売して元手以上の貨幣を回収して維持存続する存在である。これが産業資本であり、生産が産業資本の運動としてなされる社会が資本制生産社会である。この論理を個別資本の運動と同時にその全体として成立している総資本の運動の論理を明確に画きだしたのがマルクスに他ならない。

このマルクスの論理を認めることをしなかったのは何故であろうか。オポチュニストではないドラッカーが何故この論理を認めなかったのであろうか。それは、マルクスの思想に立ったマルキスト達の創り出した社会主義社会の現実が、ドラッカーを含めたヨーロッパ知識人の許容し得ない独裁・専制・全体主義の様相を呈して来たその原因をマルクスにあると見たからであろう。ウエーバーはその原因をマルクスにあると見ないで、官僚制論というマルクスが対象として論ずることをしなかった領域を開拓したが、ドラッカーはその問題提起を〈自由〉の強調によって乗りこえられると見たのであろうか。

産業社会すなわち企業こそ社会の決定的・代表的・構成的制度であると把握し、企業制度維持こそ現代社会に最重要な課題であり、その機能の担い手こそマネジメントであると把握して、その理論・その技法・その規範を壮大な展望を具体的に開示して戦後世界を指導した思想家として彼は最大の役割を演じた。彼は、その限り、マルクスを超えたと見ることが出来るであろう。

彼はマルクスを超えたであろうか。超えたとも言えるし、超えていないとも言えようか。時代はつねに前の時代を超えて進むとすれば、後生おそるべしだが、歴史認識の深浅はつねにそうだとは限らない。現代はマルクスの生きた時代を超えて、組織社会・知識社会の現実を呈している。その領域の論述においてドラッカーはマルクスを超えている。だが、マルクスの時代に既に存在し、現在もなお存続して現代社会の基礎に存在しているマルクスの明らかにした資本の論理に関しては、ドラッカーによって超克されたとは言い難い。

ドラッカーは、利潤を未来費用と把らえ、実質的には最大限利潤の追求を合理化し、積極的に求むべきを説き、企業目的を利潤追求から顧客の創造にかかえ、企業の機能をマーケティングとイノベーションである、と言いきって、戦後世界の先頭に立ち、世界中の企業家が彼の信奉者となった。

ドラッカーの理論は、表現の仕方は新しい。だがマルクスの資本の論理の枠内のものであってその枠外に出てはいないように思われる。個別資本の運動は代表的には貨幣起点とし、生産手段を購買して生産し、生産物を商品として販売し、投下した貨幣より大なる貨幣として回収する〈貨幣に始まり貨幣に帰る〉貨幣の循環運動として画かれる。この図式で画かれる資本＝企業の目的は利潤追求である。だが、循環運動はどこを起点としてもそこから始まりそこに帰る図式として画くことも可能である。すなわち生産を起点とし生産を復帰点とする循環運動として画けば生産資本の運動であり、それは再生産過程であり、生産体系＝労働体系の維持すなわち組織維持の論理が語られることになる。そしてまた、商品を起点とし終点とする循環運動として画けば、商品資本の論理、商品が貨幣に転化する論理・社会性が浮かび上がって来る。

ドラッカーが利潤を目的ではなく回収されるべき費用だと言ったのは、生産・再生産の生産資本の論理に立った表現であり、利潤なくして単純再生産も拡大再生産もありえず金儲けは一回生起的なものに終ってしまうものなら資本ではない。

ドラッカーのいう顧客の創造という企業目的は、まさに商品資本の論理である。マルクスは商品の貨幣への転化という販売過程は資本にとっての「命懸けの飛躍」と言ったが、まさに売れるか売れないかこそ、資本運動にとっては最重要課題である。売れるということは顧客の創造であり、顧客の創造はいかにすれば可能となるか。それは、単に生産諸要素を調達し、生産することではない。それは、市場競争の場においては他を圧すること、それは市場が何を求めており、それにいかに応じるかの〈マーケティング〉であり、他企業より勝れた企業活動を、企業を構成する全ての部面・要因に革新を重ねることすなわち〈イノベーション〉の二者であると言っているのである。それは、マルクスのいう相対的剰余価値生産の概念に相応するものと言ってよかろう。

冷戦体制は、ドラッカー理論・思想がそのまま世界の推移と即応し、彼によって世界は推進されているかに見えた。それは、まさにJ・ビーテイ（Jack Beatty）の『マネジメントを発明した男・ドラッカー』（*The World According to Peter Drucker*, 1998）の原題通りである。そして、ドラッカーが「アメリカにおいて『見えざる革命』（*The Unseen Revolution: How Pension Fund Socialism Came to America*）として年金基金社会主義が既に進行している」と言った時、それは一概に否定出来ない変化・変革であるように見えた。そしてまた戦後日本においで〈一億総中流〉という語が一般化しそのような現実が進行して〈経営福祉主義〉も広く唱えられたりした。

だが、一九八〇年代に入ってソ連邦の崩壊が始まり、アメリカを先頭にして自由主義国と言われた国々においてその経済と社会は大きな変化を示して来た。それは社会主義的なものを資本主義に取り込んだタイプの制御せられた資本主義がその方向性を捨て去り、むしろ資本主義そのもので進もうとする〈新自由主義〉が唱導されるようになり、自由主義社会の経済と社会の現実は、ドラッカーをして〈資本主義社会〉と言わしめざるをえない状態に立ち到ったのである。

一九三〇年以降、アメリカは資本主義を国内市場の拡大、労働組合運動と賃金上昇の積極的容認と公共投資の方向で制御する方向を転換し、F・D・ルーズベルト（Franklin D. Roosevelt）の〈利害者諸集団の調和〉の政策は影をひそめた。バブルを起こし景気拡大をはかるという策を景気循環の浪の中に投げ入れて来た。そして〈P・F・I〉（Private Finance Initiative）の新自由主義は官から民へ、非営利事業の株式会社化の方向をまっしぐらに進め、階級社会に代わって、格差社会を拡大深化して来た。

ドラッカーは、この新自由主義の波頭に翻弄される年金基金社会主義の現実を機関投資の健全性の喪失と嘆いたが、この現象を更に分析する余力を示すことなく生を終えた。

それぞれの事業目的をもった機関投資は健全な投資行動をとる性向と法的規制をもつ。だが、投資ファンドなる特異な基金が出現して来た。私はこれを資本主義の新しい段階と把握し、この出現こそ現代資本主義の決定的事象と把らえる。

投資ファンドの出現は既に投機資本主義と言われているように、商品化された権利証券の価格の高低差をすくう投機証券としての株式売買の基金である。投機資本主義なる語は、脅威的な影響力をもった金儲け主義に対する形容詞であり、ドラッカーもその言葉を認め使用し、その現象が年金基金に及んでいることを嘆き、「誰の責任か」の問いを発したまま逝っている。彼の死後年をおかず、投資ファンドの規制緩和・横行、それは今、サブプライム問題・石油高・穀物価格高騰としてあるが、ドラッカー自身これに対する責任が全くなしとしない。それは、資本とは何か、資本制生産とその社会および資本主義というイデオロギーの位置と意味の認識において、彼が欠けるところがあったからである。そのところを、彼自身の言葉で聞こう。

「私が支持しているのは資本主義ではなく自由主義経済である。資本主義に対しては重大な懸念を抱いている。それは経済を最重要視し具象化し、あまりに一元的であるからである。人間として生きることの意義は、資本主義の金銭的な計算では表せない。金銭などという近視眼的な考えが、生活と人生の全局面を支配することがあってはならない。」（「資本主義を越えて」一九九八年、*Managing in the Next Society*, 2002. 上田惇生訳『ネクスト・ソサエティ』ダイヤモンド社・第四部第四章）

これは、ドラッカーの真髄を示すものと受け止めうる。これは彼の本音である。ここに彼の限界が表明されてもいる。それは、「支持しているのは資本主義ではなく自由市場経済である」の一句である。彼は自由市場経済と資本主義経済・資本主義社会との関係の究明に意を注ぐべきであった。彼はそれをしていない。それは、その問題に意を注いで一生を送ったマルクスの『資本論』から学ぶべきものを学ばなかったからである。彼が接触していたマルキストそしてマルキストの党が建設した社会主義社会の現実が、彼が信条とする〈自由＝責任ある選択〉と反するものと意識したからである。「自分はマルキストではない」と言ったマルクス、自分と同じ価値・信条の持ち主でもあったマルクスが自由を求めて資本制生産の何たるかの究明の成果から学ぶべきを学ばなかったからである。彼の理論は、マルクスが〈経済学批判〉として究明した資本論の手の内で躍ったことを気付いていないこと（すなわち個別資本の運動は、貨幣資本の循環＝利潤追求であると同時に生産資本の循環＝企業維持・再生産・組織維持であり商品資本の循環＝商品販売・顧客の創造であること）については既に述べた。彼は組織社会を論じ、知識社会を論じ、マーケティングとイノベーションを唱導し、利潤追求＝資本主義の実質的・実体的な発展論を唱導したのである。彼は彼の肯定しない資本主義の新しい段階を創り出すのに無意識に貢献した。すなわちそれに責任があるのに自覚せず、「ポスト資本主義社会」と言って、自分の組織社会論・知識社会論の延長線上に資本主義の終焉した社会、すなわち「経済人の社会の終り」を願望したのである。

資本主義の新しい段階をいかに把らえるか。

投資ファンドの出現・増大を資本主義の新しい段階と私はみる。投資ファンドとはいかなるものか。ファンドとは何か。年金基金・保険などこれまで、これを機関投資家と一般に称されてきた。私は、かつて〈私的所有から社会的所有〉パラダイムにかわって〈個人所有から機関所有〉パラダイムを論じたとき、機関とはinstitutionの訳語であり、他に制度の訳語もあるが、それは組織体であり、長期の持続的な組織体であり、社会的器官として法的規則下にある組織体であり、個人所有の縮小分散、機関所有の拡大集中傾向の中で、個人大株主＝資本家支配は減少消滅し、経営者支配が成立・増大し、機関所有は機関の目的に即応した内容をもって所有対象たる会社に対して支配＝影響力をもつ、と言う論陣（『財産の終焉―組織社会の支配構造』文眞堂、一九八二年）を張ったことがあるが、今も大筋のところは変わっていない。当時、投資ファンドは姿を現していなかった。ファンドはそれ自体社会的に必要とされ容認せられた事業・保険・年金・学校・病院等の事業運営の為の基金であり、その基金が投資される対象は、健全な投資行動をとるべきことを社会的に要求せられるという性格をもたざるをえない。

ところが、投資ファンドはこれまでのファンドと全く違った性格をもつ。それは投資そのものが事業であり、投資ファンドは、まさに利潤追求そのものを目的として行動する資金であり、資本である。これまでの資本なるものは、商品を買い、それを販売するという商業行為を事業とする商業資本であり、貨幣を必要とする生産事業・サービス事業に投下・運用することによって利潤をあげていた産業資本であり、個人ないし組織体に彼等が必要としている貨幣を供給して確定利子をうけることを事業とした貸付資本＝利子生み資本＝金融資本と言われる三形態であった。だが、投資ファンドは、これまでのファンドとも、既存の三つの資本形態のいずれとも違っている。他の人々ないし社会がそれを必要としている実体ある事業に元手としての貨幣が投下され、健全に事業が営まれることによって利益をあげていたのに対して、横行している投資ファンドの行為・事業の多くは必ずしも今のところ必要不可欠な社会的に容認され支持されているものとは思われない。

投資ファンドの事業内容はいかなるものであろうか。それは商品化された株式の売買であり、商品の先物取引であり、商品化された債券の売買である。それは株式そのもの、商品そのものの売買ではなく、株価・商品価格の現在値と将来値＝予想価格の価格差をすくうことのみを事業目的とする行為である。それは一般に投機といわれるものである。投機はもともと〈かけ〉であり、博打である。だが、不確実のものを目的とした事業は、成り立たない。博打の胴元となれば話は別である。だが投資ファンドは単なる胴元ではない。投機証券の性格を株券はもつが、投機そのものは確実にもうける保証はない。しかしながら、投資ファンドは投機とされる領域、不確実の領域を確実にもうかり利潤をあげる領域に変えたのである。

既存の三形態の資本の投下必要額をはるかに超える資金が新しい資本領域を創り上げたのである。膨大なファンドを梃子に資金が巨額の銀行より資金をふくらませ、規制緩和された年金基金をまきこんで特定の金融商品をターゲットに選び、その対象物の価格＝株価・先物取引価格の売りと買いを操り、一般株主・一般取引者・弱小ファンドを引き込んで価格の上下をコントロールして、多数者の思惑＝予測で成り立つ市場価格を意思のままにあやつり上下させ、予測に基づいて売買し確実に莫大な利を上げる事業を生み出したのである。

その行為は、膨大な資金量を不可欠とするが同時に膨大にして精密な情報蒐集・情報分析も不可欠とする。株価は企業の実態と乖離したものであるが、どこまでも乖離し続けるものではなく、企業の定量・定性分析を誰よりもより確実に把握することもまた価格・先物株価コントロールに不可欠である。そして、投資ファンドが支配証券として株券を入手したとき、長期最大利潤でなく短期最大利潤・短期最大配当政策を経営者に指示し当該会社を不健全なものとする。

この第四の資本形態の成立の背後には、冷戦体制の崩壊とＩＴの進展・情報社会の成立がある。実体資本とそれに必要な資金を上廻る厖大な余剰資金の蓄積と、ノーベル賞級金融工学・会計学・財政学等の情報的構築・展開がある。既存の生産＝産業資本・商品＝商業資本・貸付け＝金融資本に対してこの新しい第四の資本形態である投資ファンドは情報をコストとする情報資本と名付けることが出来よう。更に言えば既存の三形態が実体に直接にかかわる資本であり実体資本とでも言うならば、実態と直接かかわらず利潤追求そのものの資本として象徴資本とも言えば言えよう。

ドラッカーが唱導したイノベーション、知識社会化は情報社会化を推進し、この第四の資本形態としての不確実な投機ではない確実に利を上げる投機資本と言われる投資ファンドの誕生と成長とを生み出した。ドラッカーは投資ファンドの投資行動に引きずられた年金基金社会主義の現実の変質・変貌・資本主義化を嘆き、その責任を問うたが、その責任に彼自身も全く無縁ではないことを認識していたとは思えない。彼の自由主義は新自由主義という現代資本主義＝金融商品資本主義の先導的思想と同じではない。かれに、彼の自由主義と新自由主義との違いの問題についての文を残してもらいたかった。

だが、彼はなお死んでいない。彼から学び育てねばならぬものがあることは言うまでもない。

第二章　ドラッカーの世界

初出、「ドラッカーの世界」
『中京商学論叢』第三五巻第一・二合併号、一九八八年

一　はじめに

ブームはかならず去る。あの日米同時出版で次々に出される本がどれも数十万部に達し、豪華な全集まで出され、日本政府により勲章まで授与せられたドラッカーのブームもまた、その例外ではなかった。ドラッカー・ブームは既に去って久しい。しかし、彼はなお健在であり、彼の新しい著作は次々に出されている。だが、かつてのように騒がれてはいない。むしろ、彼の収集した日本絵画の「ドラッカー・コレクション」[1]の日本における展覧会（東京・大阪・京都・名古屋ふたたび東京）とテレビ放映（ＮＨＫにより二度）が評判の昨今である。ドラッカーが日本に何を貢献したかについて、最近彼は自身で次のように言っている。

「私の貢献、あるいは日本人が見ているところの貢献は、マネジメントとマーケティングである。私は、人間は資源であってコストではなく、それゆえ、彼ら自身のみならず、彼らの所属する集団の目標と生産性にたいして責任を負わせるよう、管理すべきことを教えた。また、コミュニケーションが機能するためには、下から上に向かわなければならないことを教えた。さらに組織構造の重要性を教え、組織は戦略に従うべきことを教えた。そしてトップ・マネジメントは一つの機能であり、一つの責務であって、地位や特権ではないことを教えた。企業の目的は顧客を創造することであり、市場があってはじめて存在しうることも教えた。これらのことはすべて、私の著書から学ぶことが出来た。[2]」

日本人がドラッカーから学んだものは、たしかに、ここに書かれているように機能中心の管理概念であり、目標管理・分権制組織等の管理の技法であった。ドラッカー自身、アメリカでは未だ説教の段階であるのに日本では既に定着している、とさえ言っている。日本にとって彼のブームが去るのは当然であり、彼もまた過去の人となりゆくのもまた自然の成り行きと言えるかもしれぬ。

だが、管理の概念・管理の技法に限定するのではなく、どのようにして彼の管理概念・管理技法は生れて来たのか。またどうして彼の全く独自な概念として生み出され創り出された技法が、現在日本のみならずすべての産業社会において普遍的に有効なものとして、社会主義の諸国においてさえ受容せられているものとなったのか。彼の管理概念・管理技法を成立せしめているドラッカーの世界をとり上げたとき、彼は決して過去の人となっていない。彼は、なお問題にしつづけなければならぬ存在である。とりわけ日本においては。

ドラッカーの世界は、彼の管理論を突出した山容として大きく拡がっている。だが彼は単なる管理論の論者ではなく、それを含んで現代企業論の論者であり、現代企業論をふくんで現代社会論の論者である。しかもなお、独自の人間観をもつ哲学者でもある。彼の管理論すなわち管理の概念と技法は、それとして限定して語ることは出来はするが、彼独自の企業論・現代社会論そしてまた彼の人間観の理解なしには、十全の理解に到達することは出来ない。彼の管理論は、彼の現代企業論・現代社会論、そしてまた彼の人間観・未来展望との切り離ちがたき一環である。彼の管理論は、経営者・管理者のためのものである。だが同時に、ひとり経営者・管理者のみのものではない。現代に生きる人々すべてのためのもの、さらにはこれから近未来に生きるすべての人々のためのものでさえある。

さきの引用につづいて、彼は次のように言っている。

「私はこの命題に自然にたどりつくことができた。なぜなら、私のマネジメントに対する関心は、企業から出発したものではなかったからである。私のマネジメントに対する関心は、銀行の投資担当者としての将来を捨てて、物書きと教師になろうと決心したときに始まった。

近代組織とくに企業やマネジメントに対する私の関心は、私の近代社会に対する分析の結果と、近代組織とくに大企業は急速に社会の統合のための新しい手段になるにちがいないという私の結論から始まった。それはちょうど第二次世界大戦が始まった頃のことであった。近代組織こそ、新たな共同体となるべきものであった。そして、小さな町や職人組合や教会という伝統的な社会の統合手段が解体した後の社会において、新しい秩序となるべきものであった。

たしかに私も、経済を意識しつつマネジメントの研究を始めた。しかし私は同時に、組織構造と組織の理論、正当性の根拠、あるいは価値観や意識や信念について研究を始めたのである。」

彼の管理論は、他の諸論者のものと違って、彼の管理論を成立させている現代企業論・現代社会論が陳腐化するまでは、そしてまた彼の人間観・哲学が忌避せられるまでは、容易に過去のものとなることはあるまい。そして現在、日本において彼の現代企業論・現代社会論、彼の人間観に対する理解は、管理論に対する理解と比べて、あまりにも乏しいように思われる。

私はこれから彼の現代企業論、現代社会論の上に、彼の管理論を浮び上がらせてみたい。もともと、彼の管理論がそのようなものであるが故に、管理論を軸にすえて、ドラッカーの世界を画いてみたい。

二　管理観——マーケティングとイノベーション——

ドラッカー管理論のキー・ワードは何であろうか。私はそれを、マーケティングとイノベーション、目標管理と分権制、そして責任と把らえる。

マーケティングとイノベーション、そして目標管理と分権制も、学界はもちろん実業界においても既に完全に共通財産となっており、これを言い出したのがドラッカーであることさえ忘れ去られているほどである。これが、言い出されたのは、彼の『管理の実践』[3]一九五四年であり、わずか三〇年前のことである。それは衝撃的な発言であった。

今なら、マーケティングとイノベーションなくしては、その企業に明日はないということは誰だって知っている。これが企業活動にとって最重要事項だと知っている。だが、三〇年前ドラッカーによって定式化され唱導されるまで、意識的に把握している者は誰もいなかった。

ドラッカーは、どうしてマーケティングとイノベーションの二者こそ企業における決定的重要活動、基本的活動としてつかみ出し、定式化することが出来たのであろうか。

ドラッカーが言い出すまで、企業活動における決定的重要活動、基本的活動ととられていたのは、生産活動・販売活動そして財務活動であり、とりわけ生産活動であった。イノベーションに対応するものが生産活動であり、マーケティングに対応するものが販売活動であろうか。そうではない。マーケティングはただに販売管理の別称ではなく、イノベーションはただに生産領域にのみ限られるものではない。マーケティングもイノベーションも、いずれも企業活動の全領域にかかわるものである。

彼は、企業＝ビジネスの目的を顧客の創造と定義づけた。この企業の定義を打ち出したのも彼ドラッカーである。企業の目的が顧客の創造なら、顧客創造活動が企業活動である。単なる生産活動、単なる販売活動は顧客を創造しない。企業のつくる生産物および提供するサービスに価値を賦与するのは、企業ではない。それに価値をあたえるものは企業の外部に存在する顧客である。お客様こそ神様である。お客は何を欲求しているのか、お客は何を価値あるものとするか、徹頭徹尾お客に即して思考し、行動しなければならぬ。お客に即して思考し、行動する活動、企業活動の全領域にわたるかかる活動がマーケティングである。

顧客を創造し、新しい市場をきり開く今一つの決定的な活動はイノベーションである。新製品のイノベーション、デザインのイノベーション、製法のイノベーション、工場配置のイノベーション、販売技術のイノベーション、組織や人事のイノベーション、財務・会計活動におけるイノベーション等々、企業活動の全領域にイノベーションは及ぶ。

今日、いかに強大を誇ろうとも、マーケティングとイノベーションを怠る企業に明日はない。

企業が顧客を創造するという目的を達成するためには、言うまでもなく、人的・物的諸資源を必要とし、これら諸資源を有効に、生産的に利用しなければならない。諸資源の有効利用の機能を管理的機能と呼ぶ。生産性とは、管理的機能の経済的側面を指す言葉である。企業活動にこれまで重視せられてきた生産性概念を、ドラッカーは以上のように位置づけている。そして、諸資源を有効に利用し目的達成に導く行為が、管理と把握されている。生産性こそ、これまで経済学が企業活動の中心的課題として求めたものであった。生産性こそ、利潤を生む大きな源泉として追求することを教えたものであった。

利潤は、それまで企業が追求する目的として把握されていた。だが、ドラッカーは企業目的を利潤ではなく、顧客の創造と把握する。では、利潤は彼によっていかなる位置を与えられたであろうか。利潤は、かつては目的であり、実現すべき動機であった。企業活動の原因であった。だが、ドラッカーにあっては、原因ではなく結果であり、目的たる顧客創造の結果であり、それはマーケティングとイノベーションと生産性向上をどれだけやったかの成果であり、業績測定の尺度である。利潤は、企業の業績測定の唯一の尺度である。

ドラッカーの文章を引いてみよう。「利潤は企業がマーケティングやイノベーションや生産性向上を行った結果である。だが同時に、利潤は企業活動の成果を測定することが出来る唯一つの尺度でもある。ソビエトの共産主義者すらも、一九二〇年代の初期に利潤を抹殺しようとして失敗した結果、経済活動における利潤の性格を認めざるをえなかったのである。」ドラッカーのこの文章は、『管理の実践』よりの引用だが、この本は一九五四年に出されている。この時期、ソビエトは未だ利潤を企業活動の成果測定の唯一の尺度とは認めていなかった。資本主義諸国でさえ、日本も彼のこの発言で初めて我が意を得たの感をもったような状況であった。ソビエトが、利潤を企業の成果測定尺度として利潤をとり上げるようになるのは、一九六二年以降のことである。ソ連において企業報償金の支払基準として、生産量・生産高・加工費等を企業活動の成果測定の指標としてとり上げ、現実に失敗を重ねていた。一九六二年九月九日「プラウダ」に発表されたリーベルマンの論文を契機として大論争が繰り拡げられ、ようやく利潤が企業成果測定の指標として、企業報償金の支払基準とせられたのである。(4)

ソビエトにおける利潤導入の時期に関して、ドラッカーの不正確ないし誤りを指摘することは意味がない。むしろ、彼の洞察の凄さに脱帽すべきであろう。

三　企業観

マーケティングとイノベーションを企業活動の二大基本的機能として定式化したのは、ドラッカーである。そして、彼が初めて言い出して、わずか三十数年しかたっていない。

だが、経営学部・商学部の学科体系の中で、かつて存在した販売管理論なる課目はほとんど姿を消して、マーケティングが代りに登場し、それもマーケティング総論、マーケティング管理、マーケティング戦略、マーケティング・リサーチ、国際マーケティング等々と細分化・専門化して講ぜられている状況である。イノベーションなくして企業の維持存続はないという彼の主張は、企業の寿命三〇年説の実証研究をもととした書物を二年前のベスト・セラーとし、イノベーション論が盛況をみせる昨今である。そして、言い出したのはドラッカーだということを人は忘れ去るほど、余りにも当り前、当然のこととしてこれを受け容れている。

どうして、ドラッカーは企業活動における二大基本的機能として、マーケティングとイノベーションをつかみ出すことが出来たのか。それは、彼が「企業の目的は顧客の創造である」と喝破したからだ、と言った。顧客こそが全てであり、お客こそ神だから価値を認め、価値を賦与するのは顧客であり、企業でも経営者でもないからだ、といった。では、ドラッカーはどうして、企業の目的は顧客の創造であるという把握をしたのか、企業の目的は利潤追求であるという通説、万人が認め、学者が理論づけていた通説をどうして覆えして、新しい把握をしたのか。それは、彼が全く従来と違った企業観、企業認識をもつに到ったからである。

彼の新しい企業観とはいかなるものであろうか[5]。

彼は、企業を制度とみる。彼以前にも企業を制度と把握する学者はいた。いわゆる制度学派経済学者である。彼等は、企業を経済的な制度と把握した。代表的な論者であるソースタイン・ヴェブレン[6]は企業は利潤追求、富の蓄積を動機として参加する人々によって形成されるゴーイング・コンサーンとして把握されている。彼の、この定義の背後には、A・マーシャル、W・ゾムバルト、K・マルクス、G・シュモーラー等がいる。企業には、資本の出資者がおり、資本によって物的・人的資源＝賃金労働者を調達し、有効利用して、商品をつくり、売買して利潤を獲得し、蓄積し、分配する。ドラッカーもまた、企業をそのようなものと把握している[7]。

だが、ドラッカーの把握は彼以前の制度学派の理論を飛躍的に越えた。彼は、以前の制度学派の企業理論が経済的な制度として把握していたのに対して、単なる経済的制度にとどまらず統治的制度でもあり、社会的制度でもある、と把握したのである。

企業は社会に対して財・サービスを提供するという経済的機能を果たす制度であることが、何より第一の機能である。だが、企業は統治的機能を果たす制度でもある。それは、国家や府・県や市町村と同じように立法・行政・司法の機能をもつ自律的な制度である。現代人にとって、彼の住むところの市町村という統治体の重要性に対して、彼の所属する企業という統治体の重要性は、どちらの比重が重いかは言うまでもあるまい。このことを積極的に指摘したのが、ドラッカーである。そして、企業は第三の機能として社会的機能を果たす制度である。企業が社会的機能を果たす存在であることを発見したのが、周知のホーソン実験を契機とするヒューマン・リレーションズである。人は企業において、人と交わり、地位を得、喜怒哀楽を交錯させ、威信を得たり失ったりするのである。この事実を意識的に把らえた最初の人ではドラッカーはなかった。だが、ヒューマン・リレーションズの発見者たちやその学派が、経営社会学、経営心理学として、これを専門学科として特化させて行ったのに対して、ドラッカーはこの事実に立って、企業を社会的機能を果たす制度であるとする制度的把握に導いたのである。

企業は、経済的・統治的・社会的機能を果たす制度である、と把握されることにより、企業は現代社会における決定的な代表的な構成的制度となってくる。企業は、現代社会が資本主義・社会主義・ファシズム・自由主義、いかなるイデオロギーによって彩られようとも、自律的な制度であり、資本家支配から脱皮し、経営者支配となってゆく。(8) かくしてこの社会の基本をなし、構成要素となし、その社会の盛衰・安全を左右する決定的な制度である。そして、そこに生れ、そこに存在する価値・信条が、そこに存在する組織原理が、その社会のあらゆる組織体の代表的なものとなり、手本となり、その社会の鏡となる。

企業が社会の構成的制度であり、代表的制度であり、決定的な制度となると、企業の維持存続が、何よりもまず必要事項となる。企業にとっての第一原則は損失回避の原則となる。かくして、利潤は獲得すべき動機であり目的であるという性格から、むしろ利潤は企業維持のために絶対必要不可欠なもの、企業維持のための費用、未来のための費用として、企業は回収しなければならないものとなった。ドラッカーは、利潤は未来費用であるという。企業は、未来に必ず存在する陳腐化に対応するため、危険に対応するため、不確実性に対応するための費用、未来費用として回収しなければならぬ。それは自分の企業だけでなく、他の企業のためにも必要である。そうでなければ、社会的再生産は縮少せざるをえず、他企業＝他制度の縮少、失業を招かざるをえない。かつまた、企業のあげる未来費用によって、軍事・行政その他の社会的費用を充当することが出来る。費用は、従来の費用＝当期費用と企業維持のための費用＝未来費用の二者によって構成される。

利潤追求は、それ自体として肯定的には把握されたことはかつてなかった。利潤追求は、それ自体としては、むしろ悪として把らえられていた。ドラッカーの未来費用論によって、利潤追求は、はじめて聖化せられたのである。人は、何の後ろめたさを覚えることなく、利潤追求にいそしむことが出来るようになったのである。

彼は、利潤の性格変換把握とともに、利潤なる用語自体も、費用、未来費用と変更するのである。前現代社会の経済は交易経済（trading economy）であり、そこでは支出と収入、費用と売上との差額が剰余として、利潤として把らえられる。この剰余たる利潤はどこから来たか、その実体は何か、それは誰に帰属すべきものか、が問題となる。この問題について、株式仲買人D・リカードに関説しながら言う。「交易経済においては、〈利潤〉問題は道徳的――神学的であるとはいえないにしても――な問題である。誰が利潤を受け取る資格をもつか。それは何によって正当化されるか。現代の産業経済においては、機能的な問題――リスクは何と何か、リスクはどれ位大きいか、今日の外見上の利潤は明日のリスクを賄うに足るかどうか――となる。」ドラッカーは言及していないが、マルクスの価値―剰余価値―利潤の理論は、神学を彷彿せしめ、神学的用語さえちりばめられている。

西ヨーロッパにおいて蔑視せられていた利潤追求は、プロテスタンティズムの倫理によって聖化せられて、はじめて利潤追求社会たる資本主義社会を開花せしめ、マルクスの資本批判・利潤批判によって社会主義イデオロギーを生み、社会主義国ソビエト・ロシアにおいて一度は積極的にとり上げることがはばかられていた利潤である。利潤が企業報償金の支払基準として復権するまでには革命後約半世紀を要している。

日本における金もうけ蔑視は、国益中心、士魂商才によって肯定せられ、日本資本主義は開花した。国益中心、富国強兵路線に沿って発展した産業・企業は、十五年戦争で大打撃を受けた。敗戦によって国益中心・富国強兵路線は否定せられた。単なる利潤追求は悪というイメージは、その時点では未だ消え去ってはいなかったが、戦後復興は誰しも共通の願いであった。戦後復興そして高度成長に移行してゆく、ちょうどその時、一九四六年にドラッカーの『現代の経営』、一九四七年に『新しい社会と新しい経営』が翻訳出版せられた。日本人は利潤追求の後ろめたさを、この二著によって一切拭い去ることが出来、以来エコノミック・マンならざるエコノミック・アニマルと化してゆくのである。[9]

四　社会観

ドラッカーは、新しい企業観を樹立した。企業は、単に経済的機能を果たすだけの存在ではなく、さらに統治的機能、社会的機能をもあわせもつ制度として、現代社会における代表的・構成的な決定的制度であると把らえた。そして、かかるものとして、新しい経済理論を展開した。では、どうして、彼はこの斬新な企業観をもつにいたったのか。

彼の新しい企業観の背後には、彼の新しい社会論、社会体制論、現代社会論がある。[10]彼の独自の社会理論、社会体制論、現代社会論があって、はじめて彼の現代企業論はある。[11]

彼の社会把握の基礎には、彼独自の社会の純粋理論なるものがある。この彼独自の社会の純粋理論でもって、社会を把握していく。では彼の社会の純粋理論とはいかなるものであろうか。

社会は、諸個人からなる。単なる個人の集合は烏合の衆である。個人と集団との間に一定の秩序がなければならぬ。個人は社会の中で何らかの機能を果たし、何らかの所得がなければならぬ。社会の中で秩序づけられた個人の位置＝地位がなければならぬ。諸個人が社会の中でそれぞれ地位と機能と所得をもって、はじめて個人は維持せられ安定し、同時に社会もまた機能し、維持・安定する。機能なくして、地位も、所得もない。

機能には力を必要とする。社会が機能するためには、諸個人を統合するための力＝権力を不可欠とする。その権力は諸個人の価値・信条に即したものであり、諸個人に地位と機能を保証するものであらねばならぬ。そうでなければ、社会は十分に機能することが出来ぬ。諸個人の価値・信条に立脚し、個人と社会の機能を統合せしめる権力こそ、正当なる権力である。正当なる権力があってはじめて社会も諸個人も安定的であり、かつまた機能するのである。

さて、この理論でもって、彼が住んでいた第一次大戦前の約一五〇年間を分析して、それを商業社会と把握し、そして第一次大戦以降の西ヨーロッパとアメリカを産業社会と把握する。

何故、第一次大戦前のヨーロッパを商業社会というか。それは諸個人が市場において結びつけられ、社会的な地位と機能を得たからである。

諸個人が市場に登場するとき、彼は財産所有者として登場した。諸個人は、各人がそれぞれ所有する財産の所有者として、交易し契約関係を結び、それによって社会的地位を得、社会的に機能し、所得をえた。具体的に言えば、理解は極めて容易である。財産には三種類がある。土地・資本・労働力である。土地所有者は、土地によって地主という社会的地位を得、社会的な機能を果たし、地代という所得をうる。資本という財産の所有者は、それによって資本家という社会的地位を得、資本家として機能し、利潤という所得を得る。労働力という財産しかもたぬ者は、賃金労働者として機能し、賃金労働者としての社会的地位を得、賃金という所得をうる。きわめて、明快というべきである。

財産は、つねに諸個人に地位と機能と所得を賦与する決定的要因とは限らない。それは、ひとり、商業社会においてのみのことである。商業社会以前の社会においては、身分＝固定的な社会的序列こそ、地位・機能・所得を個人にあたえる決定的な要因であった。

商業社会の内部に産業が次第に大きなものとなる。産業＝インダストリーは勤勉・勤勉なる慣習・労働の組織＝産業を意味する。労働の組織は、産業の発展の内容として機械の発達と手をたずさえてすすむ。それは、もともと、資本の所有者と労働力の所有者との市場において結合する契約関係であり、商業社会の論理によって成立せしめられているものである。だが、生産の大量生産化は機械化とともに、労働者の協業・分業の発展、規則中心で動く専門化・階層化せられたピラミット型の組織体たるビューロクラシーを形成する。労働者は、ビューロクラシーを構成する職務の担当者となり、個々の労働者を結合しているものは組織である。労働者を直接的に結合している紐帯は市場ではなく、組織となる。

かつまた、この生産の組織体を成立せしめる前提としての資本所有者と賃金労働者の市場的結合関係も、資本の所有形態が株式会社となり、株式会社が発展してくると、次第に変容・変質してくる。企業の大規模化―資本の増大―株式の分散は、資本と経営の分離、所有と経営・支配の分離現象を生み、所有者支配＝資本家支配から経営者支配に移行することになる。財産権から分離した経営者支配の成立は、企業をしてそれ自体独立した自律体たらしめる。

かくして、市場から相対的に自立的な企業体が林立するようになり、かかる企業が現代社会の代表的・構成的・決定的な制度となってくる。さらにまた、人間の社会的な諸行為は、いずれも、生産・流通のみならず娯楽・スポーツ等々まで企業化し、さらには教育・医療・中央地方の行政、軍隊等々の一切が大規模な組織体をもっていとなまれ、[12]ビューロクラシーとなっていく。

人間は財産を基礎として市場によって結合せられるのではなく、能力にもとづいて組織の一員として結合せられることになる。人は、いかなる財産をもつかではなく、いかなる組織のいかなる職務を担当するかによって、その社会的地位を得、社会的機能を果たし、どれだけの所得を得るかが決せられるようになる。社会は、財産＝市場中心の商業社会から、能力＝組織中心の産業社会となってきたのである。

財産＝市場の論理と能力＝組織の論理とは、まったく異質である。財産＝市場中心にうごく商業社会の胎内に能力＝組織中心の社会が成立し、次第に後者が増大し、社会は商業社会から産業社会へと移行してゆく。社会は、財産＝市場中心の商業社会から、能力＝組織中心への産業社会へと非連続的に推移してゆきつつあるのである。

財産所有者として市場に登場する商業社会の人間は、経済人である。組織の一員となることによって社会的地位・機能・所得をうる産業社会の人間は組織人であり、産業人である。経済人の社会はいまだ完全に消滅し去ってはいないが、次第に終焉を迎えつつあり、未来は産業人の社会である。

商業社会の社会的価値・信条に立脚した権力によって統合された秩序に代って、未だ、産業人の社会的価値・信条に立脚した、正当な権力は未だ成立していないといっていい。現代社会・産業社会における正当なる権力は、いかなるものであろうか。経営者支配の正当性は、いかにして獲得できるであろうか。

以上の商業社会から産業社会への社会移行に関するドラッカーの把握について、商業社会に関する叙述についてはドラッカーの論述にほぼ即して紹介している。だが、産業社会に関する論述については、ドラッカー自身の論述の単なる要約とはなっていない。といって、ドラッカーの論述に違背することを述べているわけではない。

彼の社会把握のための社会の純粋理論の適用を商業社会のドラッカー自身の適用と同次元で試みたものを書いた。その方が、より対照的であり、よりドラッカー的ともなると考えられるからである。

なお、商業社会 mercantile society から産業社会 industrial society へという用語は、内容はともかく、用語的にはまぎらわしい。それは、資本主義の社会の発展を商業主義＝重商主義 mercantilism の段階から産業主義 industrialism の段階へという把握ないし用語があるからである。ドラッカーの商業社会から産業社会への移行は、資本主義の内部における発展的段階の把握ではない。ドラッカーのいう商業社会は資本主義社会に相当する社会であり、資本主義から社会主義への社会把握のパラダイムに変えて、商業社会から産業社会へというパラダイムを彼は提唱しているわけである。(13)

商業社会、財産＝市場の論理に基礎をおいて経済学は成立し、展開し、体系化せられた。市場における商品の価値そして価格、商品価値の賃金・利潤・地代への分解が論じられた。利潤・地代と賃金の対抗関係、その背後の資本所有者・土地所有者と労働力という財産しかもたぬ賃金労働者との対抗関係が把らえられ、この対抗関係を止揚するためには、土地・資本の私的所有を社会的所有に変革しなければならぬと把握された。

だが、資本・土地の私的所有が、積極的な意味をもたない産業社会となった。組織中心の社会となった。産業社会では、諸個人にとって組織は社会的地位と機能と所得をうる決定的な場所であり、企業は社会のために財とサービスを提供しなければならない制度となり、かくして、企業にとって何よりも重要なことは企業それ自体の維持存続であり、企業はそのためには顧客を創造せねばならず、顧客を創造するためにはマーケティングとイノベーションと生産性向上をしなければならない存在となった。利潤は企業維持、社会維持の未来費用となり、目的として獲得するものから、費用として確実に回収しなければならないものとなって来た。

ドラッカーは、経営学者、社会学者・政治学者と言われている。だが、同時に彼は経済学者である。彼によって旧態依然として商業社会、財産＝市場の論理を基礎とする経済理論を脱皮し得ていない経済学者に対して、彼は新しい経済学を樹立したのである。経済学の新しいパラダイムを輩出しているのである。だが、経営学に比べて、経済学は過去の壮大なまた緻密な体系を誇り、それにしがみついているから、ドラッカーの業績を積極的に評価し、認知し、彼の理論を発展させようとしない。だから、ドラッカーは経済学が現実からいかに後れているかをくり返し言うことになる。

なお、彼の産業社会論の内容は、従来の企業観を一変せしめると同時に、労働組合観をも一変せしめた。従来の資本主義から社会主義へ、資本主義の資本と労働の対立を止揚した社会主義という把握においては、労働組合は資本主義を倒して社会主義をつくるための母胎であり、社会主義の学校であった。だが、ドラッカーにあっては、資本主義であろうと社会主義であろうと、賃金は企業にとっては費用であり、労働者にとっては所得となる。したがって、賃金は企業にとっては低い程よく、労働者にとっては高い程よい。この対抗関係は変ることはない(14)。

労働者は、労働条件の向上と賃金をあげるために団結し、企業に対抗する組織として労働組合をつくり、労働組合を機能させねばならない。これが、労働組合の機能であるから、労働組合は企業に取ってかわることは出来ない。企業は企業としての機能を果たさねばならぬ存在である。労働組合は、企業に取ってかわることも出来なければ、企業を支配することも出来ない。労働組合による企業の支配は企業の存立を危うくする。労働組合は企業に対して、あくまで光栄ある野党たるの地位を維持しなければならない。もちろん、企業の側が合法的な組織体である労働組合を否定する行動に出るべきではないことは、言うまでもない。

五　人間、そして管理

管理を、単なる企業管理として、企業管理のハウ・トゥを論ずるのが一般的な管理論者である。だが、これまで見てきたように、彼の管理論の背後には、現代企業論がある。現代企業を、現代社会における決定的・代表的・構成的な制度であり、経済的機能・統治的機能・社会的機能を果たす制度であると把らえる。そして、その現代企業論の背後には、彼独自の社会把握、商業社会から産業社会へ、すなわち財産中心社会から組織中心社会への非連続的移行の社会把握がある。

だから、彼の企業管理論はあくまで企業管理論でありながら、これまでの管理論と全く質を異にしたものとなる。さらに、彼の管理論を他の管理論と大きく異ならしめるものに彼の人間観がある。彼のきわめて個人主義的性格のつよい（といってもよいかもしれぬ）人間観がある。この彼の人間観と彼の組織中心社会の代表的・決定的・構成的な制度としての社会観・企業観があって、はじめて彼の企業管理論は成立し、展開する。

彼は、社会を諸個人の集合体とみた。諸個人がそれぞれ社会的地位・機能・所得をえてはじめて人間集団は社会たりうるとみた。そして、諸個人が地位・機能・所得をうるためには、社会における権力は、諸個人を結合するものであらねばならず、そのためにはその時代の社会的価値・信条に立脚したものであらねばならず、そうでなかったら、社会も個人も機能しえない、とみた。機能を中心に個人と社会もみようとしているのである。このことは、すでにみたとおりである。

1　人間の本性＝自由

さて彼は、諸個人すなわち人間をいかなるものと把握しているか。彼は、人間の本性を自由とみる。彼のいう自由とは、「責任ある選択」responsible Choice である。この人間観、この自由観は彼独自のものでありながら、彼独自のものではない。この人間観は聖書の創世記の人間観に由来し、アウグスチヌスによって強調せられたものであり、「自由からの逃走」のE・フロムにもきわめて近い。

自由は、好き勝手なことでもなく、制限なく気ままなことをすることの可能性でもない。いやむしろ、その逆である。だから、彼は、次のようにいう。「自由は、楽しいものではない。それは、個人の幸福と同じものではなく、安全ないし平和および進歩でもない。芸術や科学が繁栄する状態でもなければ、また、すぐれた清らかな統治ないし最大多数の最大の福祉でもない。以上のことは、自由が、これらの価値のすべてあるいはそのいずれかと、本来的に両立できないと言っているのではない。――両立しないかもしれないし、ときには両立しえないであろうけれども、ともあれ、自由の本質は別のところにある。」

では、彼のいう自由とは何か。彼は、端的に言う。

「それは、責任ある選択 responsible choice である。自由とは、権利 right というよりはむしろ義務 duty である。真の自由 real freedom は、何物かからの自由ではない。そんな自由は許可証（ライセンス）のようなものであろう。真の自由とは、何事かをするかしないか、ある方法をとってやるか他の方法でやるか、ある信念をもつかあるいはそれと反対の信念をもつかについての二者択一の自由にほかならない。それは免除 release ではなくて、責任である。それは面白楽しいものではなくして、人間に負わされた最も重い荷物である。すなわち、社会的行為はもちろんのこと、彼自身の個人的行為を彼自身で決定し、この二つの決定にたいして責任をもつことである。[15]」

二者択一のきびしさにたえて選択することも責任なら、その選択にもとづく言動にたいしての応答もまた責任である。

人間は、神と違って弱く、不完全で、やがて死すべき運命をもっている存在である。神は全知全能だから、選択することはないし、誤ちをおかすこともなく、ましてや責任もない。神のみわざは、常に正しく、善である。自分の、または自分たちの考え方、選択が絶対に正しく、完全であり、あるいは自分が他に対して確実に優越していると思うとき、人は、神となる。すなわち、彼の言動には責任はなくなる。自分に反対する者は誤っており、彼を黙りこませることだけが善となる。

権力者が、自己を絶対であり、優越していると確信するとき、そこには、必然的に専制・圧制が生れてくる。それに従うか・従わないか、反抗するかしないかの選択は、時に牢獄につながり、死に至る。責任ある選択はきびしく、これ以上重いものはない。人々はその重荷にたえかねて自由から逃走することになる。その時、人間は人間でありながら人間の本性を喪失した存在となり、人間は人間ではなくなる。

ドラッカーは、このような自由観・人間観をもつ。[16] だから、彼の把らえる産業社会・組織中心社会における人間は、機能すると同時に、あくまで自由であり、自由が貫かれねばならぬと考える。そのためには、現代企業を動かすものにむかって、機能とともに自由に立脚すべきことを要求するのである。彼の管理論は、自由にして機能する管理の追求である。

企業の生命を握るものは経営者（マネジメント）である。経営者は、企業の構成要素たる物的・人的資源を統合し、支配し、リーダーシップをとって競争場裡において企業の維持存続に責任を負う存在である。こう言ってもよい。経営者は、管理者 manager を管理し、働く人間とその仕事を管理し、もって企業目的を達成する役割を担う者である。[17]

経営者の役割において、第一義的に重要なものは企業目的の達成である。企業目的たる顧客の創造はマーケティングとイノベーションである。この二つが企業機能として二大基本的機能である。この機能達成のために、人的・物的諸資源を合目的に調達し、生産的に利用するのである。その職務の担当者が管理者である。経営者＝マネジメントの第二の役割は、管理者＝マネージャーの管理となる。そして、第三に、働く人間とその仕事の管理が経営者の役割となる。そして、経営者が心しなければならない不可欠の要因がある。それは、企業は維持存続出来うれば繁栄を要求されている存在であるから、常に現在と未来という二つの時間に留意し、この二つの時間の上に立たねばならない。現在の存在、現状の維持だけで事足りない、未来において存続を確保するために、現在においてそのための諸決定・諸行動を開始しておかねばならないのである。

経営者＝マネジメントの機能を、まず企業目的達成機能と把らえ、そのために、管理者の管理、働く人間と仕事の管理がその職務となり、さらに時間という要因が決定的な意味をもつ、という把握は、ドラッカーの企業論から出発すれば、きわめて当然の帰結である。だが、このきわめて当然の帰結も、一般の管理論の内容・体系と比べたとき、全く異質といってもいい。それは、一般の管理論が、管理から出発して、管理を論じているからである。すなわち、管理を計画・組織・指導・統制のプロセスと把握し、その四者それぞれの技術論が内容とされているからである。このプロセスを中心として論じないとしても、企業論的背景を直接の出発点としないかぎり、たとえばバーナード理論に依拠して、組織論・管理論を展開しても、ことは大して違わない。もっとも、バーナード論に依拠する場合は、プロセス・スクールの場合より、問題としてもっと論ずべきものを残すが、ここではとり上げることを打ち切ろう。

ドラッカー管理論についての独自性について触れたが、他の一般の管理論に対して更に独自性をもつ側面がある。それは、人間の本性を自由にあると把握し、管理が人間にかかわる行為であるかぎり、人間の本性である自由が貫かれるべきであるという決意が、方法・技術としても結晶せしめられていることである。それが、目標管理と分権制である。

2　目標管理

マネジメント＝経営者が企業の決定的な機関であるかぎり、企業管理の目的は企業目的達成のための管理であらねばならぬ。当り前すぎる程、当り前のことである。目的達成のための管理は、企業活動をいくつかの重要な領域を設定して、その領域毎に目標を立て、目標達成を目指して管理するということになる。すなわち目標管理である。

目的は、企業行動の領域に分けて目標が設定せられることになる。従来の企業観なら、企業活動の領域は、すなわち目標が設定せられる領域は購買・生産・労務・販売・財務と把握せられることになる。だが、ドラッカーは、単なる購買、単なる生産、単なる販売を企業活動とみなさない。彼は、企業目的を顧客の創造においているわけだから、顧客の創造に寄与する活動のみを企業活動とするのである。かくして、目標設定の領域は、ドラッカーにあっては、まず、マーケティング＝市場における地位、イノベーション、生産性、収益性の四領域があがり、次に資源と財源、管理者の能力と育成、労働者の能力と態度が設定され、そして社会的責任が目標領域として設定せられることにならざるをえない。そして、更に、この八つの領域はさらにまた細分化された目標を設定することが可能であり、そうすることが望ましい。そして目標はチームまたは個人によって追求され、チームはリーダーによって率いられる。

管理者は目標をもたねばならぬ。各人の受けもつ単位が、どのような成果をあげねばならぬかを明らかにするのが目標である。全体目的に対し、そして他の単位の目標達成に対して、自己の単位がどのような貢献をなすべきかを明らかにするのが目標である。そして、各々の目標のバランスをとるのが、トップ・マネジメントの役割である。

目標は客観的なものであると同時に、管理者各人の主観的な願望・期待・決意・責任となる。かくして、目標達成は強制から自己統制にかわり、目標達成努力は視野の拡大・能力増進・成長をもたらす。目標と達成度の測定・評価は自己統制＝自己管理の大きな武器となる。客観的必要が個人の主観的目標へ転換するところに、内在的動機づけ、自由が生れる。

3　分権制

人間の本性たる自由の維持と目的達成の機能の追求の統合的実現が、まさに目標管理である。そして、目標管理に即応する組織が分権制である。

彼は組織形成の三原則として、組織は目的達成に資するものでなければならず、そのためには簡素であり複雑であってはならぬこと、第二に中間階層を少なくし命令経路が短いこと、第三に責任を負わせることにより管理者を養成できることをあげているが、要するに個人の自己決定の領域を拡大して責任を賦与し自由を確保することと、目的達成のための機能性の追求である。こうも言うことも出来る。組織の病弊である官僚制を克服する組織形成である。では、そのような組織形態はいかなるものか。それが分権制 decentralization である。生産・購買・販売・財務の職能中心に部門化するのでなく、製品別、地域別に部門化することによって、それぞれの部門を独立の事業体とするのである。事業部制と日本では呼称せられる所以である。

企業の成果達成の尺度は利潤である。一つの企業の中に、多数の事業部が形成され、それがそれぞれ利潤によって業績評価がなされれば、責任の範囲、責任の達成度が明確となり、管理者の責任とトップ・マネジメントの育成に資する。

事業部制は、すでにドラッカーの前に存在していた。彼が関与したゼネラル・モータースは、既にこのような組織形態をとっていた。そして、彼はこれを連邦的分権制と把らえ、分権制の理論をはじめて展開したのである。[18] 学界のみならず、実際界においても、既に共通財産となっている。官僚制の極めて強い社会主義諸国においても、今や徐々に浸透しつつある。わが国においても国鉄の分割民営化もその一例であるが、事業部制化をまたれている大企業もまた少なくない。

自由と機能を唱導する彼の組織論は、すでにみたように単なる技術論を超えるものをもつが、更に彼は組織の精神を強調する。だが、もちろん、彼の説く組織の精神はいわゆる道学者先生の説く倫理道徳とは若干ことなる。精神を論ずるかぎり、彼もまた倫理道徳を説く。それも決して低次元で語っていない。きわめて厳しく説く。だが、彼の説く倫理道徳の特質は激しく厳しいものでありながら、同時にそれが即機能的、組織目的達成と不可分離に結合しているところにある。

よい組織の精神とは、どのような精神か、投入量より産出量の大きい組織たらしめる精神、より機能的な組織たらしめる精神である。組織のメンバーが、各人自分のもっとも得意とするところをもって最善をつくし、しかもそれぞれが全体的に調整せられ統合せられているような組織を形成する精神である。その精神の要＝カナメは、管理者の精神であり、その精神は品性の高潔（integrity）である。

インテグリテイ＝品性高潔とは、心の良さであり、それぞれの人の秀でたところ・長所を見抜き、それを尊敬し、それを伸ばそうとするような心ばえである。この品性高潔こそ管理者の要件として第一のものであり、経験・能力・学力等々の他の要件以上のものである。ある優れた人の能力や長所が、組織全体の脅威となり、組織の萎縮をまねくことがある。その人の言動が他の人々の失意・不満・脅怖となる場合が少なくない。他の人々の弱点や欠点に目が向けられ、そこに管理者の目がそそがれ、それを組織の問題としてとり上げられることが、いろいろの組織においていかに多いことか。このことを想起したら、品性の高潔がいかに重要であるか、直ちに気付くことになろう。そのような管理者の部下となった者は、彼のみではなく彼を任命したその上司までうらむのである。無能や経験不足の管理者はゆるせる。だが、品性下劣な管理者は、彼の能力があればあるほど、脅威・脅怖を生むことになる。

管理者に品性高潔を説いた管理論は、ユニーク極まりない。だが、至極もっとものことであり、当然のことである。この、ドラッカーによるインテグリテイの強調は、その前にM・P・フォレットのインテグレーションの理論があることを想起したい[19]。

4　人的資源

目標管理、分権制と論じくれば、次は働く人間とその仕事の管理が続くことになる。目標達成にむけて、経営資源たる人的資源・物的資源をいかに活用し、生産性を向上せしめるか。これが問題とならざるをえない。とりわけ、人的資源をいかに活用するか。そのためには、人的資源とはいかなる性質をもち、いかなる構造をもつものであるか、これを明らかにしなければならない。

西欧世界に生れ育ったドラッカーの労働観は、聖書に立脚している。罪を犯かし楽園を追われたアダムが、神より懲罰として、「汝の額に汗して糧を得よ」と労働を運命づけられた。このトイル・アンド・トラブルの経済学者たちのだれもがもっている労働観を、彼もまたもっている。だが、彼は更に、この労働という神から与えられたきびしい運命は、同時に聖寵を失った堪えがたい人間の生活に意義を与え、堪えうるものとなり、喜びさえも生れてくる神からの贈物であり、祝福でもあるものと解するのである。彼は労働をこのように二面をもつものと把握する。

人間は働く。人間は働く能力をもっている。この人間の働く能力が人的資源である。マルクスは、この能力を労働力という。人的資源を企業が調達するとき、人的資源を人的資源としてのみ入手することは出来ない。人的資源は、人間そのものに体化しており、人的資源は人間そのものである。

かくして、人的資源は資源としての特性が把握され、有効な活用がはかられねばならぬ。だが同時に、人的資源は人間そのものであるから、そして企業は社会の構成的な制度であるから、彼が人間として、近代的市民としての諸欲求をみたさねばならない責任をもつ。そして、この資源としての側面と人間としての側面は対立し・矛盾するものである。その象徴的なものとして賃金を把らえることが出来る。賃金は人的資源の対価としてみてゆくならば、賃金は費用であり安いほどよく、人的資源の徹底的利用が労務費を低下せしめることになる。だが、人間にとって、近代的市民にとって、賃金は生活費であり、それは高いほどよく、しかも一日を全部労働時間に充当することなく、余暇時間を必要とし、しかも余暇を楽しむエネルギーも残しておかねばならない。この矛盾は企業対人間の対抗関係であって、企業があるかぎり、社会主義体制であろうとあるまいと、なくなることはない。労働組合の存立理由もまたここにある。そしてまた、労働組合の機能とその限界もここにある。

では、資源としての人的資源の特性はどこにあるであろうか。それは物的資源とりわけ機械や装置に比べて、明らかに物理的エネルギーの造出能力、速度、持続力、精密に細工をする能力、鋭敏な知覚力・反応力等々において明らかに劣っている。では、優れている点はどのようなものか。調整力・統合力・判断力、思考力、想像力においては、あきらかに人間は優れている。だから、人的資源の活用は、人間の優越している面を利用しなければ有効的ではない。かくして、肉体労働者は次第に機械装置に変えられ、知識労働者が主力として利用せられるようになってきている。

人的資源の活用には、更に重要な点がある。それは、人的資源は、人間そのものに体化せられており、切り離すことの出来ぬものであることである。人的資源は人間そのものであり、人的資源はその直接的所有者と不可分離であり、企業にその直接的所有者がその人的資源を売り渡した後といえども、企業はその資源を企業の手によって利用し活用することは出来ない、ということである。人的資源は、それを活用するかしないか、どのように活用するかは、その資源をわが身体に体化せしめている人間の意思如何にかかる。かくして、動機づけ＝モチベーションがきわめて重要となる。そしてまた、人間と人間との結合関係たるフォーマル・オーガニゼーションおよびインフォーマル・オーガニゼーションが重要なものとなってくる。脅怖心を動機づけに用いることの古さ、愚かさを笑うドラッカーは、X理論＝Y理論で名を馳せたマグレーガーの主張に六年も先立っている[20]。

人的資源の忘れてならぬ特性として、人間の成長発展がある。人間は各人それぞれ内から成長発展する。だから、仕事は各人をそれぞれその成長を促すものであり、妨げるものであってはならない。適材適所であり、しかも、それぞれの仕事が各人の発展に資するようにデザインされておらねばならない。標準労働者・標準作業量の思想は非人間的であり、非能率的でさえある。学習の速度と学習能力との混同はゆるされないことである。人的資源がこのような特性をもつことを理解すれば、教育の重要性が再認識せられることになる。

5　経営者の社会的責任

多くの管理論者は、経営者の社会的責任を論ずることをしない。彼等はひたすら企業の機能性の追求、企業の成長に貢献する理論の構築、技術の開発に関心をむけている。だが、企業を社会における制度として把らえ、その企業の生命を支配するダイナミックな存在として経営者を位置づけるドラッカーにとって、管理を論じて機能性の追求のみで終ることはありえない。当然終りに経営者の社会的責任を論ずることになる。

経営者の社会的責任とは何か。

何よりもまず、企業を機能せしめ、企業を維持することである。企業は社会の構成要素であって、企業の存続なくして現代社会の存続はない。経済的機能として財・サービスを提供して顧客を創造し、利潤をあげてその企業を維持すると同時に、社会全体を維持しなければならぬ。

次に、企業活動をどのように遂行するか。その企業活動の仕方・在り方が、社会の要請に応えるものであらねばならない。所得と雇用と老後の安定をはからねばならぬ。雇用の機会均等、昇進の機会均等をはからねばならない。企業の決定一つ一つが社会を形成してゆくのである。

さらに、経営者は企業活動の結果について責任をもたねばならない。とりわけ、企業活動の基本はイノベーションとマーケティングである。イノベーション＝革新は、新しい知識・新しい方法、新しいものであるから、かならず未知なるものをふくみ、新しい方法・新しい製品はかならず付随的な新しい未知なる現象を生む。さまざまの形の社会的インパクトを惹起する。ときにはプラスの方向でのインパクトを生ずることもあろうし、マイナス方向のインパクトを生じもするであろう。公害と呼ばれるものもその一つである。企業活動はイノベーションを基本活動とするかぎり、この社会的衝撃からまぬがれることは不可避であり、それに対する責任もまた不可避である。

だが、企業が社会における決定的・代表的・構成的な制度であるからといって、社会における諸機能の一切について指導的役割を果たすことは誤りであるし、教育・行政・司法・宗教・芸術等々の領域に対する責任はない。企業は経済的機能の面において成果達成の責任があるのであって、その機能達成にかかわるかぎりにおいて責任があるのであって、その限界を知らねばならない。他の諸制度が当然担うべき責任の領域を不当に侵害すべきではない。

現代大企業は株式会社形態をとり、株式会社は所有に支配の根拠を置く法体系によって成り立っている。だが、現代企業の支配者は経営者であり、経営者は所有者ではない。では、経営者支配の正当性は何を根拠とすべきであるか。法的には経営者の権力は非正当である。[21]かつてこのような指摘をドラッカーはした。今や彼は、経営者支配を正当づけるものは、現代企業の制度的現実に即応した経営者の社会的責任の遂行にある、とみているとしてよかろうか。[22]

六　時間――非連続の連続――

ドラッカーの管理論の大要は、おおむね前節のように把握してよかろう。もっとも、彼は以上の論述をこえて彼の管理技術論である目標管理を中心にすえて、経営者機能のより効果的なあり方を追求し、さらには彼の把らえる企業の基本的機能たるマーケティングとイノベーションを原理的・実践的に追求していっている。そしてまた、彼は企業管理論として展開したものを、更にビジネスだけではなくノンビジネスの組織にも通用するものに一般化したマネジメント論を展開した。

この彼の管理論の内包的・外延的充実化は、きわめて当然為さるべきものが彼によって為されたとの感を深くする。この彼の管理論の展開ならびにそれを支える現代社会論たるドラッカーの世界を、別の切り口から接近して行きたい。その切り口は、「時間」である。

人間にとって、企業にとって、そしてあらゆる組織体にとって、時間ほど大事なものはない。この世に存在するものに全て平等・公平に与えられている。この時間をどのように過すか、その時間にどのような内容を与えるか、それが人生であり、会社の、またすべての組織体の内容である。時間がどのような内容をもって経過したか、それが時代である。ドラッカーは、時代を見つめ、昨日・今日・明日を見つめ、管理をその中においていかになすべきかを論じている、ただ一人の管理論者である。もちろん、彼は単なる管理論者ではなく、哲学者であり、歴史家であり、経済学者であり、社会学者であり、作家でもある。

彼の著作を、時間を追って処女作から最新作まで、時間がどのように登場し、時間がどのような内容をもたされているかを、みてゆくことにしよう。

ドラッカーは、『経済人の終焉』（一九三九年）および『産業人の未来』（一九四二年）を世に問うことをもって、思想界に登場した。だが、その前に、『フリードリッヒ・ジュリアス・シュタール[23]』（一九三三年）をチュービンゲンで出版している。私はこの本を目にしていない。だが、「保守的国家学と歴史的発展」という副題は、若干の手掛かりを物語っている。すなわち、「歴史的発展」という言葉は、彼が、はじめから事物に対する史的指向、発展的把握をもっていたことである。そして、「保守的」という言葉も意味深い類推を呼ぶ。すなわち、ドラッカーは自分を進歩派に身をおかず、保守派として生きてきた。彼は左翼ではない。保守派が発展を論ずるとはどういうことか。「保守的国家学と歴史的発展」の内容は、おそらく保守的国家学が社会の歴史的発展をとどめる反動的役割を果たしたというような内容のものではあるまい。何とか、この本を入手して、読んでみるほかない。

ついでに、彼における保守と発展をみよう。彼は古き良き時代をこよなく愛惜する。彼は未来より過去のよき時代を愛している。それは、彼が彼を軸にして彼の生きてきた時代を、その時々の人を語ることによって画こうとした、特異の自伝的著作『傍観者の時代』（一九七九年）によく表明されている。邦訳書名は、『傍観者の時代――わが20世紀の光と影[24]』となっている。古き良き時代への愛惜の強さは、『ザ・ラースト・オブ・オール・ポシブル・ワールド[25]』＝邦訳書名『最後の四重奏』という彼にたった一つの小説を書かせるまでにこりかたまっている。日本の中世水墨画を中心としたドラッカー・コレクションもその一端といってよかろう。

その保守派が同時に発展を論ずるのは何故か。彼が時代を冷静にみつめているからである。時代が財産社会＝商業社会の終焉と組織社会＝産業社会の発展の同時進行的情況にある、という認識をもったからである。産業社会の発展が古き良き時代を喪失せしめ過去のものたらしめつつある運命を、運命のままに享受しようとしているからである。彼は学問的著作においては、現在と未来を語り、そして文学的な著作においては古きよき時代を語るまことに奇妙ともいうべき人物である。きわめて保守的な人間が、もっとも適確に未来を語り、そのための現在を説くとは、何たることか。

彼のまことにすぐれた未来観とその理論化に、時として私はわずかのずれを見出す。そのずれは、この彼の古き良き時代への愛惜の強さによるものであろうか。折あらば、あとでふれよう。

『経済人の終焉』と『産業人の未来』において、彼が示す歴史観は「非連続の連続」である。経済人の社会＝財産中心の社会＝商業社会は次第に終焉を迎え、そして産業人の社会＝組織中心の社会＝産業社会がかわってやってくる。だが、それは同時進行的である。だから、非連続の連続というのである。

社会の物的現実は既に重点を財産中心から組織中心に移しているのに、それに伴う意識は未だ過去のままであり、しかも過去の意識が物的現実と適合しない割け目にナチズムは登場し、大衆は寄る辺なきままに追随したと把握した。そして、第二次大戦こそ来るべき「産業人の未来」をめぐる戦いである。彼は言う。「要するに、私の仕事は、基本的問題を徹底的に考えること、基本的論点を理解すること、現在の自由社会の基礎の上から新しいアプローチを用意することである。私は、未来の産業社会がどう見えるかを知ろうと思っているのではない。いかにしてそこに行きつけるかを示すことができるように望んでいるのである。」

彼のこの『産業人の未来』は、第二次大戦を自由な多元的な産業社会か、一元的な自由なき産業社会かをめぐる戦争と把らえたものであり、いかに自由な多元的社会をつくるかの書であった。そして、彼のその後の全著作は、産業社会とはいかなる社会か、いかにして自由にして機能する社会をつくるかの筋道を示したものであるといってよい。そして、企業は、またあらゆる組織がマーケティングとイノベーションを基本的な機能とし、それによってのみ存続可能となり、かくして事物の全てが非連続的となり、果ては不透明な不確実な社会となってきた。これはドラッカー理論であり、ドラッカー理論の指し示す通りの社会になってきた。自由主義圏といわれる国々も、共産圏といわれる国々もまた同じようにドラッカーの指し示す通りに動いてゆきつつある。彼の理論そのものは、学問的精緻さ・堅牢さを誇ってはいない。学者をして、彼の理論の理解に挑戦せしめない。難解なところはどこにもなく、あくまで平明であり、現実的・実際的である。だから、理論的追随者をほとんど生まない。だが、戦後世界においてドラッカーほど多く読まれた学者はないこと、そしてドラッカー理論の言う通りに進んで行っているということは、彼によって戦後世界はデザインされ、彼のデザイン通りにつくり上げられつつあるとさえ言える。こうまで言いたい程、彼の理論・彼の予言通りに戦後五〇年は動いてきた。そして、彼に代わる程の巨人が現われるまでは、彼の言うがままに世界は進んでゆくのであろう。

さて、彼は、『産業人の未来』の著者として、GMの組織、とりわけトップ・マネジメントの分析を依頼される。政治学的著作とも言うべき『産業人の未来』の著者を招くアメリカ大企業の懐の大きさ深さを思わせられる。このGMでの調査研究は、『会社という概念』(26)（一九四六年）として、その後のドラッカーの進路を決定づける。あるいは、このGMからの招聘がなかったとしても、多少の紆余曲折はあったとしても、彼はやはり現在のようなドラッカーになったかも知れぬ。そうではない産業社会の構図を画いたかも知れぬ。たとえば、大企業中心の理論ではない産業社会の構図を。

ともあれ、彼は大企業の内部に入りこみ、大企業を分析し、大企業を産業社会の決定的・代表的・構成的な制度であるとして産業社会を把握する『新しい社会——産業的秩序の解剖学』（一九五〇年）を書く。そして、大企業を維持し、いかに維持するかが産業社会を維持し、いかに維持するか、を左右する。このようなものとして、彼の管理論が展開されることになる。

彼の管理論の大要は、『管理の実践』（一九五四年）において示されている。『新しい社会』が一九五〇年に出されているから、僅か四年しかたっていない。天才と言うべきである。管理論においてもまた、時間が登場する。社会論における時間は歴史的時間であるが、管理論における時間は管理の対象としての時間である。管理論の中に、時間が大きなウエイトをもって登場してくるところに、彼の管理論の特異性がある。

彼の管理論は、自由な産業社会で決定的な役割を果たす存在が管理者であり、彼の職務はビジネスの管理と管理者の管理と働く人間とその仕事の管理の三者であるが、それに「時間」をつけ加えている。「いま一つ主要な要素が、あらゆる管理問題・あらゆる決定・あらゆる行動にある。それは管理の第四の要素というのは適当ではないが、付加的な面としてとり上げられねばならない。」

経営者は、常に現在において現在の企業を正しく経営し順当に利益をあげねばならない。だが、同時に未来において企業を健全に維持・存続・発展させねばならない。その為には未来を現在に先取りして決定し、行為しなければならない。経営的技術的進歩に伴って、現在における決定が実を結びその効果が確認されるまでの期間は、短くなるのではなく逆に長くなりつつある。経営者にとって、時間の管理が、基本的な職務としてとり上げられるのである。

経営者の任務をまず何より「経済的成果の達成」と把らえ、目標管理を提唱したドラッカーは、企業においてその経済的成果達成能力を高め、経済的成果を達成せしめるためには解決しなければならない経済的問題を取扱った『成果のための管理』[27]（一九六七年）を出した。この本は三部構成からなり、第一部「企業を理解する」、第二部「焦点を機会に合わす」、第三部「成果達成計画」となっている。もちろん、第二部に時間と市場・資源との関係、具体的には目標と時間の問題が論じられている。目標が時間を伴わねば、単なる意思表明にすぎぬ。経営の成果達成のために、経営者自身いかにあらねばならないか。経営者が効果的に行動することが、何よりも肝要である。彼は『効果的経営者』[28]（一九六五年）を出す。効果的な経営者の行動原則とはいかなるものか。彼が、第一に掲げるものは何か。「時間を重視せよ」ということである。ちなみに、第二原則以下は、期待されている事柄を知れ、強みを生かす、最重要事からとりかかれ、意思決定の原則、効果的な決定をとり上げている。効果性の発揮は、経営者の責務であり、それは経営者自身が自己修得すべきものである。

ここでは、時間はまず唯一無二の資源として把らえられる。これ以上に大事な資源はない。この資源は代替がきかない資源であり、いくら需要が多くても、その供給の弾力性はない。時間を必要としない事物はなく、しかも供給は限定されている。

この限定されている時間をいかに効果的に使うか。まず、必要な最少限の時間をかけられないということは、まったくそれは時間の無駄だから、そのような時間をかけるな。知識労働は、まとまった時間を必要とする。短時間では、せいぜい既に知っていることを考え、またはつねにやってきたことを行うだけである。だから時間診断をしなければならぬ。不必要なことを見付け、それをとり除くこと、他の人がやっても十分に出来ることは何か、経営者が浪費している他人の時間は何か。そして、時間の無駄を省け、経営における時間の浪費は、仕事の体系的な方法と将来の見通しの欠除、過剰な人員、組織上の欠陥・情報の不足である。そして、経営者自身の自由になる時間の整理と統合。さきに掲げた効果的経営の第二原則以下は、この効果的時間の使い方の内容をなすものである。

さて、『新しい社会』（一九五〇年）で、産業社会の秩序を解剖し、『管理の実践』（一九五四年）で産業社会の代表的・構成的・決定的な制度である大企業の維持・管理の実践・方策を論ずることによって、産業社会そのものの秩序とその維持の方途を示したドラッカーは、あらためて現代という時代はいかなる時代であり、いかなる世界か、そして明日の世界を展望するのである。その書が、『明日の道標』[29]（一九五七年）である。

彼は、この書でまず、機械論的因果論のデカルト的宇宙観から、パターン・パーパス・プロセスによって構成される新しい宇宙観への哲学的推転を語る。そして、新しいフロンティアとして教育社会・知識社会の到来、人類の共通目標としての経済発展と民族的階級闘争の出現、近代的政府の衰退、そして東洋の崩壊——西欧社会の公式による東洋の再編成を論ずる。最後に社会における人間の地位、これは考え抜いてみる必要がある。時代は、進歩から革新の時代へと推移したのである。

革新＝イノベーションの時代は、非連続の時代である。進歩は直線的な発展である。だが、イノベーションは異質のもの・異次元のものの創造である。だから、イノベーション＝革新によってのみ企業と社会が支えられている社会は、非連続の社会である。この非連続の社会の具体的様相を、彼は『非連続の時代—変貌する現代社会の案内図—』[30]（一九六九年）として画いた。邦訳書の書名『断絶の時代』は超ベスト・セラーとなり、断絶は流行語となったのは記憶に新しい。彼はこの書で連続性の終焉を語り、旧産業の衰退と新産業の興隆を中心に知識技術を論じ、国際経済から世界経済への推移、組織社会その管理と人間、知識社会化を論じている。

すでに彼は商業社会から産業社会への推移を非連続的に把握していたが、産業社会がイノベーションによって支えられることを明確にした彼は、現代社会そのものを非連続の時代と把握するにいたったのである。

『管理の実践』（一九五四年）は、彼の代表的な著作である。これを書き、そして『成果のための管理』と『効果的経営者』を書き、更に大きく『明日の道標』と『非連続の時代』を書き、豊富なコンサルタントの経験を積んだドラッカーは、二〇年たった一九七四年に『管理の実践』の「新版」を出そうとして、新しい本『マネジメント』[31]がなった。その内容については、彼は序文の中で次のように言っている。「必要とされたのは、経営者の新しい課題と責任に対して、一つの洞察を与える書物、なかんずく新しい目的意識と使命感を与える書物であった。したがって本書の標題『マネジメント——課題・責任・実践』は、私に関しては思いつくどの標題よりも、本書のねらいを的確に表現しているといえる。誤解のないために、ぜひここで付け加えておきたいことは、本書がたんに企業経営を論じたものではないということである。本書は政府などの公共機関、病院、大学など、大企業と同じ程度に良き経営を必要としながらも、一般的には企業に比して経営の遅れた状態にある組織体の経営についても相当のスペースを割いている。」「本書は経営のもつ社会的影響と社会的責任についての章を最重要視している。」

彼は、『管理の実践』において、経営者の基本的三大職務に加えて時間の管理をあげたが、それは経営者にとって決定的な重要事として、今日の企業より成果をあげ利潤をえると同時に、明日の企業を健全に維持するために今日只今同時並行的な決定と行動をしなければならぬということであった。このことを、一書をもって論じたものが『乱気流時代の経営』(32)（一九八〇年）である。四部構成の組み立てがそれを明らかに示している。その第一部は「今日をどう経営するか」、第二部「明日のための経営」、第三部「変化に適応した経営」、第四部「乱気流環境の中の経営」となっている。

『管理の実践』で彼がはじめてうちたてた企業の二大基本的機能はマーケティングとイノベーションであった。これを更に深め拡げたものが、『イノベーションと企業家精神——実践と原理』(33)（一九八五年）である。

『管理の実践』において、企業における管理として論じられたものが、『マネジメント』においては、学校、病院、軍隊、行政等の管理一般のこととして、今日と明日の同時的時間管理が企業における特質と論じられたものが『乱気流時代の経営』においても全ての組織体に通用する問題として、企業特有の機能とされたマーケティングをイノベーションが『イノベーションと企業家精神』においては、あらゆる組織体に通じる問題として論じられるにいたっている。

なぜ、彼はひとつ企業のみの問題としてでなく、組織体一般の問題として論じえなかったのであろうか。それは彼の『見えざる革命――年金基金社会主義のアメリカへの到来』[34]（一九七六年）にも示される時代認識についての彼自身によって切り開かれているドラッカー理論の不徹底であるように思われる。その問題は、それ自体一つの問題である。

彼の最新の著作は、『マネジメント・フロンティア』[35]（一九八六年）である。彼は何故、つねに、明日を語り、フロンティアを語ることが出来るのか。それは、彼の「非連続」アプローチである。何が衰退し、何が成長してゆく芽であるか。彼の眼は社会の一切をそのように見ている。

注

（1）すさまじいまでの審美眼によってあつめられた「ドラッカー・コレクション、水墨画名作展」カタログを時折り開き、このコレクションの質量に私は感嘆する。そして、これは日本人がドラッカーの日本に対する貢献の大きさがどれだけのものであったかを示す何よりの証拠であるといえようか。

（2）Peter F. Drucker, *The Frontiers of Management*, 1986.（上田惇生・佐々木実智男訳『マネジメント・フロンティア』ダイヤモンド社、二六九頁、第28章「教養学科としてのマネジメント」）からの引用であるが、終身雇用制の日本における形式に、彼の発言が寄与したということも、この論文では言っている。明らかに、言い過ぎである。だが、彼がそのように思ったことは事実であり、彼がそのように思うに至る背景、そして彼の理論と日本の戦後企業の状況との相即的関係に思いを馳せたとき、彼の言い過ぎをとがめることの出来ないものがある。

この論文は、彼のつとめているクレアモント大学の大学院紀要・一九八五年に載せたものであるが、ついでに終りの一節もここに引用してみよう。

「独立した体系としてのマネジメントは、ドイツ人がガイステス・ヴィッセンシャフト（精神科学）と呼び慣れしてきたものである。このとらえどころのない言葉の訳語はソーシャル・サイエンス（社会科学）よりはモラル・サイエンス（精神科学）に近い。あるいはあの古風な言葉リベラル・アーツ（教養学科）こそ最も適切な訳語かも知れない。」

現代企業論、現代社会論に立脚した彼のマネジメント論、経済を意識しつつ、組織構造を考え、正当性の根拠を問い、価値や信条をも問題として研究してきたと彼自ら言うところの彼のマネジメント論、独立した体系としての彼のマネジメント論は、「リベラル・アーツ」と呼ぶのが適切であろう。リベラル・アーツは教養学科（課目）であり、専門学科（課目）に対するものであり、芸術・自然・社会・人文の課目を含む。リベラルの原義は、（けちけちしない、豊かな、十分な、厳格でない）と辞書はいう。

専門課目として、あるいは科学としてマネジメントを研究することは不可能ではあるまい。だが、独立した体系としてマネジメントの総体を把握し、記述しようとしたとき、マネジメントは科学ではなく、リベラル・アーツとならざるを得ないであろう。

（3）P. F. Drucker, *The Practice of Management*, 1954.（野田一夫監修、現代経営研究会訳『現代の経営』正・続、自由国民社、一九五六年、ダイヤモンド・エグゼクティヴ・ブックス版、一九六五年）。

この書物がおそらく、ドラッカーのベスト・セラーであり、ロング・セラーであろう。この本と坂本藤良「経営学入門」カッパ・ブックスが、日本における経営学ブームの火付け役となった。*Practice of Managent*, 1954. が『現代の経営』と題されて自由国民社から出版されたのは、一九五六年とずれがあり、しかも厳密に言って完訳ではなかった。*Managing for Results*, 1964.（野田一夫・村上恒夫『創造する経営者』ダイヤモンド社、一九六四年）から以降の本は多く日米同時発売、また何故か翻訳されてない本もある。

ドラッカーが経営・マネジメントに関するライターとなり学者となったきっかけをなすＧＭ研究の著 *Concept of the Corporation*, 1946.（下川浩一『現代大企業論』未来社、一九六六年、岩根忠『会社という概念』東洋経済新版社、一九六六年）、である。売れるとも思わなかったこの本は大ヒットしこの本が世界的な経営学ブームの火付け役を果たした、と彼は彼の自伝的著作 *Adventures of a Bystander*, 1979.（風間禎三郎訳『傍観者の時代――わが20世紀の光と影――』ダイヤモンド社、四〇四頁）に語っている。「この著作は、それまで知られてもいなかったし教えられてもいなかった一つの主題、つまりマネジメントという学問分野の確立に確かに寄与した。『会社という概念』は良くも悪しくも、ここ30年間の〈経営学ブーム〉の火付け役を果した。」

経営学がブームとなったという事実、そしてそのことの意味・意義を考えることは大事である。だが、彼がそれまでマネジメントが知られても教えられてもいなかったといい、そしてこの本がマネジメントの学問的確立に寄与したという発言は、そのまますっと耳に入ってこないものを覚える。大した問題ではない。なお、このドラッカーの本は、日本ではあまり売れなかった。

（4）野々村一雄・宮鍋幟・志水速雄編訳『ソヴエト経済と利潤』日本評論社、一九六六年、堀健三『ソ連経済と利潤――リーベルマン論争と社会主義経済の行方――』弘文堂、一九六六年。

（5）ドラッカーによって把握された新しい企業観に関する叙述は、主として、彼の *The New Society: The Anatomy of the Industrial Order*, 1950.（現代経営研究会訳『新しい会社と新しい経営』ダイヤモンド社、一九五七年）によった。

（6）ドラッカーは、ヴェブレンをとり上げてはいないが、ここではとり上げてみた。Thorstein Veblen, *The Theory of Business Enterprise*, 1904.（稲森利夫訳『企業の理論』南北書院、一九三一年）。

（7）前節で紹介した『管理の実践』の中の第五章 What is a business の中の「富を生み出す諸資源の生産的利用」の項の叙述を参照されたい。

（8）所有からの経営・支配の分離、経営者支配については、ドラッカーもバーリ・ミーンズの『現代株式会社と私有財産』から学んでいる。

（9）管理の技法よりもむしろ、管理の概念、管理のイデオロギー、むしろドラッカーイズムというべきものに、戦後の日本は大きく影響された。ドラッカーも日本人もそれをよく自覚的に意識していないかにみえる。これについては、また後に触れよう。

（10）彼の現代社会論に関する叙述は、主として、*The Future of Industrial Man*, 1942.（田代義範訳『産業人の未来』）により、あわせて *The End of Economic Man*, 1939.（岩根忠訳『経済人の終わり』東洋経済新報社）。それから前節でつかった *The New Society*. を利用した。

（11）ドラッカーの現代企業論、そして企業管理論、さらに管理論は、彼のゼネラル・モータース社のトップ・マネジメントの一九四四年から二カ年に及ぶ招待されての研究、その研究書は *Concept of the Corporation*, 1946. として刊行されたが、これが大きな役割を果たしたことは、言うまでもない。

だが、それにもかかわらず、彼の『経済人の終わり』、『産業人の未来』なくしては、彼の大企業論もなければ、彼の管理論もありえなかったと思うものである。

一九七二年六月付で、三五〇〇頁になんなんとする『ドラッカー全集』全五巻、ダイヤモンド社が出版されたが、その序文として、彼は「文筆家兼学徒としての著作にたいする回想」という興味深い一文を寄せている。彼のこの文章は、主として『経済人の終り』、『産業人の未来』を中心として話を運んでいる、といっても過言ではない。この二著は彼にとっても特別の意味をもつものといって差支えない。

（12）『産業人の未来』一九四二年さらには『新しい社会』一九五〇年を書いた段階では、彼の視野の中には、ノン・ビジネスの組織体はまだしっかりとは把らえられていない。この点については、後でまたふれることにしよう。

彼の産業社会論を彼の社会の純粋理論によって、把握叙述するためには、ノン・ビジネスの組織体をも視野に納めた方がより適切であると考えたからである。

(13) ドラッカーの商業社会論、産業社会論については、拙著『ドラッカー』未来社の第二章を参照されたい。
(14) ドラッカーの労働組合論については、拙著『ドラッカー』の補論一「現代企業と労働組合」を参照されたい。
(15) P. Drucker, *The Future of Industrial Man*, 1942.（田代義範『産業人の未来』未来社、第六章「自由な社会と自由な政治」）より引用。
(16) ドラッカーの自由論については、拙著『ドラッカー』未来社、第1章「自由論」を参照されたい。
(17) P. Drucker, *The Practice of Management*, 1954.（野田一夫監修『現代の経営』ダイヤモンド社）。
(18) P. Drucker, *Concept of the Corporation*, 1946.（下川浩一訳『現代大企業論』未来社）は、ドラッカーがゼネラル・モータースのコンサルタントとして同社の調査研究をした、その成果である。この書が、世界的な経営学ブームの火付け役となった、と彼は言っているが、わが国ではそれほど重視せられなかった。だが、この書物によって政治学者ドラッカーは経営学者ドラッカーとメタモルフォーゼを遂げてゆくことになる。ドラッカーにとり、本書は特別の意味をもつ。経営学者ドラッカーの生誕は、ひとりドラッカー個人的意味をはるかに超えた事件であると言ってよいように思われる。
(19) 三戸公、榎本世彦『フォレット』同文舘、「エピローグ」の「Ⅳ．フォレットとドラッカー」を参照されたい。
(20) D. McGregor, *The Human Side of Enterprise*, 1960.（高橋達男訳『企業の人間的側面』産業能率大学出版部）。
(21) P. Drucker, *The Future of Industrial Man*.（田代訳『産業人の未来』第4章「20世紀の産業的現実」）。なお、三戸・上田・斎藤・麻生・晴山『ドラッカー――新しい時代の予言者』有斐閣選著、終章の2、「権力の正当性の探究」を参照されたい。
(22) ドラッカーは経営者権力の正当性を問題とする。経営者権力に正当性を賦与しようとする。だが、経営者の社会的責任の遂行が正当性の根拠となるとは、彼は言いきってはいない。
The Practice of Management, 1954. の最終章＝結論は「経営者の責任」であり、*Management*, 1974. の最終章＝結論は「経営者の正当性」である。『マネジメント』は三部構成となっているが、「経営者の社会的責任」は第一部の終りに置かれており、結論の「経営者の正当性」の章においては「経営者の社会的責任」論が必ずしも再論せられているわけでもない。もちろん、無縁のことが述べられているわけではないが、経営者権力の正当性は経営者の社会的責任の遂行にあるとは一度も明言していないし、この章においては「経営者の社会的責任」という言葉さえほとんど出てこないのである。何故であろうか。機会があれば再論したい。
(23) P. Drucker, *Friedrich Julius Stahl, Konservative Staatslehre und Geshichtliche Entwicklung*, 1933.
(24) P. Drucker, *Adventures of a Bystander*, 1979.（風間禎三郎訳『傍観者の時代――わが20世紀の光と影』ダイヤモンド社）。
(25) P. Drucker, *The Last of All Possible Worlds*, A Novel, 1982.

（26）P. Drucker, *Concept of the Corporation*, 1946.（下川浩一訳『現代大企業論』未来社）。
（27）P. Drucker, *Managing for Results*, 1964.（野田一夫・村上恒夫訳『創造する経営者』ダイヤモンド社）。
（28）P. Drucker, *The Effective Executive*, 1967.（野田一夫・川村欣也訳「経営者の条件」ダイヤモンド社）。
（29）P. Drucker, *The Landmarks of Tomorrow*, 1957.（現代経営研究会訳「変貌する産業社会」ダイヤモンド社）。
（30）P. Drucker, *The Age of Discontinuity; Guideline to Our Changing Society*, 1969.（林雄二郎訳『断絶の時代——来るべき知識社会の構図』ダイヤモンド社）。
（31）P. Drucker, *Mangement; Tasks, Responsibilities, Practices*, 1974.（野田一夫・村上恒夫監訳『マネジメント——課題・責任・実践』ダイヤモンド社）。
（32）P. Drucker, *Managing in Turbulent Times*, 1980.（堤清二訳『乱気流時代の経営』ダイヤモンド社）。
（33）P. Drucker, *Innovation and Entrepreneurship*, 1985.（小林宏治監訳『イノベーションと企業家精神』ダイヤモンド社）。
（34）P. Drucker, *The Unseen Revolution: How Pension Fund Socialism Came To America*, Harper & Row, 1976.（佐々木実智男・上田惇生訳『見えざる革命——来たるべき高齢化社会の衝撃』ダイヤモンド社、一九七六年）。
（35）P. Drucker, *The Frontiers of Management*, 1986.（上田惇生・佐々木実智男訳『マネジメント・フロンティア』ダイヤモンド社）。

第三章　ドラッカーの自由論

――人間の本性――

初出、「ドラッカーの自由論」『ドラッカー』未来社、一九七一年

一　はじめに――マルクスとドラッカー――

人間としての人間を、そして人間的なものとしての世界にたいする彼の関係を前提したまえ。そうすれば、君は、愛は愛とだけ、信頼は信頼とだけ、交換することができるのだ。もしも君が美術を享受したいと思うなら、君は芸術的素養のある人間でなければならない。もしも君が他人に感化を及ぼしたいと思うなら、実際に他人を刺戟しふるいたたせる人間でなければならない。

君が人間にたいしてまた自然にたいしてふるまうとき、それらはすべて、君の現実の個人的生命が、君の意志の対象におうじて、それぞれ特定のしかたで発現したものでなければならない。もしも君が相手の愛をよびおこすことなしに愛するならば、すなわちもしも君の愛が愛として相手の愛をつくりださないならば、もしも君が愛しつつある人間としての一個の生命発現によって君を愛される人間とするのでないならば、君の愛は無力であり不幸である。

（傍点は原文）

彼は、人間ないし人間関係は、本来このようなものであるべきであるし、このようにありたい、と願った。その願いのつよさは、この文章の緊張度のなかに十分読みとることができる。そしてその彼はアセンズの落ちぶれたタイモンの洞窟の前の独白のなかに、貨幣の本質をみた。

金、貴くきらきら光る黄色い金、
いや神々よ！
こいつがたくさんありさえすれば、
黒いも白いに、みにくい女も美人になり、
悪人も善人に、としよりもわかものに、
臆病者も勇敢に、卑しい男も貴人になる。
こいつはね、……祭壇から坊主をおびき出す。
なおりかけの病人からやわらかい枕をひったくる。
まことに、この赤い奴隷めは、信仰のきずなでさえも、
ゆるめもすれば固めもする。呪われたものでも祝福する。
癩病やみでもいとしくし、泥棒さえも尊敬させ、
元老院なみの地位と拝跪と権勢を泥棒さまにさしあげる。
さかりのすぎた後家さんに求婚者をつれてくるのもこいつなら、
傷口に膿をため、反吐といっしょに病院から追いだされたげすな女を、
花かんばしい乙女に若がえらせるのもこいつめだ。
いまいましい金属め、諸国民の間に争いをおこす、きさま、下等淫売め。

（シェークスピア『アセンズのタイモン』第四幕第三場）

だから、彼は貨幣の秘密を徹底的に解き明かし、貨幣の転化物たる資本、すなわち自らは働かずして貨幣を恒常的規則的にしかも合法的に取得可能にする仕組みを、暴きつくそうとすると同時に、それを廃絶する論理を現実そのものにおいて把らえんとした。そうすることによって、彼は、彼の希求する人間のあり方の実現する社会の到来を可能ならしめる具体的な筋道を求めたのであった。

彼の理論は、人間は、したがってまた社会は、かくあるべしという理論すなわち規範論と、現代社会はこのようになっているという現状把握の理論と、現状をかくあるべしという方向にもってゆくための政策論からなりたっている。いうまでもなく、彼の名はカール・マルクス（Karl Marx, 1818–1883）であり、冒頭の引用文は、『経済学＝哲学手稿』の一節である。

さて、ピーター・ドラッカーの理論もまた、マルクスと同じように、人間、したがってまた社会、かくあるべしとする規範論と、現代社会はこのようになっているとつかまえる現状把握の理論と、現状をかくあるべしという方向へ導いてゆくための政策論からなりたっている。すなわち、ドラッカーが希求したものは「自由」であり、彼が自分自身にもまた他人にも課そうとした規範は自由であった。そして、彼は現代社会を専門化と統合という組織の原理によってつらぬかれる社会としての産業社会であると把握し、この産業社会において自由が実現する方策としての独自の経営管理理論を展開するのである。ドラッカーの理論は、ごく大ざっぱにいって、このようにまとめることもできよう。さて、規範論と現状把握理論と政策論からなり立っている理論を、あまり適切な表現ではないが、適当なものが見つからないので、とりあえずグローバルな理論となづけることにする。マルクスの理論もドラッカーの理論も同じようにグローバルな理論であり、マルクスもドラッカーもいずれもグローバルな理論家である[1][2]。ドラッカーとマルクスとの対比はここでおわる。

わたくしは、まず、ドラッカーの規範論をみてゆくことにしよう。彼は、人間、そしてまた社会は、本来どのようなものであり、どのようにあらねばならないと把握していたか、これをみてゆくことにしよう。

二　自由――責任ある選択――

マルクスが資本主義の告発者であるとするなら、ドラッカーは全体主義の告発者として登場した。自由を最高の価値として抱懐しているドラッカーは、自由を圧殺する全体主義のもとで生きてゆくことができなかった。彼はヒットラー・ナチスから追われ、その後につづく文筆活動のいっさいは、まさに、自由の擁護といってもよい。

彼の第二作 *The End of Economic Man ― The Origins of Totalitarianism ―*, 1939.（岩根忠訳『経済人の終り――新全体主義の研究――』）の「序文」の冒頭は、つぎの文章で始まっている。「これは政治的な書物である。それなりにここでは、世間を超越した学者の態度や、新聞記者の周到な不偏不党の立場で書いているとはいわない。この書物には政治的な役目を果たさせたい願いがこめてある。自由をすてて全体主義にかたむいてゆこうとする兆しの多いきょうこのごろ、このすう勢に対抗して、自由を擁護しようという意欲を強め高めたいというのがそれである。これには、ヨーロッパの伝統の基本的なものの考え方と、全体主義の考え方との間には、妥協はありえないという、予見的確信がもとになっている。」

彼は、自由を圧殺する全体主義の社会と戦い、自由な社会を指向し、自由な社会をうちたてようとする。だからこそ、全体主義とは何であり、それは何故生まれてきたか、いかなる運動法則をもっているかを冷静に見定めようとする。マルクスが人間の本来的なあり方をねじまげる貨幣と資本とはいったい何であり、いかにして生まれてき、いかなる運動法則をもっているかを、冷静に徹底的に見ようとする態度と同じである。マルクスは、そのとき自由の敵として貨幣・資本・資本主義を把らえ、ドラッカーは全体主義を自由の敵として把らえたわけである。そのとき、ドラッカーにしろ、マルクスにしろ、自由を熱望し希求するのあまり、対象・敵の把握において冷静さを欠き、対象の客観的把握が主観的把握におちいったとすれば、それはそれだけ、彼らの科学的精神の弱さを物語るものである。彼らの作品の価値は、彼らの科学的精神の強靱さに支えられるものである。彼らがもとめる自由にたいする願いの熱心さは、決して彼がむかう対象にたいする冷たさと矛盾するものではない。ヴィルトゥオーゾにとっては、願いにたいする熱がつよければつよいほど、対象にむかう冷たさはいやますのである。

では、ドラッカーの希求する自由とは、いかなるものであろうか。いま、その序文の一部を引用した処女作『経済人の終り』は、彼自身、この書は自由擁護の書だと宣言してはいるが、自由の何たるかについてその概念を積極的なかたちでは論じてはいない。ここでは、彼は、彼が自由の敵として告発の対象としたファシズム・ナチズムの社会的経済的研究に終始している。第二作 *The Future of Industrial Man — A Conservative Approach —*, 1942.（田代義範訳『産業人の未来』）の第六章「自由な社会と自由な政治」において、はじめて、徹底的に論じられる。[3]

もともと、自由とは何かについての意見は人の顔が違うほど数多くあるとさえいわれている。[4] いったい、ドラッカーはどのような内容のものを自由と把らえていたのか。あるいは、ドラッカーが自由という名で言いあらわそうとしているものは、どのようなものであろうか。

もちろん、彼のいう自由は、好き勝手なことをする気ままとか、放縦とかいったようなものではない。むしろ、まったく、その逆のものでさえある。だから、彼は、次のようにいう。「自由は、楽しいものではない。それは、個人の幸福と同じものではなく、安全ないし平和および進歩でもない。芸術や科学が繁栄する状態でもなければ、また、すぐれた清らかな統治ないし最大多数の最大の福祉でもない。以上のことは、自由が、これらの価値のすべてであるいはそのいずれかと、本来的に両立できないと言っているのではない。——両立しないかもしれないし、ときには両立しえないであろうけれども、ともあれ、自由の本質は別のところにある。」

自由が個人の幸福でもなければ、安全、平和、進歩でもなく、はたまた文化、芸術、学問の繁栄でもない。[5] さらには立派な政治でもない。というのなら、いったい、彼は自由の名において、何を求め、何を守ろうとしているのであろうか。彼が、個人および社会の幸福繁栄を犠牲にしてまでも、——別に彼のもとめる自由がつねにこれらと対立し、両立しないというのではないが、しかし、自由が脅かされた上に築かれた幸福繁栄なら——守ろうとしたものは、どのようなものなのであろうか。彼は、端的に言う。

「それは、責任ある選択 responsible choice である。自由とは、権利 right というよりはむしろ義務 duty である。真の自由 real freedom は、何物かからの自由ではない。そんな自由は許可証（ライセンス）のようなものであろう。真の自由とは、何事かをするかしないか、ある方法をとってやるか他の方法でやるか、ある信念をもつかあるいはそれと反対の信念をもつかについての二者択一の自由にほかならない。それは免除 release ではなくて、責任である。それは面白楽しいものではなくして、人間に負わされた最も重い荷物である。すなわち、社会的行為はもちろんのこと、彼自身の個人的行為を彼自身で決定し、この二つの決定にたいして責任をもつことである。」

彼のいう自由は、直截である。責任ある選択、これである。個人は誰でも、どのような考えをもつか、何をするか、どのような手段方法をとってそれをするか、の決定に関しそれは自分自身がなすべきであり、それに対して責任をもつべきである、というのである。意志決定はつまるところ選択にほかならないから、責任ある選択を自由というのである。だから、自由なきところ、すなわち、各個人が責任ある選択をなさないところにも、幸福や安全や平和や進歩はあるであろう。各個人の自由のもとに、幸福や安全や文化が損なわれることもあろう。だが、それは奴隷の幸福であり、人間本来の生き方ではない。自由こそ、人間に負わされた最も重い荷物であり、この重い荷物を背負って生きつづけなければならない宿命のもとにある。人間とは、本来そのような存在なのだ、というのである。

では、このような人間観はどこから生まれたか。このような自由の概念の基礎は、奈辺にあるのであろうか。彼はいう。「自由の唯一の基礎は、人間の本性にかんするキリスト教の概念、つまり不完全で、弱く、罪人であり、塵となるべき運命をもった塵であるが、神の思召でつくられ、そして自分の行ないに責任をもつ、という考え方である。ただ、人が根本的に、つねにかわらず、自分を不完全で一時的なものにすぎぬと考えるとき、そのときにのみ自由は哲学的に本質的かつ必然的に存在する。またもし、人が基本的かつ不可避的に自分の行為と決定にたいして責任があると考えるならば、さらに彼が不完全であり一時的な存在にすぎないにもかかわらず、むしろそうだからこそ責任があると考えるならば、自由が政治的に可能になるとともに要求せられてくる。人間という存在に完全を求める哲学はどんな哲学でも自由を否定するものであり、倫理的責任を放棄する哲学もまた、そこに自由はない。」

人間は、本来不完全で弱く罪人であると考えるところに、人間の自由がある。人間の自由の基礎は、ここにのみあるといっている。そのことの確かさは、逆に、人間が己れを不完全で弱く罪人であり、やがて死すべき運命をもつものだと考えないところには、自由はない、ということを驚くほどの説得力をもって論じている。「人間の完全についての仮説、あるいは人間の完全性の認識や完全性にいたる過程の認識という仮説は、不可避的に専制政治と全体主義に導く。人間性全体から、ある一人の人物だけが完全であるとか、彼の仲間より完全に近いとか考えられるやいなや、自由は存在不可能になる。何故なら、人間の完全や完全性の仮説なるものは、人間の選択すべき権利と義務を是認するからである。」

完全な人間は絶対的な真理を所有している。彼は、少なくとも仲間より、真理に近づいている。あるいはまた、真理にいたる確実な道を知っている。だが、絶対的真理が認識されたり、認識できるのであれば、疑問や選択の正当性はない。絶対的真理にたいして自由すなわち責任ある選択はなく、絶対的な正しさに反対はあろうはずはない。真理が認識されているときにそれとは別の選択をすることや、正しいことが語られているときに利己的な意志決定をすることほど、おろかなことはない。もし頑強に固執すれば、悪事となり反逆となる。

完全ないしは完全に行ないうると思っている人はだれでも、絶対的な支配権を与えられているばかりでなく、支配を引きうけるべき道徳的義務がある。彼は批判や反対や意見を異にする勧告を無視するに相異ない。そして、まさに彼だけが彼の従属者にたいして何が善かを知っているのだから、彼は従属者の選択の自由についての一切の表現を義務として抑圧する。意見を異にしている者の拷問とその収容所、反対者にたいする射殺権、さらにすべての人々の言葉、行動および思想をスパイする秘密警察は、完全ないし完全性を要求したり、それをもっている支配者の観点からすれば、まったく正当なものである。なぜなら、支配者の命令を受け入れない人びとは、故意に真理を否認しているからである。彼らは喜んで、わざと悪を選択しているからである。

このことは、一人の、決して誤りのない支配者のかわりに、一団の人々をもってきても、ことがらはまったく同じである。専制政治以外の政治は、ある人あるいはある一団の人々が正しいとする仮説にもとづく以外には不可能である。「いかなる専制政治も絶対的真理と絶対的正義の主張に基礎をおいているものほどより圧制的、より完全なものはなかった。《汝等、神のごとく、善悪をわきまえるべし》という言葉は、つねに悪魔の助言であった。」

素晴しい論述である。自分が完全であり、あるいは自分が他人より優越していると信ずる者は、当然、他人が彼の意志に従うべきであると信じ、また他人を彼の意志に従わせる義務がある。彼だけが何が善であり何が悪かを知っており、彼だけがより善きものに到る道を知っているからである。彼と異なった意見をもつ者は、悪であり、人間を不幸におとしいれる者であり、人間の敵である。彼にとってある者は、服従者と味方と敵である。彼にとって、敵を放置することは悪である。彼と意見を異にする者、すなわち真理にはむかう者を黙認することはできない。表面化している反対者は勿論のこと、潜在的な反対意見者をも探し出して、彼らを絶滅させねばならない。自分の敵対者すなわち人類の敵を放置しておいてはならない。彼らを絶滅し、全員が彼に喜んでついてくるようにしなければならぬ。あらゆる手段をつくして。そうすることだけが、善であり、そうしないことが悪だからだ、というのである。完全者、優越者が一人であろうと一団の人間であろうと、事情はおなじだというのである。

三　自由——その本来的意味——

自由とは責任ある選択であり、責任ある選択こそ自由だとは、いったい、いかなることであろうか。「自由とは必然の洞察なり」という言があるが、必然に抗することは愚かであり、必然とは所詮はそうならざるをえないものだからである。だとすれば、必然を洞察し、それに立つ以外にない。責任ある選択が、人間にとって人間を人間たらしめる根本的決定であり、人間的必然であるとするなら、責任ある選択は人間にとって自由の根元的な意味となろう。そして、ドラッカーは人間は本来不完全であり、弱く、罪人であり、塵となるべき運命をもった塵であるという存在だから、そのように生きる以外にはないのだ、そのように生きることは、人間は責任ある選択をすることだ、そして、このような人間観は、キリスト教の概念なのだ、というのである。(6)

人間は知恵の果実を食べ善悪を知った。だが生命の樹の果実をとって食べるまえにエデンの園を追われた。神は全知全能であり、無限に生き、不死なのにたいして、人間は不完全でやがて死すべき運命にありながら、しかも知恵をもち、善悪を分別することのできる存在だというのである。この創生記の楽園追放の話は、キリスト教を信じようと信じまいと、その理解はきわめて容易であり十分に納得できるものである。人間は、かぎりある知によって生き、永遠ではなく限定せられた時間において生きる以外になくなった。

ブルトマンは、『イエス』Rudolf Bultmann, *Jesus*, 1926.（川端・八木訳、未来社）において、次のようにいっている。

「イエスにとって人の本質は意志に、自由な行為にある。」（五一頁）

「イエスは、人間というものは、その今ここにおいて、決断の中に立ち、その自由な行為によって決断する可能性を持っているのだ、と見ている。」（五七頁）

「人間は彼が出会うものにたいして絶対に保証せられてはいないとする。人間はなすべきことが何であるかをあらかじめ決めてかかることはできないのである。人間は決断の瞬間に根本原則へ、一般的倫理的理論へとってかえし、ここからなすべきことを演繹して、それによって決断の責任から逃れる、ということは出来ないのである。むしろ、決断の各瞬間は本質的に新しいのである。」（八七頁）

「決断の瞬間は、そこで一切の傍観者性が放棄されるような状況、今の時だけが問題になる状況なのである。今何をしなければならないか。何をしてはならないかを知らなくてはならない。そして過去や普遍からの尺度は何もない。このことを決断というのである。これは、もちろん、人にはその行為の経験上の可能性や体験的事象としての行為の結果が見透せないということではない。決断は、じっさいのところ、賭けではない。むしろ体験上の可能性に対する洞察がはっきりしていればいるほど、決断の性格は明確になる。決断とは、諸可能性間の選択は可能性への洞察によって決定しつくされるものではないということ、むしろ選択は自由であり、責任がつきまとうということなのである。」（九〇頁）

人間についてのこのような認識は、とくに信仰の対象と特別にかかわりがあるようにも思われないし、何かそこに神秘的なものも伏在しているとは思えない。そのとおりだと誰にでも納得できるものとも思われる。しかし、そのような認識に立ってつねに行動できるかどうかは、おのずから別である。このような認識にはっきり立つということが、ブルトマンのいう「イエスの歴史的な姿との出会い」であり、このような認識に立った行動をするようにつとめることが、いわゆる「キリストのまねび」というのであろうか。

いま、ここに、自分一人の意志において選択をするという自由は、考えてみれば、人間において普遍的事実であり、そのことを意識しようと意識すまいと、自覚的であろうと無自覚的であろうと、人間はつねにあらゆる場所でそのような自由の上にたっているのである。なぜなら、人間は誰でも、生きるということは、今、ここに、このようにしているということ以外にはありえないし、また、人間が意識あるかぎり、このままの状態でいるか、他の行動にうつるか、あるいは甲の行動をするか乙の行動をするか、たえざる選択、決定の連続の上に立っているからである。そして、人は誰も、この事実から離れることはできないのである。その事実から離れたとき人は人でなくなる。死である。このあたり前の事実を、ブルトマンはイエスにおける人間の本質といっている。キリスト教の何たるかを知らないわたくしには、ブルトマンのこの言葉がイエスの真実を伝えるものであるかどうかは知らない。しかし、聖書のなかには、このような事実を述べていることは、周知のことがらである。ドラッカーは、次のように言う。「自由の根は、山上の垂訓と使徒ポールの書簡にある。自由の樹の開花は聖オーガスティンだった。しかし、これらの根から二〇〇〇年の後、われわれはいまだに自由が決定や責任の問題であって、完全や能率の問題でないことを理解するのに苦労している。」（『産業人の未来』一〇五頁）

さて、われわれは、決断において迷い苦しむ。可能性の選択にその最終的見通しをもちえないからである。選択の結果を洞察しつくすことができない。過去の事実にもとづく予測だけについても、過去の事実についての知識にすでに限界性があるので不確実であり、ましてや未来におこる諸事象（過去の事実からの予測外の）まであるからである。人間は、誰も、自分の意志決定の結果を知りえぬ。しかし、まったく知りえぬものとして意志決定するのではなく、過去の事実にもとづいて、いくつかの可能性を設定し、そのうちの一つを選択するのである。その選んだ一つをあくまで可能性として、可能性が現実となる保証は百パーセントのものでないとして。

人間は、孤立的人間として存在していない。それはあくまで、ひとつの抽象である。人間は社会的存在である。個人の意志決定、選択が、彼が孤立的個人として存在するかぎりは、個人の問題であり、選択の結果は彼にのみかえってくるものであり、彼にのみかかわるものである。しかし、彼の意志決定は、彼が社会的存在たるかぎり、他人に作用を及ぼし、他人に直接間接かかわりをもたざるをえないものである。もっとも単純な、極端な例を引けば、甲が乙を殺そうと意志決定し行動すれば、それは乙自身の存在の抹殺である。あるいは、ある会社が汚水処理装置をもうけずに汚水を流せば、土地をけがし海をけがし、水俣病やイタイイタイ病さらには原因不明の奇病をつぎつぎに人に生ぜしめるのである。大きくは、ある人の意志決定が、戦争として大量の人間を殺したり殺されたりし、また小さくは小さな範囲で、人々は楽しくなったり悲しくなったり不愉快になったりするのである。社会的諸現象はいっさい個人の意志決定の結果の綜合である。

したがって、人間は、誰でも、彼の意志決定すなわち選択にたいして責任をもたねばならない。ある人は責任をもち、ある人はもたないでもよいというものではない。選択が人間の精神の働きなら、責任もまた同次元の精神の働きとして存在せしめねばならない。いっさいの選択は責任がともなわねばならない。選択は責任ある選択でなければならない。責任ある選択だけが自由でなければならない。このことも、別に、キリスト教をまつまでもなく、当然の論理だと思える。だが、やはり、この問題をキリスト教は、もっとも強く押し出しているように思える。「目には目を、歯には歯を」は、復讐の言葉ではなく、それは本来は責任倫理をといたものである。「もし人が互に争って身ごもった女を撃ち、これに流産させるならば、ほかの害がなくとも、彼は必ずその女の夫の求める罰金を課せられ、裁判人の定めるとおりに支払わなければならない。しかし、ほかの害がある時は、命には命、目には目、歯には歯、手には手、足には足、焼き傷には焼き傷、傷には傷、打ち傷には打ち傷をもって償わなければならない。」（「出エジプト記」二一章二二―二五節）「誰でも、人を撃ち殺した者は、必ず殺されねばならない。獣を撃ち殺した者は、獣をもってその獣を償わなければならない。その人が隣人に傷を負わせるなら、その人は自分がしたように自分にされなければならない。すなわち、骨折には骨折、目には目、歯には歯をもって、人に傷を負わせたように、自分にもされなければならない。」（「レビ記」二四章一七―二〇節）

ここに責任の何たるかが、もっとも明らかにのべられている。責任とは、人が人と接触し、関係をもつところに生まれてくる第一の倫理であり、それは社会の倫理である。この倫理こそ、社会倫理として根元的なものであり、社会をなりたたしめる基本的倫理であり、この倫理がより守られておればおるほど善い社会であり、逆に守られておらなければおらないほど、それは悪い社会である。(7)

以上、自由、「責任ある選択」についてみてきた。人間は、いま、ここにおいて、自覚しようとすまいと、可知と不可知の上に立って、たえず選択し、その選択の結果については人が孤立的個人でないかぎり責任をもたねばならない。このことは、誰しも認容せざるをえないことがらである。そして、このことについて、とくにキリスト教が多くのことを語っている。信仰の問題があるとすれば、その問題は、このことに繋がりをもちながら、しかもその彼方のことと思われる。なぜなら、このことの理解認識は、とくに信仰をまつまでもないからである。

四　自由――その歴史的意味――

自由とは、責任ある選択をいう。すなわち、人間はいま、ここに、不断に意志決定し、そしてその決定にたいして責任をもってはじめて社会は成立しえ、全体のなかの単位としてのインディヴィデュアルたりうる。人間とはまさに、かかる存在であり、自由こそ人間の本質である。だから、ドラッカーは次のようにいう。

「自由は人間存在 human existence の《本来的な》状態 "natural" state である。それは歴史的に人間 man の原初的状態 original condition でもなければ、心理学的に本能的または情緒的な選択でもない。だが、それは形而上学的 metaphysically に本来的 natural であり、必然的 necessary であり、不可避的 inevitable である。」（*The Future.*, 一〇二頁）

人間は、本来自由であり、そこから離れることも逃れることもできない。だがしかし、それは、人間にとって原初的な状態ではない。すなわち、責任ある選択は、本能的な状態でもなければ情緒的な選択でもない。人間が自覚的に責任ある選択に立ちうるのは、一定の人間精神の成長の上に立たねばならぬ。

選択なきところに自由はなく、責任のないところに自由はない。それは、「個人」の確立、我の自覚のうえにのみなり立つものである。だから、すべての人が自由なのではない。シモーヌ・ヴェーユ（Simone Weil, 1909–1934）は、次のようにいう。「善意を欠く人間たち、子供から抜け出せない人間たちは、どんな社会状態においても、けっして自由ではない。選択の可能性が共同の利益を損うまでに広範囲におよぶ場合、人間は自由にたいして歓びを感じない。なぜなら、彼らは、無責任、幼稚な言動、無関心といった避難場所、つまり、倦怠しか見出すことの出来ない避難場所に援けを求めるか、さもなければ、他人を侵害するのではないかという危惧によって、ことあるごとに責任の重圧に押しひしがれてしまうか、このどちらかの状態に追い込まれてしまうからである。このような場合、人間は、おのれが自由を所有すると誤認し、しかもその自由を享受していないと感じる結果、ついには、自由は善ではないと考えるに至るのである。」(シモーヌ・ヴェーユ『根をもつこと』、著作集、第五巻、春秋社、三二頁)

ヴェーユは、自由は善意を欠く人たち、子供から抜け出せない人たちにはないという。そして、自由を重圧という。自由の重圧と自由の歴史的意味、個の自覚の歴史とのかかわりにおける自由の意味を探ったのが、フロムである。

フロムも、ドラッカーと同じく、「自由は人間存在そのものを特質づけるもの」だとまで把握する。だが、彼が主として追求するところは、「自由の意味は、人間が自分を独立し、分離した存在として意識する程度にしたがって異ってくるということ、この点である。人間は、もろもろの絆に結ばれ、つながれている。この絆から切り離されて、人間ははじめて、独立し、個として確立し、自由となる。幼児を母親と結びつけている絆、子供を家庭と結びつけている絆、未開社会の成員をその氏族や自然と結びつけている絆、中世の人間を教会やその社会的階級、土地やギルドと結びつけている絆、この絆から次第に切り離されるにつれて、独立と自由は拡大し、個性化は進んでゆく。この独立と自由の拡大、個性化の進展は、同時に不安と孤独の増大である。なぜなら、絆に結ばれているということは安定であり、個が全体のなかに埋没しておれば、そこに孤独はないからである。」(*Escape from Freedom.* 日高六郎訳『自由からの逃走』、創元新社、第一章、第二章)

プロテスタンティズムおよびそれによって促進、進展せられた資本主義は、それまで人間を繋縛していたもろもろの絆をたちきり、精神的・社会的・経済的・政治的自由を拡大し、責任ある選択の主体たる自我の自覚と成長に大いに貢献した。しかし、資本主義は他面において、必然的に、それと表裏の関係にある現象を増大した。それは、個人をますます孤独な孤立したものにし、彼に無意味と無力の感情をあたえざるをえなかったのである。（上掲書、第三章、第四章）

個人は孤独と不安にたえ、無力感を克服し、責任ある選択の主体となり、自覚ある自由人として生きてゆかねばならない。それは、他人と自発的に積極的な関係をうちたててゆく以外にはない。具体的にいえば、愛と生産的な仕事である。自覚的な外部との結合である。ともあれ、絆から解放される度合が大きくなり、個の独立が大となり、選択の幅が拡大されるにともない責任は重くなる。個人は、その責任の重さにたえかねて、自由から逃避しようとする。個人的自我の確立をすてて、彼の外部の何物か何事かと自分を合体融合させようとする。失われた古い絆にかわって、新しい絆を求めようとするのである。そこでは、個性と自由は失われる。その第一のものは、権威主義であり、一つの権威に意識的無意識的に服従することにより、孤独と不安を解消する。第二のものは破壊性であり、たえがたい無力感からの逃避である。第三のものは、機械的画一性であり、これにより、他の人々とまったく同じになることにより私と外界の区別はなくなり孤独感はなくなる。（上掲書、第五章）

このような大衆の自由からの逃走、個人個人が自ら意志決定し責任を負うことを放棄したとき、そこにファシズム・全体主義は必然的に成立してくる。ましてや、支配階級はつねに学校制度、新聞、雑誌、司法制度、軍事制度を把握しておるのである。ファシズムは、それがどのような名前をもち、大義名分をかかげようとも、個人を外的な目的に従わせ、純粋な個性の発展を弱める組織である。それに対して、守られ伸ばされなければならないのは、デモクラシーであり、それは個人の自由、個人の完全な発展に関する経済的・政治的諸条件をつくり出す組織である。（上掲書、第六章、第七章）

以上のフロムの分析[8]により、自由が人間の本来的なものでありながら、しかも、きわめて歴史的な意味をもつものであることがよくわかる。ドラッカーは、「自由は社会的生活の組織原則である」（『産業人の未来』一〇七頁）といっているが、人間の社会生活あるところすべて自由はあるとはいえ、その社会生活のあり方いかんにより自由のあり方は異なり、また自由に対する自覚のいかんにより、個人と社会の状況は異なってくる。選択の幅、選択の枠が拡大すればするほど、この原則の意義は増大してくるのである。

伝統的な社会、農村を中心とした封建的な社会においては、選択の枠はせまく、意思決定は伝統的なパターンに適合するものがなされる。そこには、責任の重さは感ぜられない。資本主義は、農民と土地との結合をきりはなす。彼は土地への繋縛からとき放たれ自由になるとともに孤立させられ、自分のもつ労働力を唯一の財産として市場に出てゆき、賃銀労働者として市場に出てゆき、賃銀労働者としてフォーゲルフライな人間として生きてゆく。他方、生産手段の所有者は資本家として、労働力を買い入れ、利潤追求を市場法則・価値法則に規制せられながら行なう。資本家の、また賃銀労働者の意志決定はいずれも市場における法則、価値法則が審く。彼らの意思決定の善悪は価値法則によって審かれる。彼らが商品ないし資本の所有者、価値物の所有者として市場で振舞うかぎりの意志決定は価値法則によって、おのずから責任を結果する。そして、資本主義社会におけるもっとも主要な舞台は市場なのである。

ところが、この資本主義的生産の発展は、巨大な資本を生み出し、市場を支配する独占資本をつくり出す。独占資本はもはや競争的な多数の資本のように価値法則に従い、それによって審かれる存在ではなく、逆にみずから需要を測定し、需要を創造し、供給量を左右する力をもつことによって、みずからが価格を設定し維持し、価値法則を膝下にくみしくことになる。独占資本の意志決定を審くものはもはや、価値法則ではなくなる。意志決定をするのは、あくまで人間であって資本ではない。独占資本すなわち巨大企業の意志決定は、巨大企業における意志決定者にその責任を負わさねばならない。

資本主義の発展は、その内部に組織社会をはぐくみ、それを一途に成長させてゆく。人間の社会的行為はすべて、巨大な組織でもって営まれることになる。企業はもちろん、行政体も、学校も、病院も、教会も、政党も、巨大な組織体となる。人間は誰でも、いずれか一つ、またはそれ以上の組織体に属して生きてゆく以外にない。しかも、組織社会は、伝統的社会と完全に訣別した社会であり、イノヴェーションの社会である。意志決定の一つ一つがいかなる結果を生むか経験的にたしかめられていないで、その結果いかなる事態がひき起こされるか、いまだ知られていない。ここにおいて、責任はいよいよ重かつ大となる。しかも、個人は組織に埋没する可能性をはらみ、組織は本来的には責任を負うものではなく、個人だけが負うものである。かくして「自由は社会的生活の組織原則である」というドラッカーの命題が、現代社会において、決定的な意味をおびてくる。

現代社会において、最大の規範は自由であり、責任ある選択である。現代社会において自由がなくなったら、責任がなくなったら、そしてまた選択がなくなったら、現代社会は崩壊する以外にはないであろう。そして、それは公害というかたちをとって、人間はまさにほろびの道を進んでいる。

五　自由——志操と責任——

自由が人間存在における本来的なものでありながら、しかもなお、それが責任ある選択たるかぎり、責任なきところ、選択なきところには、自由はない。ドラッカーは、本能的情緒的状態を自由なき状態としてあげるとともに、主として、完全・絶対・優越を信ずるところにも自由はないとして、これについて力説するのである。その点について、最初に紹介したが、この問題について、なお関説すべきことが残っている。

たしかに、自分を絶対であるとし、完全であるとし、あるいは優越しているとしたときには、そこには自由はないという指摘はまことにするどく、現代社会にとってまことに重要である。自分が絶対であり、完全であり、優越していると考えれば、他人を自分の考えに従わせることだけが善であり、自分と異なった考えの存在を許すことは悪となるからである。思想・イデオロギー・信仰の場において、激しい戦いや抑圧や果ては殺人が人間や社会の幸福あるいは自由の名においてなされるのは、この故である。カルヴィンの名があげられ、社会主義・共産主義者の他の思想に対する態度、社会主義者の流派の違いの間に見られる激しい闘いを、われわれは日常的に見る。ドラッカーは、マルクスの思想を絶対とみることから起る心理的社会諸現象とマルクスの思想そのものを混同するという大きな誤りをおかしている。このことは、はっきり指摘しておかねばならない。ドラッカーは、ナチズムとマルクスを同列におこうとするきらいがある。ナチズムはそれ自体が優越思想であり全体主義思想であるのに対して、マルキシズムは本来優越思想でもなければ、全体思想でもない。それがきわめて類似した現象を引きおこすのは、マルキシズムを信ずる者が、この思想を絶対的なものとし、他の存在を積極的に認めることをしないことから起るのである[9]。マルクスの思想が本来そのようなものでないことは、冒頭の一節だけでも、もはや十分であろう。ラスキーは、ドラッカーだけではなく、ヨーロッパ人一般のこのようなあやまちを、キリスト教その他ヨーロッパの歴史をひきながら、いましめている。「マルキシズムの一変形としてのボルシェヴィズムを、ムッソリーニやヒットラーの教説と同一視しようとするのは、とんでもない誤りである」（Harold J. Laski, *Faith, Reason and Civilization*, 1944. 中野好夫『信仰・理性・文明』岩波現代叢書、一二四頁）

およそ、自分の考えを正しいと信じなければ、積極的な行動はできるものではない。多数の考え、多数の行為が正しいとは限らない。人は時として流れに抗し意志決定しなければならない。他人の思想、他人の思考と自分のそれを戦わさなければならない時は、少なくない。ドラッカー自身、多数派かならずしも、正義でも善でも真理でもないことをよく知っていた[10]。多数に抗して自説を固持し、行動するには、強い信念・志操がなければならぬ。ウェーバーは、責任と並べてこの志操を人間の行為に関する二つの倫理として把らえている。志操倫理 gesinnungsethik と責任倫理 Verantwortungsethik がこれである。そして、志操倫理それ自体は責任倫理をふくむものではなく、志操倫理のみにかぎられたとき、ドラッカーの最も忌みきらう、無責任と絶対にともなう支配抑圧、諸価値の剝奪が生ずるのである。いささか長いが、ウェーバーのこの間における深淵の凝視をみよう。

「ここに決定的な論点があるのです。私たちが、明らかにしなければならないのは、すべて倫理的な方向をもつ行為は二つの根本的に異なった、調停し難く対立する原則のもとに立ちうるということであります。すなわち《志操倫理的》な方向か《責任倫理的》な方向かということであります。志操倫理とは無責任ということで、責任倫理というのは信念がないということだといっているのではありません。もちろん、そんな問題ではありません。けれども、信念倫理の原則に従って行為する——宗教的にいえば『キリストは正しきを行ない、その結果は神に委ねたもう』——か、それとも、自分の行為の予知しうる結果について責任を負わねばならぬという責任倫理の原則に従って行為するかというのは、測り知れぬほど深い対立があります。志操倫理を奉じ、不動の確信をもつサンディカリストにむかって、『君の行動の結果は、反動のチャンスを増し、君の階級に対する圧迫がひどくなり、その発展を妨げることになるだろう』と大いに説得力のある説明をしたところで、彼には何の感動も与えないでしょう。純粋な信念から出た結果が悪いものであった場合、サンディカリストは、その責任が行為者になく、世界にある、他の人々の愚かさや——こういう人間を創造した神の意志にあると思うのです。これに対して、責任倫理を奉ずる者は、人間の一般的な欠点を計算にいれます。なぜなら、彼には、フィヒテが正しく申しましたように、人間を善良で完全なものとして優先する権利がなく、予測が可能なかぎり、自分の行為の結果を他人に転化できるとは思っていませんから、彼はこう言うでしょう。『こういう結果になったのは私の責任です』志操倫理を奉ずる人が《責任》を感ずるのは、純粋な志操の炎、たとえば社会秩序の不正に対する抗議の炎を絶やさないようにすることだけであります。信念の炎をたえず新たに燃え上らせるのが彼の行為の目的なのですが、この行為は、起りうる結果から判断すれば、全く非合理なもので、戒めとしての価値しかもちえない、持ってはならぬものであります。」

ウェーバーは、さらにまた問題は終っていないとして、志操倫理に容易に付着し、それによって志操倫理全体が挫折せざるをえなくなってゆく、その問題をとり上げる。「多くの場合、善い目的を達成するためには、道徳的に疑わしい手段、少なくとも、危険な手段、それから、善い副産物の可能性や蓋然性までも我慢せねばならないものですが、こういう事実は、世のいかなる倫理もさけることができませんし、また、世のいかなる倫理も倫理的に善い目的ということを理由にして、倫理的に危険な手段と副産物とを正当化するということが、どういう場合、どんな範囲でできるのか、それを明らかにすることはできないのであります。」

この目的のために手段をえらばぬ、また、もろもろの悪い副産物をも目的の大義のために正当化、責任を回避しようとすることは、あらゆる倫理につきまとう可能性があること、特に志操倫理行為者にまちうけている大きなわなである。ウェーバーは、むしろ、「倫理上、志操倫理というものだけが、道徳的に危険な手段を用いる一切の行為を非難することができる」といっている。ガースとミルスが「志操倫理」gesinnungsethik を、ethik of absolute ends と英訳して ethik of responsibility とならべているのは[11]、名訳というべきか否か。それにしてもウェーバーは、えぐる。「信念のために戦う人の場合」、「内的な謝礼というのは、現代の階級闘争という条件の下では、憎悪と復讐心とを満足すること、とりわけ怨恨と似而非倫理的な独善の欲求との満足、つまり敵を中傷し、異端者扱いしたいという欲求の満足であります。外的な謝礼というのは冒険・勝利・戦利品・権力・俸給などであります。指導者が成功するか否かは、全く彼のこのような装置の操作にかかっております。」

そうだからといってウェーバーは、志操倫理を否定しているのではない。逆である。彼は志操倫理の高く、清く、その持続的たらんことを願っている。責任倫理の重みにたえながらも、しかもなお、志操倫理を高くかかげることを願っている。だから、彼は次のように言う。

「結果に対する責任を本当に深く感じ、責任倫理に従って行為している成熟した人間――老若を問いません――が、ある一点で、私はこうするより仕方がありません、私はここに立っていますと申しますなら、それは測り知れない感動を与えます。これは人間的に純粋なもの、魂をゆり動かすものであります。なぜなら、内部が死んでいないかぎり、私たちはみな、いつかは、こういう状態に立ちいたらざるをえないからであります。この限りにおいて、志操倫理と責任倫理とは絶対的な立場ではなく、むしろ、両者が相互に補いあって、『政治の天職』をもちうる真の人間を作り出すのであります。」

このようにウェーバーは、自由が、また責任倫理がいかにきびしいかをよく知っていたし、ドラッカーもまた、選択の自由を奪うもの、無責任がどこから起ってくるかを告発している。だが、両者ともきわめて個人的な視点からのみ把らえている。そして、組織がいかに自由を損うものであるか、人間を無責任にするか、について積極的に論ずるところがない。ドラッカーは、自由を社会生活における組織原則であり、現代社会を組織社会であるとの把握をし、ウェーバーもまた、現代から未来への社会は官僚制の一途に深化する社会であり、官僚制が比類なき抑圧の器であると主張していたにもかかわらず。

ウェーバーは、ピラミッド型の現代組織たる官僚制（それが行政官庁であろうと大企業であろうと。もっともウェーバーはとくに行政官庁をピラミッド型組織の典型と把らえている）を構成する人間（官吏）にたいしては、責任倫理をまったく要求していない。彼が責任倫理を求めているのは、政治家にたいしてだけである。(12) 官吏、組織構成員は上級者の命に、自分の考え信念はいかんともあれ、誠実にあたかも自分の信念にもとづくがごとく正確におこなうこと、規律と自制とを求めている。官僚組織は、目的に対する手段であり、合目的的な装置として必然的につくりあげられてきたものであり、その目的、その方向を与えるものは、官僚制組織それ自体ではない。だから、官僚制組織を構成する人間は、一人一人、誰でも、その手段的性格に徹し、組織の一員としてのみ意志し、行動すべきだ、それが組織人の倫理だ、というのであろう。手段たる組織それ自体は人間ではない。人間でないものに責任はない。構成員は、このような意味からすれば人間ではないのだから、そこには責任はない。逆にまた、責任ある選択こそ人間の特質であるとするなら、責任を感ぜず、責任を負わない組織人は人間ではない。

ピラミッド型の組織＝官僚制が単なる手段にすぎず、その手段の使用者たる主人公ないし支配者 Herr がいて、彼が一切の責任を人間として背負っているときは、組織構成員は無責任であるとしても許されるかもしれない（本当は許されないのだが）。だが、組織構成員なり組織のトップに立つ者が、官僚制組織の主人公なり支配者になったとき、やはり組織構成員（官吏）にはなお責任はないのであろうか。政治も政党政治となり、政党が官僚制的組織に、ますます強固なピラミッド型の組織になりゆきつつある現実に目を覆うことはできない。ウェーバーのいう政治家が次第に組織人、官吏になりゆきつつあるのである。また、企業も次第にその支配者は機関所有にもとづく経営者支配となり[13]、企業体のトップ、組織体のトップ・マネジメントが支配力をにぎってゆきつつある。しかも、いっさいの意志決定が伝統的でなく、一つ一つが革新的となり、その結果が予測しがたく、いかなる社会的結果を惹起するか明確に洞察できないようになってきた。公害という人類破滅的現象をおこしている企業の意志決定を想起するだけで、十分である。企業に責任があるとするのは、企業を人間になぞらえたにすぎない。企業に責任があるとするのは、その実、何よりもまず企業構成員に、とりわけ企業のトップに責任があるということであり、企業における意志決定者に責任があるということである。

組織は、組織本来の手段でありながら、容易に組織それ自体の維持拡大を自己目的とするにいたる。そのような内的必然性をもつ。理想やイデオロギーすら、組織拡大のための手段に転化する。組織構成員にとって、組織の維持・拡大のために活動することが最大の使命のようになり、それが彼の倫理となり、規範となる。この組織における目的と手段の転倒、これを防止し、組織を本来の目的達成のための手段たらしめておくことは容易なわざではない。その唯一の道は、責任倫理以外の何ものでもない。責任倫理だけが、組織の自己目的化を防ぎ、組織を人間の手段たるの位置にとどめておくたった一つのものである。官僚制社会なればこそ、責任倫理が高くかかげられねばならないのである。そうでなければ、人類は公害によって、破滅の淵に沈むであろう。責任倫理による公害の解決でなかったら、かりに公害は克服できたとしても、公害よりさらに恐るべき何ものかが組織によってもたらされ、人類の危機はいっそう深まってゆくであろう。(14)

六　むすび

社会科学の学派分類において、規範論学派・理論学派・技術論学派と三分類するむきもあるが、いわばグローバルな理論というものは、この三者よりなり立つものであり、ドラッカーの理論もまさしくそれであることを指摘することから出発し、ドラッカーの規範論たる自由論について、これに若干の言説をほどこしたものが本稿である。

まず、ドラッカーの説く自由の概念の中核的部分を紹介した。自由とは責任ある選択であり、それは自己を完全・絶対・優越とすることにより破壊されるというものであった。

次に、ドラッカーがこの自由の概念はキリスト教の教義に根をもつという指摘にからませながら、この自由の概念の本来的な意味をさぐった。それは、人間存在の一つの根元的な事実の指摘であった。すなわち、人間は、個人として、いま、ここに、知りえていることと知りえていないことの上にたって、つねに新たな決断選択をなす存在であるということ、そして個人はあくまで全体のうちの一単位にすぎないわけであるから、その選択が他人に及ぼしたものについてはそれだけの責任を負わねばならぬ、ということである。そして、これはキリスト教において多く説かれているとしても、それはとくに信仰をまつまでもなく容易に理解できることがらである。

さらに、この自由の本来的な意味の上にたって、自由の歴史的な意味ないし意義をさぐってみた。自由は本能的情緒的状態ではない。また、諸集団たとえば家族・教会・氏族・自然等と一体化している状態でもない。このような絆から解放せられるにしたがって選択の枠は拡大し、責任は大きくなる。資本主義は中世の諸束縛をうちやぶることにより、個の自覚とともに、安定をうしない自由の重荷をました。加えて資本主義社会のなかに胚胎した組織社会は、いっさいの伝統から訣別する革新の常規化した社会であり、その意志決定・選択の責任の重さはいっそう増大してきたのである。そして、そこにおける戦略的意志決定者において責任ある選択自由の観念が乏しいことは、まことに重大なことといわねばならぬ。公害はその産物にほかならない。

最後に、自由をおびやかすものとして、ドラッカーのいう完全・絶対・優越の思想ないし観念の危険性を確認したうえで、人間行動における二大倫理たる責任倫理と志操倫理をとり上げた。そしてウェーバーの所説をかりて、責任倫理と志操倫理は本質的にまったくことなるものではあるが、両者は絶対にあい容れないというものではなく、責任倫理の上に立って志操倫理を高く持続的にもつべきをといた。そして、組織社会における決定的倫理こそ責任倫理であり、この社会が立つも立たぬも、この倫理すなわち自由が守られるか守られぬかにかかっていることを強調した。人間の本性が責任ある選択であるかぎり、責任ある選択のない人は人でなしであり、人でなしばかりの社会は人間の社会ではなく、人でなしばかりの社会は、やがて崩壊し、滅亡するばかりである。

（追記）「責任」なる語は、英語では周知のように responsibility すなわち response 応答・返答と ability との結合語であり、独語では Verantwortung と字義どおり応答返答の意である。この語のなかに、「責任」なる概念は本来いかなるものであるかが十分に含意されていると思う。くどいようだが追記しておく。

注

（1）二つのものを比較することはやさしいことではないらしい。人は、ドラッカーをマルクスとならべることを、許容しないかもしれない。

カール・レヴィットは、ウェーバーとマルクスを論ずるにあたって、次のようにいっている。

「なすべきことは、両者の共通性に即して差別性を明らかにするにある。こういう比較には三つの前提がある。第一に、比較すること自体が、マルクスとウェーバーはその人格と業績に関して《比較しうる》ということ、両者は対等の価値をもってたがいに匹敵するということを前提にしている。第二に、あるものとあるものとを比較するというときには、比較しうるものは特定の、しかも中心的な点において同一でありながら、しかも同時に異ったものである、という前提が基礎になっている。第三に、第三者たるわれわれがあるものと他のものを比較するというときには、以下の前提がその基礎になっている。すなわち、両者の研究が志向しているものの相異が、すなわち、人間に関する直観が同種のものでありながら、その理念が正反対であるということが、比較を通じて明らかにされなければならない。」(K. Löwith, *Max Weber und Karl Marx*, 1932. 柴田・脇・安藤訳、未来社、一〇頁)。

同一性を把らえ、その上で差別性をあきらかにするという比較の前提は、レヴィットのいうように、これほどまでにきびしいとなると、ドラッカーをマルクスと対比することは、最初から不可能となる。ドラッカーは、まさに凡百を抜く論者ではあるが、やはり、マルクスと比較したとき、「その人格と業績に関して比較しうる」し、「両者を対等の価値をもってたがいに匹敵する」という、第一前提からひっかかる。だが、二人の人間は、もともと、人格と業績において、その両者の価値が対等であり、たがいに匹敵するのではなく、同一性をもちながら、しかもなお差別性をもち、その同一性と差別性の質そのものが問題とせられるわけだから、ドラッカーをマルクスと並べてとり上げることは、別にさしつかえあるまい。そうすることによって、ドラッカーも、またマルクスも、その一面が強調的にあきらかにされることになろう。

ちなみに、エーリッヒ・フロムは、マルクスとフロイトを論ずるにあたって、まず、ふたりの思想家に共通な基本的前提として、つぎの三点をあげている。「すべてのことについて疑わねばならぬ」＝懐疑精神＝批判的精神＝科学精神。「人間的なるもので自分に無縁なものはない」＝ヒューマニズム＝人間主義。「真実は人を自由にする」＝変革の武器。そして、異なるのは、マルクスは主として社会経済を、フロイトは精神を問題とした、と把らえている（Erich Fromm, *Beyond The Chains of*

Illusion, 1962. 坂本・志賀訳『疑惑と行動――マルクスとフロイトとわたし』第二章)。

(2) シェーンプルークはドイツ経営学の学派分類を次のように試みている。

シェーンプルークは、まず「規範科学か存在科学か、価値設定的科学か没価値的科学か、本質の認識か事実の確認か」によって、規範的個別経済学 Normative Einzelwirtschaftslehre と経験的・実在的個別経済学 Empirisch-Realitische Einzelwirtschaftslehre に分け、後者をさらに、技術学派 Technologische Richtung と理論学派 Theoretische Richtung に分ける。そして、ドイツ経済学における代表的論者をそれぞれに区分けしている (Fritz Schönpflug, *Das Methodenproblem in dir Einzelwirtschaftslehre*, 1933. 古林喜楽監修・大橋昭一・奥田幸助訳『経営経済学』有斐閣)。北川宗蔵教授は規範論的経営学ないしはシェーンプルークを「ドイツ経営学ファッショ化デマゴギーそしてわが国経営学のファッショ化反動化への影響において大きな役割を演じたものとして、批判を展開しておられる (『経営学批判』研進社、『経営学方法論序説』淡清堂)。北川教授の意図はともかくとして、その批判はどれほどの内在性をもち、実効力をもつものといいうるであろうか。そのことは、教授の立場に近い論者をして、この分類を採用して自分の理論を理論学派とし、利潤追求の技術論と区別し、観念論的なものとしてではないとして規範学派とみずからを区別せしめていることにも示されている。

市原教授は、グリヒティング Emil Grichting の言を引用しながら、「この配列原則はそのものだけに対しては、一言も非難することはできない」といわれながら、しかし、超越的に分類のわくをつくり、現実の学説をそれにはめこむという方法をわれわれは避くべきである」とされる。そして、具体的にえらびだされた論者とその三分類の配列の不当、欠陥を指摘しておられる (市原季一『ドイツ経営学』森山書店、第一章「ドイツ経営学の分類」)。

だが、この分類それ自体、その分類の原則それ自体において、すでに問題があると思われる。

まず、「価値設定的科学か没価値的科学か」Wertsetzende oder wertfreie Wissenschaft によって、規範論的経営学と経験＝実在論的経営学に二大別することに誤りがある。なぜなら、没価値なる概念が、現実には成立しえないからである。Wertfrei は、あくまで「価値自由」であって「没価値」ではないからである。ひとは誰も没価値たりえない。何らかの価値をもつからである。没価値を主張したと誤解されている (シェーンプルークも誤解している) マックス・ウェーバーの次の一句を引用しただけでも、ことがらは明らかになる。「何が研究対象となるか、またこの研究がはてしなくつづく因果連関のなかへどこまでさかのぼってゆくかということを決定するのは、研究者と彼の時代とを支配する価値理念なのである……。研究者は、他のばあいとおなじくここにおいても、人間の思考の規範というものに束縛されることはいうまでもない。」また、こうもいっている。「経験的な実在を《法則》に還元することが、科学的研究の理想的な目的とみなされるべきだという意味においての文化現象の《客観的な》とりあつかいというものが、無意味だということである。」(Max Weber, „Die ‚Objektivität‘ sozialwissenschaftlicher und sozialpolitischer Erkenntnis“, 1904. 出口勇蔵訳「社会科学および社会政策の認識の《客観性》」、河出書房版)。

このように、ひとはすべて没価値たりえないし、実在の法則還元化が無意味であるとすれば、規範論的科学と経験的実在論的科学の二分化はなりたたないことになる。

さらにみてゆけば、シェーンプルークは、規範論的科学について、次のようにいっている。「規範論的考え方の意欲は三つの課題群に分けられる。(1)権威ある規範および価値の発見と確立。(2)経験的存在における事象の解明。(3)統一的な意志の流れを正しいと認識されたものの方向へ導くことと、この目標実現のための手段を指示することという二重の意図と結びついた課題群。」この把握は、首肯できる。しかも、すでにみたように、価値設定的と没価値との区別はなりたたず、何ぴとたりとも価値なり理念なりから離れられないわけであるから、経験的実在論的経営学のうち理論学派はいまの三つの問題群の第二のものに解消され、技術論学派は問題群の第三のものに相当することにならざるをえないのである。

ここで、価値から離れることができないにもかかわらず、しかも、理論なり実在把握に客観性をもちこむためにはいかにあるべきか、また客観性の成立しうる根拠いかんの問題がある。ウェーバーは、この問題を当然同時にとり上げているわけであるが、ここでは、とり上げることはしない。

(3)　ドラッカーの『産業人の未来』は、一九四三年に英国版が William Heineman から、米国版の出された翌年に出されている。英国版は、労働党員ブレイルスフォード Henry Noel Brailsford に the true humanist と副え書きして捧げられている。

(4)　アイザイア・バーリンは、次のように論じている。「幸福とか善とか、自然とか実在とかと同じように、この自由という言葉の意味もきわめて多義的であるから、異論にたえうるような解釈はほとんどない。わたくしはここで、思想史家の手で記録されているこの千変万化の言葉を洗ってみようというのではないし、また二百以上に及ぶその意味についての論議をしようというのでもない。わたくしが検討してみようと思うのは、そのうちの二つの意味にすぎない。けれども、この二つの背後に大きな人類の歴史を負うた中心的意味、あえていえば今後なお中心的たるべき意味がある。自由という言葉の政治的な意味の第一は――わたくしはこれを《消極的》negative な意味と名づけるのだが――、次のような問に対する答えのなかに含まれているものである。すなわち、その問は《主体――一個人あるいは個人の集団――がいかなる他人からの干渉もうけずに、自分のありたいものであることが放任されている、あるいは放任されているべき範囲はどのようなものであるか》。第二の意味――これをわたくしは《積極的》positive な意味となづける――は、次のような問い、すなわち、《あるひとがあれよりもこれをすること、あれよりもこれであること、を決定できる統制ないし干渉の根拠はなんであるか、まただれであるか》という問に対する答えのなかに含まれている。この二つの問は、それへの解答は重複することがあるにしても、それぞれ明らかに区別されるちがった問なのである。」

そして、このバーリンのいう積極的な自由こそ、ドラッカーのいう自由の概念にほかならない。すなわち、《責任ある選択》

これである。「自由という言葉の積極的意味は、自分自身の主人でありたいという個人の側の願望からくるものである。わたくしは自分の生活やさまざまの決定をいかなる外的な力にでもなく、わたくし自身に依拠させたいと願う。わたくしは他人のでなく、自分自身の意志行為の道具でありたいと願う。わたくしは客体ではなく主体でありたいと願い、いわば外部からわたくしに働きかけてくる原因によってではなく、自分自身のものである理由によって、自覚的な目的によって動かされるものでありたいと願う。わたくしはなにもの Somebody かであろうとし、なにものでもないもの nobody ではありたくない。決定されるのではなくして、みずから決定を下し、自分で方向を与える行為者でありたいと願うのであって、外的な自然あるいは他人によって、まるで自分が物や動物や奴隷——自分自身の目標や方策を考えてそれを実現するという人間としての役割を演ずることのできない——であるかのように働きかけられることを欲しない。少なくともこれが、わたくしが理性的であるといい、わたくしを世界の他のものから人間として区別するものはわたくしの理性であるというときに、意味していることがらである。なかんずくわたくしは、自分が考え、意志し、行為する存在、自分の選択には責任をとり、それを自分の観念なり目的なりに関連づけて説明できる存在でありたいと願う。わたくしはこのことが真実であると信ずる程度において自由であると感じ、それが真実でないと自覚させられる程度において隷従させられていると感じるのである。」（傍点は引用者）一見、他人から干渉、抑圧をうけずに何かであり、何かをする自由と、自分が自分の行為に選択の自由をもつということは、一見その表現が消極的かあるいは積極的かの表現の曇りにすぎないようにみえるが、しかし、この二つの概念は、その展開の方向はそれぞれ異なる方向に展開され、最後には直接に衝突するところまでゆく、とバーリンはいう。現在、おなじ自由の名のもとに二つのイデオロギーが大きな衝突を起している。この問題については、別の機会にとりあつかいたい。（Isaiah Berlin, "Two Concepts of Liberty", 1958. 生松敬三訳『歴史の必然性』みすず書房）。

（5）　後節でとり上げるフロムの自由の概念は、ドラッカーのそれと殆ど同じであるとみてよい。だが、ドラッカーが「自由は個人の幸福と同じものではない」としているのにたいして、フロムは次のように言っている。「まことに自由は、人間にとって必須条件であるとともに幸福の必須条件である。自由は気ままな選択をゆるす能力という意味でもなく、また必然からの自由というものでもなく、それは人間が、可能性としてもっているものを実現する自由であり、人間存在の法則に従って、真の人間性を充実する自由である。」（E. Fromm, *Man for Himself*, 1947. 谷口・早坂訳『人間における自由』創元新社、一九三頁）。

（6）　人間の行為にともなう責任は、意志決定にともなう責任である。意志決定なきところには、責任はない。だから、機械それ自体は責任はない。人を轢き殺したり、怪我させても自動車には責任はない。自動車は人間ではなく、意志決定する存在ではないからである。責任をとるものは人間だけであり、人間以外のものは責任をとらない。人間のなかで責任をとらないのは、それは、人間でありながら人間ではないもの、すなわち「人でなし」である。

意志決定にのみ責任がともなうわけであるから、それを更に一歩おしすすめれば、意志決定しながら実行しなかった場合ももちろん、意志決定以前においてすなわち選択するまえにひとつの可能性としてとり上げた段階、簡単にいえば思っただけでもそれは無責任ではありえぬという論理が成り立つことになる。責任倫理をこの段階までおしすすめて説いたのが、イエスである。「汝姦淫するなかれ、といえることあるを汝等きけり。されど我は汝等に告ぐ、すべて色情をいだきて女を見るものは、既に心のうちに姦淫したるなり。」（「マタイ伝」第五章二七—二八節）という山上の垂訓の一節は、まさにこれを象徴的に示している。

そして、人間はいかにつとめてもつねに不完全で、他人に悪を及ぼす意志決定をせざるをえないというふかい嘆きに立って、はじめて、他人に対する寛容といとおしみ、愛が生まれてくる、とするのであろうか。

（7）「目には目を、歯には歯をという責任論理は、ふつう復讐の言葉として知られている。だが、旧約聖書のここにおける引用は、それが誤れることを証明してあまりあろう」（イザヤ・ベンダサン『日本人とユダヤ人』、山本書店、第一三章参照）。

この「目には目を、歯には歯を」というこの旧約聖書の規範と、冒頭に引用したカール・マルクスの規範「信頼には信頼を、愛には愛を」という規範は、まったく同一次元のものであり、同一発想のものである。一方は、あしきことがらを他方はよきことがらをとり上げているにすぎない。

イザヤ・ベンダサンは、こうもいっている。「ユダヤ人の思想家をたどってゆけば、ミカ以来、多かれ少なかれ、こういった考え方（1）富者が貧者を搾取するのは罪である。（2）故に、この搾取した富によって築かれた神殿は罪の成果であるから、神はこれを打ち壊すであろう）をもたなかった思想家はいなかったといえる。イエスと同時代の多くのラビたちも、中世のラビたちも、カール・マルクスもその発想の基底は同じである。」（同書第六章）。

（8）フロムの『自由からの逃走』は、ドラッカーの『産業人の未来』が出版せられた前年の一九四一年に出版せられた。二人とも、ナチスから追われ、ナチス・ファシズムを科学的に告発する書を、ほとんど同時に問うたわけである。それは、いずれも、自由の擁護、個人の尊厳の主張である。そして、面白いことに、カトリック教徒のドラッカーは、自由の根源を新約聖書に求め、ユダヤ人のフロムは旧約聖書に求めている。彼の *You shall be Gods*, 1966.（『ヒューマニズムの再発見——神・人間・歴史』河出書房）は、旧約聖書解説である。

また、ドラッカーが感情的な反共産主義者であるのにたいして、フロムはむしろマルクスに忠実であろうとする。だが、ソ連にたいしてはマルクスの名において非難するのである。（とくに『疑惑と行動』第一一章「いい残したこと」）。

（9）丸山真男『増補版現代政治の思想と行動』未来社、第二部、とくにその二、および三戸公『アメリカ経営思想批判』未来社、三三一頁を参照されたい。

（10）ドラッカーはいう。「今日西欧世界において一般に容認されている多数支配 majolity rule の概念は、自由とは絶対にかつ真向から対立するものであり、自由の政治にたいする直接の攻撃である」と。ドラッカーは、次のように、多数支配を批判する。多数支配は、「少なくとも、多数派は少数派よりも、一層多く理性と真理を所有している。換言すれば、数字上の多数派は少数派よりも完全であるか完全に近い、という仮説に立っている。」そこから、多数派が正しいと決定することは正しい。なぜなら、多数派が正しいと決定したからだし、というふうに、自明の理とされる。

　この仮説のもとでは、実際問題として、つぎのようになる。「五一パーセントの人々が望むことが決ると、他の四九パーセントの人々は、多数派に加わる道徳的義務をもつ。多数派が発言する前に、自由な討論や自由な談話をしたり、いろいろの疑念や異議をとり扱うことが出来るが、多数決の仮説のもとで理論的で可能であるかも知れぬ。しかし、ひとたび多数派の意志が確立すると、疑念や異議の表明の正当な理由はなくなる。また、実際に多数決前の限られた自由さえも、事実上なくなる。現在の多数派は、それ自体を永続させ、同時に来るべき全時代の確立的な規則を決めるであろう。では、どうすればそれをさえぎることができるであろうか。もし、多数派が多数の力で道理ないし正義をもっているならば、どうして、またなぜ多数派は制限さるべきであるのか。」

　このように、「多数決の仮説のもとでは、多数派だけが権利と義務をもちうる。だが、自由なものは、少数派および個人の権利と義務なのである。そして、それは、多数派の権利から独立し、それに対立するものなのである。」

　多数派ができる最善のことは、「多数派が自発的に自制し、少数派に保護をあたえることである。」だが、このことは、「実践的にも、理論的にも、不可能である。」

　かくして、自由の旗手たらんとするドラッカーは、「現代の多数決の教義は、自由とはまったく両立できないのである」と、結論づける。（『産業人の未来』第六章第三節）。

（11）H. H. Gerth and C. Wright Mills, *From Max Weber —— Essays in Sociology*, p.9, 1949.

（12）「政治家の行為は、官吏の行為とは全く異った、ちょうど正反対の責任の原則に従っているのです。官吏の面目は、上級官庁が――彼の考えに反して――彼が間違っていると思う命令を固執する時でも、命令者の責任において誠実正確にあたかもその命令が彼自分の信念と一致しているかのように執行する能力にあるのでありまして、この最高の意味における道徳的規律と自制とがなかったら、全機構は崩壊してしまうことでしょう。これに対して、政治的指導者、したがって、指導的政治家の面目は、自分の行為の責任をもっぱら自分一人で負うところにこそあるのであって、彼はこれを回避したり、他人に転化したりすることは出来ませんし、また、それは許されません。官吏として道徳的にすぐれている人物にかぎって、劣った――特に政治的な意味で無責任な、また、この意味で道徳的に劣った――政治家なのであります。――悲しいことに、私たちはこういう人々が指導的立場の人たちのうちにいるのを何度となく見てまいりましたが、これこそ官僚政治というものなのです。」（Max Weber, „Politik als Beruf", 1920.「職業としての政治」『ウェーバー政治社会論集』河出書房、四〇二頁）。

（13）拙稿「わが国大企業における所有と支配」（『エコノミスト』昭和四五年三月三一日号）参照。

(14) 拙稿「組織人である前に人間として――手段目的化を克服する条件」(『マネージメントガイド』一九七一―一月号)参照。

第四章　ドラッカーの科学的管理観

初出、「二つのテイラー像――P・F・ドラッカーの科学的管理観をこえて」

『名城論叢』第三巻第四号、二〇〇三年

小林康助教授退職記念号に寄せて

小林康助教授は、日本の経営学会に偉容を誇る佐々木吉郎を主峰として醍醐作三、藤芳誠一、木元進一郎と続いてゆく明大山脈の雄峰である。佐々木先生にも親しくしていただいていた私が、小林さんと初めて親しく語り合ったのは池袋西武デパートの屋上である。それが何時だったか覚えていない。だが語り合い、一度で心を許し合う仲となった。

小林さんは、『中京経営研究・相馬志都夫先生追悼号』（九巻一号）に寄せた文章の中に、次のように私にふれて書いておられる箇所がある。「相馬さんが中部企業研に出席され、開口一番、〝今度三戸さんがうちにみえるよ。〟それは私にとって大きな衝撃であり、ショックであった。というのは、三戸公教授と私とのつき合いは四〇年以上にも達し、今日でもときどきお会いしている仲だからである。以下略」これを読んだとき、その後くり返して読み、そして今あらためて、言い知れぬものを覚える。小林さんのそれぞれの人に対する熱き思いである。そして、それに応えるに足らざる私の思いである。

小林さんがどのような人であるかを深く知ることになったのは、*Scientific Management, Frederick Winslow Taylor's Gift to the World?*, by J. C. Spender and Hugo Kijne, 1997. の監訳の仕事を二人でする機会に恵まれたからである。この本は、米・欧・日の科学的管理研究者の筆になるものであり、日本からは『テイラー主義生成史論』（森山書店、一九九二）をもって学界を瞠目させた中川誠士教授が加わっておられ、日本の科学的管理研究の第一線の方々の分担によって三戸・小林監訳『科学的管理、F・W・テイラーの世界への贈りもの』（文眞堂、二〇〇〇年）としてなった。二人が監訳者となったのは、私がようやく〈経営学は管理学であり・科学的管理の学であり、科学的管理こそ二十世紀最大の出来事であり、二十一世紀は科学的管理の帰趨にかかっている〉との認識に達したからであり、そして小林さんは日本の科学的管理研究において他に懸絶した業績をあげ寄与・貢献してこられた研究者であるからである。業績一覧を掲げれば一目瞭然であるが、それはこの記念号に載るであろうから省略する。

小林さんは、いつも明るくはきはきしておられ、率直であり、豪放でさえある。だが、一緒に仕事をして今更のように、細心であり、綿密であり、旺盛な責任感の持ち主であることを知った。そして思い出した。私の師馬場克三に同門のある男が「○○さんが神経質なのを知ってビックリしました」と言ったとき、先生は吐き捨てるように「神経質でなかったら研究者には成れませんよ。」

そして、小林さんはこの仕事を通じてかねて悪くしておられた眼を一層悪くされた。お詫びのしようもない。この仕事をはじめるとき小林さんは「コープリィをやりたいんですがねえ。」と言った。私もそう思っていたが、その時は応答しなかった。Frank Barkley Copley, *Frederick W. Taylor, Father of Scientific Management*, 1923. あの厚い二巻本の邦訳である。科学的管理は、テイラーという人間、そして彼の経営実践によって生み出され創り出されたものであり、そして彼自身によってその技術的体系が、そしてその原理が、さらにその本質が陳述されたという事実こそ、科学的管理の何たるかを知る上で不可欠のことがらである。だから、テイラーの伝記はテイラーの死後間もなく出たコープリィのものをはじめ、その後もテイラーの人と業績を結ぶ著作が続いているのは当然である。だが、テイラー伝の邦訳はまだみない。小林さんの夢＝私の願いは、何時実現されるであろうか。

小林教授の退職を記念して寄せる論文としては、やはり科学的管理にちなんだものを書くべきであろう。だが、『科学的管理の未来――マルクス、ウエーバーを超えて』（未来社、二〇〇〇年）および『管理とは何か――

テイラー、フォレット、バーナード、ドラッカーを超えて』（文眞堂、二〇〇二年）で、自分のものはほとんど出し尽くしたように思う。しかしながら、強調したいところを押さえ難い気持ちがなお失せていないので、重複をためらわず、若干スタイルを変えて論じてみたい。

一　はじめに――衝撃、テイラー像・科学的管理観――

Ｆ・Ｗ・テイラーに対して最高の賛辞を贈ったのは、Ｐ・Ｆ・ドラッカーである。この賛辞は他に比類を見ない懸絶したものである。それは、彼がテイラー協会の後進である経営管理振興協会から最高賞であるテイラー・キーの受賞記念講演として為されたものである。彼の言うところは次のように要約できる。

青年期の息子が父親に反逆するのは自然なことだ。これまで、経営学者たちがテイラーに反抗してきたのも当然のことだ。だが、今や経営学も十分に発達し、反逆は意味をなさないまでに進んだ。そこで、更めて父テイラーの業績を振り返り、再評価すべきだと思う。

テイラーは、自然科学におけるニュートンにも比すべき存在である。彼なくして現代物理学はありえない。テイラーの作業研究・組織研究によって、はじめて今日の管理論の用具と概念をもつことが出来たのだ。テイラーのシステマティックな思考と分析、組織の目的指向的な学問の成果としての生産性の向上、それは人類史的な意義をもつ。現在華やかに展開せられつつある管理諸科学（ＯＲ、システムズ・アナリシス、人間関係論等々）一切の経営学の発展は、テイラーを基礎としている。

この〈生産性向上〉こそが資本主義・共産主義を超え、現代の産業文明の未来を切り開く唯一の適切な道であり、彼はそれを創出した社会哲学者であると言うことも出来る。

テイラーは管理学 Management という学問分野を創り出しただけでなく、身をもって管理とは何か、管理の学徒はいかにあるべきかを、理論と実践、研究と実験、実行と教育の統合を一身に一生をかけて追求した。われわれは、テイラーを始祖とするディシプリンに従うものであることを、誇りをもって主張しうると確信する。

この論文「F・W・テイラー―プロフェッショナル・マネジメントの先駆者」（Frederick W. Taylor — The Professional Management Pioneer, *Advanced Management Journal*, Vol. 32, No. 4, Oct. 1967, pp.8–11）の邦訳を『ドラッカー全集5』（ダイヤモンド社、一九七二年、村上恒夫訳）で読んだとき、正確に言えば二度目に読んだとき、衝撃を覚えた。（以後この論文を「テイラー頌」論文と略記する。）一度目に読んだのは、訳書が出てすぐの頃であり、二度目に読んだのは二〇〇〇年のはじめ頃である。いかなる衝撃であるか。(1)

私は一九九九年に経営学史学会の統一論題「経営学百年――鳥瞰と未来展望」を「経営学の主流と本流」と題して報告したとき、大きな自負心をもって、次のように語り始めた。

「二十世紀の最大の出来事は、二つの大戦でも、社会主義国の成立と崩壊でもなく、テイラー・科学的管理の成立と展開である。そして、二十一世紀は科学的管理の帰趨にかかっている。そして、経営学は科学的管理の学であり、成立以来長く蔑視の中にあったが、ようやくその全容を示し、社会諸科学の中でその中枢を占め、最重要な学となった。このことを他の社会諸科学の学者たちは気付いていないし、経営学者もまたどれほど自覚しているであろうか。」

この見解をことある毎にくり返し述べてきている。だが、自分がようやく辿り着いたと思っていた把握を、ドラッカーは既に三〇年も前に述べているではないか。両者の言っていることは、次の三点である。

(1)　テイラーの業績は人類史的意義をもつ。

(2)　テイラーの創始した科学的管理こそ経営学であり、テイラー以降の一切の管理諸学説はテイラー・ディシプリンの枠内であり、その発展である。

(3)　そして今や経営学は社会諸科学の中で最重要な学となって来た。

全く同じことを言っているドラッカーに一言も触れることなく、語るとはまるで盗作である。しかも、私は一度は読み赤線をたくさん引いているのに。何故だ。

思いめぐらせば、一度目に読んだとき私の問題関心がそこに無かったからだ。心そこにあらざれば見れども見えず、聞けども聞こえず。だが、まったく関心が無かったわけではない。だから赤線を引いている。そして、それはイン・プットされ、無意識のうちに脳中で育っていたのであろう。意識しようとすまいと、われわれは全て先学の業績の上に立っている(2)。

更に考える。ドラッカーと私とは、どのように経営学と出会い、彼はどのように自分の経営学を創り上げてゆき、私は学んできたかが同じではないから、全く同じようなことを言ったとしても、その内容はかなり異なるものがある筈である。ドラッカーと私のテイラー像・科学的管理観の違いをはっきりさせたい。

同じような経営学観を示しながら、両者の違いは、既に彼の「テイラー頌」の中に露顕している。その点を問題としよう。まず、ドラッカーがどのように経営学に出会い、そしてテイラーに出会い、そしてテイラー観を成長させて行ったか。そして、私の場合はどうであったか。そこに自ら、両者のテイラー像、科学的管理観の違いが出て来ることになろう。

二　ドラッカーのテイラー像

ドラッカーは、どのように経営学に出会い、テイラーに出会い、彼の言葉によればテイラーに反逆し、後に最高の賛辞を呈する存在に変わって行ったか、それを先ず見よう。

ドラッカーはヒットラー・ナチズム批判の *The End of Economic Man*, 1939（上田惇生訳『経済人の終り』ダイヤモンド社）および、第二次世界大戦の歴史的意味を問うた *The Future of Industrial Man*, 1942（田代義範訳『産業人の未来』未来社）を書くことによって、新しい史観を提示することによって社会思想家として出発した。

その彼が、当時のアメリカを代表する会社ＧＭのコンサルタントとして迎えられることによって、彼は経営学に大きく接近することになり、*Concept of the Corporation*, 1946（下川浩一訳『現代大企業論』未来社）を書いた。この本について、ドラッカーは後になって彼の自伝的著作一九七九年の中で、次のように言っている。

「当時マネジメントに関する著作物はほとんどなかった。かりに、あったとしてもごく内輪に配られるだけであった――たとえば、チェスター・バーナードの一九三八年の著作『経営者の役割』のように講演の再録として、あるいは、メリー・パーカー・フォレット女史のリーダーシップと紛争解決に関する先駆的な論文のように、少数の専門家を対象とする研究論文として。当時は、マネジメントに関する著作の読者層、つまりマネジャー層といったものさえ存在していないかに見受けられた。大部分のマネジャーが、自分がマネジメントを実践しているなどとは思っていなかったのだ。一般大衆も、金持がいかにして富を築いたかには関心があったが、〈マネジメント〉などという言葉は耳にしたこともなかった。(3)」……。そして、この本は発刊と同時に大ヒットし何度版を重ねても買い手は無くならず、今なお多くの人から読まれ利用され、ここ三〇年間のマネジメント・ブームの火付け役を果たした、と続けている。バーナードとフォレットの名前だけがあげられ、そして、この二人とりわけバーナード理論にドラッカーが多くのものを学んだことが、この本では読みとれる。そして、テイラーの名は見えない。

彼は、この本について更に語っている。経済学者・社会学者・政治学者等の社会諸科学の研究者たちはこの本を評価することなく、むしろうさん臭い物と見做した。だが、この本はマネジメントという学問の確立に大きく貢献したと確信する、と述懐している。日本では、この本が注目され取り上げられること極めて少なく、今日に及んでいる。

現代大企業の何たるかを内部に入り込んでつかむことが出来た彼の現代社会＝産業社会論は豊かな内容をもって再把握しなおされることになった。*The New Society*, 1950（現代経営研究会訳『新しい社会と新しい経営』ダイヤモンド社）がそれである。彼はこの本で、現代社会を大企業が決定的・代表的・構成的な制度であり、経済的・統治的・社会的な制度とする社会であり、この産業社会の秩序原理を論じた。

現代社会をこのように把握すれば、彼の論ずべき課題は、大企業をいかに健全に維持し運営するか、これが現代社会にとって最も重要なことである。この課題を書ききったのが、*The Practice of Management*, 1954（上田惇生訳『現代の経営』ダイヤモンド社）である。

この本が戦後世界を変えたと言ってよいかも知れぬ。この本によって、これまで利潤追求が企業目的とされていたのに、それを〈顧客の創造〉に切り換え、利潤は回収すべき費用と把握し、利潤にまつわる一切の負のイメージを払拭した。顧客はいかにして創造できるか。それはマーケティングとイノベーションの二者であり、これこそ企業の基本的な機能である、とした。これにより、世界は企業のみならず、社会のあらゆる分野がマーケティングとイノベーションのサバイバル・ゲームに引きずり込まれて来た。

そして管理＝マネジメントはいかになせばよいか。産業社会の管理は、ヒットラー国家社会主義・ソ連社会主義のように独裁的・集権的に行ってはならぬ。それは人間の本性＝自由にもとる。〈自由にして機能する管理〉をしなければならぬ。既存の管理方式を超克しなければならぬ。それは、テイラーの科学的管理であり、〈計画と執行の分離〉を基本原則として構築せられた管理方式である。これをいかに超克するか。自由＝責任ある選択の貫く管理は、一切の職務を〈計画と執行の統合〉の方向にむかって再編成すること、集権制から分権制に組織を変革し、組織構成員の最上層から最下層までがそれぞれに目標を設定し目標を実現し責任をもつ体制すなわち目標管理を構築すべきだ、と弁じ管理方式の原則と技法を展開したのである。

彼はここに、テイラー・システムに対してドラッカー・システムを、テイラリズムに対してドラッカーイズムを提唱したのである。彼はこのとき、科学的管理をテイラー・システムの技術的体系そしてその技術的体系を成り立たしめている原理・原則として把握している。そして、その超克を意図し実現した自負を示している。ともあれ、この書物によってドラッカーはマネジメントの巨人となり、戦後世界をリードしつづける。

彼は傑出したコンサルタントとして現実に触れつつ現代社会を新たに見つめ、現代社会論を書き、管理の理論と技法を示しつづける。*America's Next Twenty years*, 1957（中島正信ほか訳『オートメーションと新しい社会』ダイヤモンド社）、*Landmarks of Tomorrow — A Report on the "Post Modern" World*, 1959（現代経営研究会訳『変貌する産業社会』ダイヤモンド社）が、その前者であり、*Managing for Results*, 1964（上田惇生訳『創造する経営者』ダイヤモンド社）、*The Effective Executive*, 1967（上田訳『経営者の条件』）の二冊の管理書はロングセラーを続け改訳版が出される程である。

今やドラッカーは誰もが認める管理学の第一人者となり、ドラッカー自身、自分の力で評価低き管理学が社会諸科学に肩を並べ、さらに最重要な学として認識せられるようになったと自負するに到っている。その時彼は、テイラー協会の後身である経営管理振興協会から最高の賞であるテイラー・キーの一九六七年度の受賞者となった。そして、冒頭の〝テイラー頌〟講演が生まれたのである。

彼がここで言っていることは、まさに彼はわがことを言っていると私には聞こえる。「青年期の息子が父親に反逆するのは自然なことだ」と書き始め、中程で「年を重ね成熟するにつれて、われわれはテイラーとの相異点を力説する必要は少しもなく、テイラーを始祖とする学徒であることを誇りとするまでになっている。」

ドラッカーは、テイラーの作業研究・組織研究が現代管理論の基礎となったこと、そして彼によって生産性の向上という産業社会の未来を健全に切り開く資本主義でも共産主義でもない第三の道が示された、というところに、テイラーの意義を頌えている。ではその後において、ドラッカーはテイラーについてどのように言及しているであろうか。

「テイラー頌」講演の二年あと、ドラッカーは *The Age of Discontinuity*, 1969（林雄二郎訳『断絶の時代』、上田惇生『新訳』ダイヤモンド社）を出し、ドラッカー・ブームを惹き起した。日本では〈断絶〉が流行語となった。この本ほど、ドラッカーの特質を示している本はないように思える。彼は自分をアカデミズムの人間ではなくライター・文筆家だと言う。彼は現代社会を把らえ管理を論ずる。彼は社会をどのように把握するか。彼は非連続 discontinuity の連続として把らえる。あるものは生まれ成長しつつあり、あるものは最盛期を迎え、またあるものは衰退しつつある。その全体の流れが社会である。だから今、生れ成長しつつあるものを見れば未来が分かるという訳である。彼は未来に関するものを多く書き、未来学者としてもとり扱われるようになる。

この本は第Ⅰ部・知識技術、第Ⅱ部・世界経済、第Ⅲ部・組織社会、第Ⅳ部・知識社会の四部構成から成っている。彼の洞察力・未来展望の確かさを、今あらためて驚く。テイラーは、第Ⅱ部の六章「貧困国の生産性向上」で登場して来る。貧富・階級斗争を克服したのはマルクス理論ではなく、テイラーによる科学的管理＝生産性向上によったのであると述べている。

そして、第Ⅳ部の第一二章「知識経済」において彼は再びテイラーをとり上げている。「知識経済に進む最も重要な第一歩は、科学的管理によって踏み出された。十九世紀の最後の一〇年間にF・W・テイラー（一八五六―一九一五）によってはじめて手がけられた技能労働の分析と研究の体系的応用がそれである。教育ある者が技能労働自体を研究の対象に値するものとしてとり上げたのは、歴史上テイラーがはじめてであった。」

更に語をついで、「しかもより重大なことは、テイラーの科学的管理はともに誤まれる資本主義と社会主義との間に第三の道を切り開いたことである。」「職務に対して知識を用いることによって、経済のパイを大きくすることが可能だと、テイラーは示して見せたのだ。これによって妥協の余地のない階級斗争を、より高い生産性の成果の配分という妥協にかえたのである。」

さきの「テイラー頌」論文の主旨は、そのまま組織社会・知識社会と把握されるようになったこれからの社会の中で、いかなる意味をもつものであるかが、語られている。別に加えられても、減ぜられてもいない。

『新しい社会』一九五〇年を把握したドラッカーは、その社会を健全に維持する基本的な課題として『管理の実践』一九五四年を書いた。そして更に、これからの社会を組織社会・知識社会として把握した書『断絶の時代』一九六九年を書いたドラッカーは、その社会の処方箋ともいうべき八三九頁（訳本では上六二一、下七三九）の大著 *Management: Tasks, Responsibilities, Practices*, 1974（野田一夫他訳『マネジメント』ダイヤモンド社）を書いた。だが、この本では、「科学的管理法ではもはや生産性を向上できなくなった」とも言っている。

これまでは、ドラッカーがどのように〈管理〉の問題に出会い、どのように管理論を展開し、その中でテイラーをどのように論じてきたかの推移を追ってみて来た。だが、その後一九九〇年代に入るまでテイラーはとり上げられることなく過ぎている。その間、彼は旺盛な文筆活動を続け少なからぬ多彩な著書を出している。が、それについては触れない。

Managing for the Future, 1992（上田・佐々木・田代訳『未来企業』ダイヤモンド社）、*Post-Capitalist Society*, 1993（上田・佐々木・田代訳『ポスト資本主義社会―二十一世紀の組織と人間はどう変わるか―』ダイヤモンド社）他において、テイラーが取り上げられている。『未来企業』では「生産性の新たな課題」と題する第一三章で、〈科学的管理〉を生産性向上の原点と把らえ、マルクス・マルキシズムを真に打ち負かし階級斗争にピリオドをうったものは生産性向上であると、既に紹介したドラッカーのテイラー観をくり返し、新しいものとすればテイラーの時代は肉体労働中心であり現代から未来は知識労働中心であることを述べているに止まる。

『ポスト資本主義社会』においてもこの把握はおおむね変わるところはない。第一部「社会」、第一章「資本主義から知識社会主義へ」、第三節「生産性革命」においてとり上げられていることを見ただけでも分かるであろう。だが、この章でとり上げられ取り扱われているテイラーは意味合いが違ってきている。それは資本主義からポスト資本主義を論じ、その文脈の中でテイラーがとり上げられていることによる。この章は知識・技術を軸として、〈産業革命〉を論じて資本主義の擡頭とマルクスをとり上げ、〈生産性革命〉を論じてテイラーをとり上げ、更に新たに〈マネジメント革命〉として知識中心で体系化される組織社会＝ポスト資本主義社会におけるマネジメントの意義と役割を略述している。ここでは、自分の創り出した〈マネジメント〉をテイラーの科学的管理を超えるものとしてはっきり位置づけている。(4)

この把握は、*The Ecological Vision*, 1992（上田・佐々木・林・田代訳『すでに起った未来』ダイヤモンド社）の第六章「マネジメントの役割」の中でも、明確に示されている。この論文は、実は一九六九年度ＣＩＯＳ国際マネジメント会議における講演であり、新しい社会すなわち〈組織と知識の社会〉を論じた『断絶の時代』

と、その時代・社会の課題に応える『マネジメント』一九七四年の間になされたものである。新しい現実に応えるマネジメントは、旧来の前提に立ったものではありえないとし、旧来の前提を六項目あげ、その前提４「マネジメントは肉体労働者を主要関心事とする」、前提５「マネジメントは一つの科学であり、少なくとも一つの体系である」の代表としてテイラーをあげている。組織と知識の社会においては、それに即応したマネジメントが要請されており、それを示したものが彼の『マネジメント』である。だから、この本ではテイラーの名は出てこない。この本では、企業のみならず全ての組織に通ずるマネジメントが論じられており、肉体労働者ではなく知識労働者中心のマネジメントが論じられている。

以上において、ドラッカーにおけるテイラー像および科学的管理観の推移のあらましが述べられた。

三　三戸のテイラー像

いかなるテイラー像・科学的管理観をもつかによって、その人がいかなる経営学・管理観をもっているかが、自ら問われ示されることになる。それを、ドラッカーにおいて示した。私もまた、どのようにテイラーに出会い、どのように科学的管理観を変えて来たかを語りたい。そしてまた、その過程でドラッカーに出会い、ドラッカー像を変えながら今日に到っている。それを語りたい。

敗戦の翌年、戦後民主化の疾風怒涛の時期に大学に入り経済学を学んだ。学部の講義の大半はマルクス経済学であった。貧困・抑圧・戦争の資本主義から豊かで自由で平和の社会主義へが、思想界の主流であった。ひたすら『資本論』を読んだ。研究室に残り、ひたすら『資本論』を読み続けた。だが、経営学の研究室に残ったため、脇目で経営学の本を読んだ。指導教授馬場克三先生は、資本論による個別資本説に立つ学者である。

日本の経営学は、昭和の初頭「骨はドイツ（経営経済学）・肉はアメリカ（管理学）」と形容される内容をもって展開され、戦後は戦時中の停滞を取りかえすべく、ドイツ経営学とりわけアメリカ管理学の再学習と新理論の導入・摂取が行われていた。テイラー再学習、人間関係論導入、また、当時実態調査に行った八幡製鉄や三井炭鉱その他の会社では動作研究・時間研究の作業分析・テイラーシステムの実施とそれに対する労働組合の反対等の現場に出会ったりした。

戦後一〇年（一九五五）、学会をあげて「経営学の再検討」に取り組んでいた。私は馬場五段階説を最上の方法論として紹介しそれを批判する報告をすることによって、学会に出た。この時、〈骨はドイツ・肉はアメリカ〉はほとんど揺らいでいなかった。当時の馬場敬治「バーナード・サイモンを学べ」発言は、「アメリカ一辺倒」に進む第一声とも言えるであろうか。この報告を体系的に展開して『個別資本論序説――経営学批判』（森山書店、一九五九年）を書き、アメリカ経営学批判に向かった。

最初にとり上げたのはテイラーであり、「テイラー・システム小論」（『同志社商学』一九六〇年）を発表した。この論文で、私は科学的管理即テイラー・システムと基本的には把らえていた。これを、その成立、技術的構造・価値的構造・その本質と展開し、「本質」の節を次のように結んでいる。

「テイラー・システムこそ、近代的経営管理の最初の体型、すなわち経営諸現象に存する法則性を調査・研究・分析によって客観的に把握し、それを意識的に適用することによって経営技術をつくり、これらに体系的に支えられた管理として最初のものである。具体的に言えば、……。それは、労働者の生産における相対的な主体性を決定的に奪い去り、労働の資本への実質的包摂を飛躍的に押し進めるものである。」

私はこの「小論」を読みかえし、今もなおこのテイラー・システム観を捨て去っていないことをしる。だが、現在のテイラー観はこれにつきるものではない。それは後述するところとなる。なお、「小論」でテイラー・システムを作業の科学的分析による課業（一日の標準作業量）の設定方式とその課業を実施する体系・仕組みの二者からなるという把握が示されているが、この度中西寅雄『経営経済学』（日本評論社、一九三一年）を開いてその先蹤を見る。個別資本説の創始の方法論的観点からのみとり上げていたが、やはりテイラー・システムを論じた箇所にも多くの赤線を引いており、断りもなく使っているではないか。

そしてこの「小論」の結びを書き得たのは、私がひたすらに資本論を読みながらも、最初に書いた本が『装置工業論序説』有斐閣、一九五七年）であり、それを書くに当たって戦後に大きく展開された技術論論争に関心をもち、正統派労働手段体系説に対する武谷意識的適用説の統合的把握を意図していたからである。そしてこの本は、実態調査にもとづいているが何よりも、装置製造の会社に四年間勤めた経験が背後にあるからだと思う。資本論ばかり読んでいた私をして、この本を書かしめたものは、私の体験である。そのとき、そのようなことは全く意識していなかった。ただ、価値と使用価値、生産関係と生産力において、価値とともに使用価値も重要であり、両者の統一的把握が必要であり、生産力の基礎をなす技術、それを具体的に装置・装置工業において把らえてみよう、と思っていたのである。

私のアメリカ経営学批判はテイラーにつづき、制度学派のバーリ・ミーンズの会社支配論、ゴードンのビジネス・リーダーシップ論、バーナムの経営者支配論に向かい、そしてドラッカー批判に向かった。これらの諸論攷はさきの「テイラー・システム小論」と「メーヨイズム小論」を加えて、『アメリカ経営思想批判』（未来社、一九六五年）となった。この本には、「ドラッカー大量生産革命論批判」と「ドラッカー現代大企業論批判」の二編を載せている。

このドラッカー批判の二編を、今開いてみる。ドラッカーの著作を『経済人の終り』から『現代の経営』までを忠実に紹介し、つづいて題名に焦点を絞って彼の現代社会論・現代企業論批判を試みている。そして、次のように結んでいる。

「われわれは、以上によって、ドラッカーのように、産業社会一般における経済法則のまえに資本主義的産業社会と社会主義的産業社会との差異を無視ないし軽視することができないことをあらためて確認するのである。だからといって、われわれは、ドラッカーの産業社会一般の経済法則の把握を無益であると言おうとしているのではない。それは、さきにそれなりに容認したとおりである。だが、現実には産業社会一般は地球のどこにも存在しない。それは特殊としての資本主義的産業社会とか、社会主義的産業社会が存在するだけである。したがって、彼の把握した産業社会の経済法則ないし企業原則は、資本主義的経済法則あるいは社会主義的経済法則によって限定をうけたものとして再把握されなければならないのである。そのようなものとしてドラッカー理論を取り扱わぬかぎり、それは資本主義擁護論の役割を果たすにすぎないか、あるいは逆にこれを頭から独占弁護論だとして超越的非難を浴びせるに終るであろう。」

そして、更に語を継いでいる。

「論を閉じるにあたって、われわれもまた〈自由にして機能する社会〉の招来を願うものであることを、表明する。だが、〈自由にして機能する社会〉の内容は、ドラッカーに多くの共感を覚えつつも彼のそれとかならずしも同じものであるかどうかは知らない。われわれは、不況と失業と貧乏が根絶せられ、しかも社会の成員一人一人が自由に各自自身の価値と信条をもち、それを表明し、しかも各人が彼の能力に応じて社会において地位と機能が保証せられる社会としての〈自由にして機能する社会〉を望む。そのような社会は夢想のものなのであろうか。」

この文を書いたころ、ようやく社会主義の現実を疑いはじめていた。貧困と抑圧と戦争の資本主義にたいする豊かで自由で平和を約束する社会主義の現実を疑っていた。ハンガリー事件・チェコ事件・ソルジェニーチンの告発、これが社会主義の現実か。何故だ。私はマルクスを読みかえし、彼の生きた時代背景を彼とても超えることは出来ないが、資本主義経済を論じてマルクス以上のもののないことを確認し、また初期マルクスにも少なからぬ共感を覚える。では、何故に肯定できぬ社会主義の現実が生じたのか。そして、このような疑問をいだいた私を認容しないマルクス主義者。マルクスの最も好きな言葉は「あらゆるものは疑いうる。」

社会主義の理想に共感しつつも、社会主義の未来を資本主義よりさらに抑圧的なものとなることを予言したウエーバーを読み始めた。そして、支配を所有より一元的に把握するマルキシズムから脱した。批判する対象であったドラッカーは、彼の自由＝責任ある選択論を通して、むしろ傾倒的な対象となった。私は『ドラッカー――自由・社会・管理――』（未来社、一九七二年）を一気に書き上げて、ミイラ取りがミイラになったと揶揄されたりした。私は、資本の問題・マルクスの理論も大事だが、組織の問題・管理の問題もそれに劣らず重要であるという認識をもつに到ったのである。そして、そこにドラッカーを再発見したのである。

私は、この本で経営経済学から管理学へ移行する第一歩を踏み出した。この本で最も力を入れたのは〈自由〉論である。そして、ドラッカーはアウグスチヌスの自由論を現代社会に引き寄せ、〈自由にして機能する管理〉の構築を目指した規範と理論と技術の三者をもった管理論者であると把握した。そして、この把握は、ドイツ経営経済学を学んで理論学派・規範学派・技術論学派の三分類把握に立ち、自分を理論学派に位置づけていた把握を、大きく転換させるものとなった。

そして、マルクスに依拠した学問のみを社会科学の真なるものとし他を似而非科学であると批判の対象とする科学観からの脱却は、私に〈科学とは対象と方法の限定の上に成り立つ学問である〉という認識を得させた。

ドラッカーから多くを学び、次々に出す新しい本から少なからぬ知見を得た。だが、ドラッカーは私が全面的に追随することの出来る存在ではない。それは、彼の資本主義観であり、彼の組織論の不徹底である。前者については、『産業人の未来』を書き、『新しい社会』を書いたにもかかわらず、*The Unseen Revolution: How Pension Fund Socialism came to America*, 1976（佐々木・上田訳『見えざる革命』ダイヤモンド社）、*Post-Capitalist Society*, 1993（上田・佐々木・田代訳『ポスト資本主義社会』ダイヤモンド社）を書かしめておる。後者については現代社会を組織社会と把らえているにもかかわらず、現実の具体的把握・ハウトウを追うあまり理論的追究が不十分であり、そのことを彼自身も述懐している。その渇を、私はウエーバーとりわけバーナードに求めた。『ドラッカー』（一九七二年）につづいて私は、『官僚制――現代における論理と倫理』（未来社、一九七三年）を書いた。アメリカ管理諸学説を学び、とりわけドラッカー、バーナード、フォレットを読み、それぞれについて幾つかの論文を発表して来た。

さて、私はこれまで特にドラッカーのテイラー像・科学的管理観について、特別な関心をもつことなく過ごして来た。それでも、関心がないわけではなく、次々に出版される彼の著作を読み、赤線が引かれており、かなりはっきりしたものが、つくられてはいた。

それは何よりも『現代の経営』を幾度か読むうちに、Ⅰ・管理の本質、Ⅱ・ビジネスの管理、Ⅲ・マネジメントの管理、Ⅳ・組織の管理、Ⅴ・従業員と仕事の管理の内容を逆の順序で再構築し直し、それをテイラー・システムに対してドラッカー・システムとして把握するようになっていた。

すなわち、ドラッカーはテイラーの科学的管理を「テイラー・システムの指導原理は〈計画と執行の分離〉である」と把握し、それを超えるものとして、〈計画と執行の分離〉は人間の本性に反するものであり、全ての仕事＝職務は〈計画と執行の統合〉の原則によって組織せられるべきであるとした。このような職務内容をもった組織は、それぞれの職務担当者が自己責任を自覚的にもって職務遂行する仕組みであり、それは、個人とともに組織の全ての単位が、計画権限と執行権限をもち自己責任をもつ分権制組織が構築されることになる。そして、そのような組織は当然、事業目的・課題達成のための目標達成が自覚的・自律的に為され評価せられる目標管理となる。このような管理システムは提唱者の名を取り、ドラッカー・システムとしてテイラー・システムに対比して把らえるべきである。そしてテイラー・システムは肉体労働者が主導的な時代に即応したものであり、ドラッカー・システムは知識労働者の時代に即応したものである。そして、ドラッカーはテイラーを生産性向上の道を切り開いた創始者であり、それは資本主義・社会主義をこえる第三の道である、とまで言っているが、それは言いすぎではないか。以上が私が把らえたドラッカーのテイラー像・科学的管理観であった。

なお、私の科学的管理観は、最初に書いた「テイラー・システム小論」と次に紹介したドラッカーのそれと、いまひとつ『経営学』（同文舘、一八七八年）のⅢ・「組織と管理」の2・「科学的管理法――テイラー・システム」である。これには、補論1「科学的管理の意義――レーニンとウエーバー」と補論2「官僚制」が付加されている。この時、科学的管理をいかなる文脈において把握しようとしていたかが、十分にうかがうことが出来る。そして、今読みかえしてみると、本文の終りに「科学的管理の本質」と題して次のように書いている。

「テイラー・システムは管理を科学的手法にもとづいて体系化した最初のものであるところに画期的意義がある。すなわち、これまでの知識・熟練・方法その他を集め、区分し、分類し、分析し、もって法則・原則を導き出し、形式化しそれによって技術をつくり出し、それによって管理を行う、その統合的体系をうちたてたのである。彼は〈精神革命こそが科学的管理の本質である〉と証言しているが、科学的管理こそ、その後、現在に到るまで管理の根幹である。」

私はここでのテイラー把握を、それはそれとして、アメリカ管理諸学説研究をつづけて来て、管理の科学化の道を進む多数の研究者たちを主流と名付け、人間とは何かに立って管理とは何かを根底的・体系的に問う一群を本流と名づけ、両者の源流はテイラーであると把握する見解を発表した。最初の発言は一九八六年のバーナード生誕百年記念の集会の時であった。だが、私はこの時テイラーと主流との関係は明確につかまれていたが、テイラーとそれに続く本流のフォレットとの内的連関が十分につかまれていないままに、過ぎていた。それが、はっきりする機会が予期せず訪れた。そして、私のテイラー像・科学的管理観が明確な形をとって立ち現われ、私の管理観もようやく一つの段階を迎えることになった。

一九九六年のはじめ、「ロビンソン・クルーソウとシュミット」と題するエッセーを書こうとして、書き直すうちに思わず五年を要して『科学的管理の未来――マルクス、ウエーバーを超えて――』（未来社、二〇〇〇年）と成った。経済学の象徴的人物としてとり上げたマルクスとウエーバーのクルーソウと経営学の象徴的人物として私がとり上げるテイラーのシュミットを対比させることによって、経済学と経営学の世界を画こうとしたものである。気づかずして、頭の中で育っていたテイラー像・科学的管理観がこの本によって自ら形をとって来たのである。

私は、科学的管理をテイラー・システムという技術的体系として把握すると同時に、テイラー・システムの指導原則・原理の理論体系としても把握するが、更にこれをテイラー自身が言ったように〈対立からハーモニーへ〉と〈経験から科学へ〉の精神革命と把握するのである。それによって、管理学の主流と本流がテイラーといかなる関係に立つか、そしてこの科学的管理観がレーニン・ウエーバーの科学的管理観を超える世界を開示してくれた。そして、冒頭の〈私の科学的管理観〉を野心をこめて発言することになった。

その時、私は冒頭にひいたドラッカーの〈テイラー頌〉論文を読んで愕然としたのである。私と同じことをドラッカーは既に言っているではないか、しかも前に一度それを赤線ひいて読んでいるではないか。やがて心も静まり想う。同じようなことを言っていたとしても、そして私はドラッカーから多くを学びながら、かなり異なった問題意識のもとに研究してきた者として、その内容はかなり違ったものであり、同じであるはずはない。どこが違うか。それは容易にみつかった。それは、ドラッカーの科学的管理観は作業の科学の創始であり、それが生産性向上という経済学・社会学的意義の強調であり、私のそれはテイラーが言う〈ハーモニーと科学〉の精神革命の意義という強調点の違いにある。

私は、テイラーを基軸に据えて管理諸学説を主流と本流に分けて『管理とは何か』（文眞堂、二〇〇二年）と題して一書にまとめるべく用意していた本に、新たに「精神革命としての科学的管理――『テイラー証言』考」と題する章を書き加えて上梓することにした。だが、なお書き足りないものを覚える。科学的管理とは何か、経営学とは如何なる学かの根本にかかわる問題として、この機会にふたたび筆を取っている次第である。[5]

四　両者の異同

ドラッカーと私のテイラー像・科学的管理観を対比させることによって、管理とは何か、経営学とは何か、その把握をより深くより豊かにしてゆきたい。

1　人類史的意義をめぐって

ドラッカーはテイラーを作業に対する知識を人類史上初めて適用することによって、その後の管理の諸科学の基礎を創ったと把握する。私もそう思う。だが、私はそれをテイラーの〈精神革命〉に立って把握する。すなわち、〈対立からハーモニーへ〉と〈経験から科学へ〉の後者に立って把握する。私はこのいわば宣言を人類史的なものと把らえ、作業の科学、テイラー・システムはその第一号であると把らえるのである。人類はその生誕以来数万年、十数万年を経験にもとづいて行為し生きて来た。それを「科学によって行動しようではないか」と言ったのである。この科学は、行為の有効的達成の為の科学であり、技術・技法のための科学である。テイラー以前にルネッサンス以降分科の学としての科学が発展して来、それが技術に応用せられてもいた。だが、テイラー以前の科学とテイラーの科学とは決定的に異なるところがある。それは、テイラー以前の科学・十九世紀までの科学は真善美の追求、真理の探究の科学であった。科学は同時に哲学でもあった。その科学がテイラーによって、特定目的の有効的達成のための科学となり、機能性追求を本質とする技術の前段階の科学となった。そして技術もまた科学となった。真理・知そのものの探求を目的とする科学が手段のための科学となったのである。二十世紀の後半になってテイラーの科学こそ科学であり、十九世紀までの真理追究の科学は科学ではなくなってきた。そして、今や大学の研究・教育の大半はテイラーの科学を指向するものとなってきている。

テイラー〈精神革命〉のいま一つの柱は〈対立からハーモニーへ〉である。ハーモニーは異なった音や異なった色が一緒になって美しい心地よい音楽や絵画となるように、異なった考え・利害をもつ人々が調和あり満足できる状況を生み出そうという規範である。テイラーはそれを高賃金・低労務費の実現によって労資の対立と職場の不和を克服しようとした。そして、「単なる能率増進のための諸技術とその体系すなわちハーモニーの追求を含まないものを私は科学的管理とは呼ばない」と明言した。だが、作業の科学を重視する人々はテイラーのこの発言をそのまま受けとめることを拒否して現在にまで及んでいる。

このテイラーの〈精神革命〉すなわち二つの規範に対して、ドラッカーは直接的には触れていない。ドラッカーさんは〈精神革命〉を叫んだ『テイラー証言』（一九一二年）を読んだことは有るのであろうか。Frederick Winslow Taylor, *Scientific Management, comprising Shop Management, The Principles of Scientific Management, Testimony before the Special House Committee.* Harper & Brothers Publishers, 1947 を手にすることは有ったであろうか。聞いてみたい。[6]

さて、いまあげたテイラーの本は、彼の三冊の主要著作が載せられている。*Shop Management* はテイラー・システムの技術的体系が画かれ、*The Principles* はテイラー・システムの原理・原則が記述せられ、*Testimony* は科学的管理の本質として規範が語られている。私はここに、ドイツ経営学が学派分類としてつかまえた経営学の学問内容である技術・理論・規範の三領域が自ずから三つの業績として出されていることに驚く。経営学はまさにこの三領域から成り、多くの者は、そのどれか一領域を重点的に追求している。私はこのようなものとして、経営学を把らえる。ドラッカーの場合はどうであろうか。

ドラッカーは、明らかにこの三領域をもったライターである。彼は、現代社会・現代企業をいかに把握するかの理論書を書き、テイラー・システムに対してドラッカー・システムとも言うべき技術的体系を構築した『現代の経営』を書き、イノベーションの理論と技法の書 *Inovation and Entrepreneursip*, 1985（小林宏治監訳『イノベーションと企業家精神』ダイヤモンド社）等を書いている。そして、彼は自由論をもち自由という規範を掲げた管理を標榜し、更に大著『マネジメント』のまえがきの中で「マネジメントは規範であり、少なくとも規範となりうるものが、本書の全体を通して主張せられている」、と言っている。

では、私がドラッカーのテイラー像・科学的管理観について同意できないところは、どこであろうか。それは、科学的管理が現代社会においてもつ意味の違いにある。

ドラッカーは、テイラーの作業の科学の創始が人類史上はじめてであり、それに立って生産性向上の道がきり開かれ、それは資本主義・社会主義を超えた産業社会における第三の道と論じた主旨に、異論をもつのである。既に指摘したように、私はテイラーの作業の科学を人類はじめてと位置づけ、それが管理諸科学の出発点となったことに同意する。それを〈経験から科学へ〉の管理規範のもとに把握し、彼が人間協働そして管理の科学の創始者として把らえる。そして、限定された対象として作業につづいて人間関係・組織・意思決定・環境等が管理の科学の対象として登場して来ていると把握する。そして、この管理の科学化を追求する研究者たちを管理論の主流と名づけた。

だが、テイラーが管理論の創始者としての意義はこれにつきるものではなく、〈経営から科学へ〉とともに、〈対立からハーモニーへ〉の規範を大きくかかげたことである。彼は人間協働そして管理の最大規範として〈ハーモニー〉をかかげたのである。これを欠いた技術的体系を科学的管理と言わぬとの言明については、既に紹介した通りである。〈ハーモニー〉は今風に言えば〈統合〉である。異種・異質の諸要因の統合こそ管理の第一規範と彼は主張していると思う。そこに、管理がかかわる諸科学を統合的に把握し、人間協働・組織がはらむコンフリクトの統合を目指す学として、テイラーは管理論をうちたてたことを、ドラッカーは積極的に「テイラー頌」で唱い上げるべきであったのだ。そして、ドラッカー自身これまた自分の前の注目すべき経営学者としてノミネートしたテイラー、フォレット、バーナードはこの系列に立つ管理学の本流である。そして、またドラッカーもまたその巨人である。だが、彼自身はその位置と意味を意識的につかんでいない。

更に追求すれば、生産性向上こそ産業社会における資本主義・社会主義をこえる第三の道という彼の見解が俎上に登ることになる。彼は、テイラー自身が「科学的管理は高賃金・低労務費を実現して、労資の対立・職場内の不和を克服して永久平和をもたらすことを意図し、それを可能にするもの」と主張していることにそのまま追随している。そして先進国においては階級斗争がなくなったのは、テイラーの〈生産性革命〉によるものであり、「近代を創った人間はダーウィン・マルクス・フロイトとよく言われるが、マルクスに代わってテイラーを掲げるべきである」（『ポスト資本主義』訳書八二頁）と言っている。

テイラーは職人から出発し、職長となり、技師となり、工場長となり、コンサルタントとしての経歴をもつ人物であり、彼の生きた時代に全人生をかけて生み出した技術的体系の原理・原則と規範を述べることによって、科学者・理論家・思想家・哲学者の域に達した人物である。だから、彼の思想・哲学は、彼の生きた現場に則して理解されねばならぬと同時に、それを超えた世界・時空にわたって把握されうるものである。ドラッカーもまた、そのように指摘している。すなわち、マルクスの社会主義革命に対置して、生産性革命の提唱者として、テイラーを位置づけているのである。

私は、ドラッカーの「マルクスに代えてテイラーを」という生産性革命説をとらない。しかも、ドラッカーは生産性革命につづくものとしてマネジメント革命を提唱している。生産性革命は肉体労働者が主力をなしていた時代におけるものであり、知識労働者が主力となって来た時代に即応するものはマネジメント革命である、と言うのである。そして、生産性革命におけるテイラーの位置になぞらえてマネジメント革命における彼自身を置いている。肉体労働者の作業の科学化とそれを支える課業管理のテイラー・システムを生産性革命と名づけ、知識労働者によって担われるイノベーションとそれを支える分権制・目標管理のドラッカー・システムをマネジメント革命と言えば言えるであろう。だがテイラー自身は、テイラー・システムの創始者でありながら、その技術的体系に全く固執していない。彼はテイラー・システムという流布している呼称をきらって科学的管理と呼称し、その本質は精神革命であり、その内容はハーモニーと科学であると言った。彼こそ、従来の管理に対して、人類が生まれてこの方経験にもとづいた行動・協働行動をして来たのに対して、〈経験から科学へ〉、そして更に〈対立をやめてハーモニー〉を掲げて管理世界を切り開いたのである。この人類史的な革命的変革の流れを、ドラッカー・システムは一歩も踏み出してはいない、と私は把らえる。

2　テイラーとマルクスをめぐって

まだ問題が残っている。それは、テイラーの生産性革命が資本主義・社会主義を超えた第三の道というドラッカーの把握である。もし、それが真なりとすれば、たしかに彼の言うように、マルクスはテイラーにより完全に過去のものとして捨て去られた存在・葬り去るべき存在であろう。たしかに、ブルジョアジーとプロレタリアートの階級対立とその止揚を説いた『共産党宣言』のマルクスは、過去のものとなったと言えば言えるであろう。だが、『資本論』のマルクスは未だ生きており、過去のものとなってはいない。

私は、現代社会をマルクスのいう意味での階級社会であるとは把らえないし、現代社会を組織と知識の産業社会であると言うドラッカーに反対しない。だが、現代社会はマルクスの時代そして現在も依然として資本制生産社会であり、資本制生産は疑いもなくあらゆる地域全ての人々の生活に深く深く浸透して現在に到っている。市場原理・市場経済という言い方が一般的となって来たが、ことは同じである。市場原理の貫徹する経済は利潤なくしては成り立たぬ経済であり、ドラッカーはそれを未来費用の回収といい、顧客の創造が企業目的であり、それはマーケティングとイノベーションによってのみ可能と喝破した。それは生産性向上の競争経済であり、優勝劣敗のサバイバル・ゲームの世界である。リストラ・失業・倒産の世界であり、後進国の貧困と飢餓の世界であり、自然破壊・社会不安増大の世界である。市場原理第一主義のアメリカが環境破壊にブレーキをかけようとする京都議定書に加わることを拒むなど象徴的である。マルクスの時代と現代との資本制生産社会の違いは、ドラッカーが指摘するように、かつて、その所有者に社会的地位と社会的機能と所得を与えた財産はなくなり、今や財産は諸個人の消費財の質量原資となった。かつて個人が所有した生産手段は機関所有になって来た。だが、資本制生産・市場経済はますます市場原理第一主義となり、その矛盾は〈生産性向上〉によって解消されるのではなく、むしろ増大の一途を辿っている。

その資本制生産の論理を本質と現象・抽象から具体に向かって論述し、その部分と全体を画いたのが『資本論』であり、著者マルクスである。時代の進展は『資本論』を追いこして行っているが、資本制生産社会の最深部・基本的法則を把らえてこの書を越すものを、私は知らない。『共産党宣言』は時代後れの書となった故に、マルクスの資本制経済の分析の書『資本論』を無視し、更には資本制経済＝市場経済が現代社会においてもなお深化・拡大している現実から目をそらすことは出来ない。こう言えば、もっと簡単である。われわれは、貨幣と商品なくしては生きてゆくことは出来ない社会に生き、貨幣・商品・資本の運動法則の外で生きることは出来ない社会に生きている。ドラッカーの言うように、現代は組織と知識の時代である。だが、組織と知識の発展は生産性の向上をもたらすが、それ自体は資本を排除し資本にとってかわるものではない。企業が資本の法則から一歩もはみ出すことは出来ず、そのことを前提にして企業の存続をマーケティングとイノベーションによる顧客の創造を企業目的として企業維持することが、現代社会の最重要課題だと説くドラッカーを、私は〈資本物神の預言者〉と言うのである。

もちろん、この資本制経済の問題が彼から完全に払拭されているわけではない。だからこそ、彼は『見えざる革命――いかに年金基金社会主義がアメリカに到来したか』を書き、さらに『ポスト資本主義社会』の題名の書を著して資本主義に対するこだわりを見せている。そしてまた、彼は企業機能をマーケティングとイノベーションの二者であると説きながら、イノベーションに関しては『イノベーションと企業家精神』を書いている。そして、イノベーションの技術的・経済的表現としての〈生産性向上〉について一貫して論じ、テイラーをその始祖として奨揚しているにもかかわらず、マーケティングについては一書も著していない。マーケティングを論ずるとなると、その技法・技術を示すとともにその技法・技術の基礎をなす原理・原則を論じなければならず、それは市場とは何か、市場はいかなる法則をもって動いているかを論じなければならない。それは個別資本と総資本の運動法則について、自から触れざるをえないことになるはずである。彼はマーケティングとイノベーションを二大機能としてかかげながら、前者については詳述することなく、後者のみを〈生産性向上〉問題としてこれを社会経済の根幹問題として論を重ねるのである。

五　むすび――要約と問題――

いかなるテイラー像・科学的管理観をもつかは、いかなる管理観をもち経営学とはいかなる学であると考えているかによって異なる。テイラーの業績を読むことなしにはテイラーの深奥に迫ることは出来ないが、またテイラーの業績を読むことだけでは彼の位置と意味を読み込むことは出来ない。

ドラッカーは、テイラーを自然科学におけるニュートンの地位を社会科学において与え、テイラーの作業の科学を人類史的意義をもつと言う。私もそう思う。そして、作業の科学は経営諸科学の基礎となり、テイラー・ディシプリンこそわれわれ経営学徒のディシプリンであり、そのことを誇りをもって言えるまでに経営学は成長しているという把握についても、賛意を表する。

だが、作業の科学を人類史的といい、テイラーをニュートンに対比して把握するというとき、私はドラッカーの把握をふくみながら、それをこえた把握をする。すなわち、〈対立からハーモニー・経験から科学〉の精神革命こそ科学的管理の真髄だと言ってその礎石を据えたテイラーを人類史的・ニュートン以上と言うのである。ドラッカーは〈経験から科学へ〉の一本柱しか見ていない。それも十分とは言えない。

〈対立からハーモニー〉をとり上げたとき、テイラーは具体的には労資の対立・職場内の不和を人間とは本来いかなるものかの把握に立って現実的な方策を求めた。そして、この規範を実現しようとするとき、テイラーはそこまで踏みこんではいないが、ハーモニーとは何か、人間協働におけるハーモニーとは何か、すなわち統合とは何かが不可欠の課題となる。その解明に大きな業績をあげたのが、M・P・フォレットである。彼女は夫婦から学校・企業・国家・国際間にまで及ぶ人間関係・組織における一切の対立・コンフリクトの統合を問題とした。

ハーモニー＝統合を実現するためには、対立する諸要因の体系的把握を必要とする。協働体系を異なった諸要因に分解し、その統合の理論的体系をシステム・アプローチを駆使して構築したのがC・I・バーナードである。

そして、ドラッカーはフォレット、バーナードを学びつつ、肉体労働者中心時代のテイラーシステムに対して知識労働者中心時代に即応したドラッカー・システムを構築したのである。その時、ドラッカーはユダヤ・キリスト教的人間観に立つ規範と理論と技術の管理の三領域を兼ね備えたテイラー以来の巨人となった。そして、彼をふくむ学統は彼のテイラー像・科学的管理観をこえて、テイラーの徒であることを誇りをもって言えるまでに経営学は成長しているという把握にも全面的に賛意を表する。

だが、彼が作業の科学の社会科学的意味として、これは生産性向上の最初の記念すべき、礎石であり、これこそ資本主義・社会主義をこえた第三の道の提唱者としてマルクスを超えた唯一の社会哲学者である、とドラッカーが言うとき、私はこれに追随することは出来ない。

ドラッカーは、『資本論』を読んだことがあったであろうか。あったとしたら、「生産性向上」を「相対的剰余価値の生産」としてマルクス理論の大きな柱として論じていることに止目するはずである。そして、マルクスが「労働」に対するすぐれた科学的分析をしていることに無関心ではありえなかったはずである。そして、マルクスとテイラーの労働と作業〈科学〉の異同についても看過することはなかったであろう。ドラッカーはライターでありアカデミズムの徒ではないから、その点についてこれ以上言う必要はない。

ともあれ、彼は彼の把握する科学的管理観の延長線上に巨姿を現している。すなわち、彼の言っている科学的管理は管理の科学化・科学＝技術化を指向するものであり、私の言う主流に彼は属するものである。だが、ドラッカーの諸業績はまさに本流の巨人というべき存在である。彼は大著『マネジメント』に〈課題・責任・実践〉と副題を付け、この三者を貫くものを規範として把握し、この書を規範の具体的展開論述と言い、この本によってマネジメント論は全く新しい次元に立ったとの自負を表明しているが、そのプロト・タイプは既にテイラーによって打ち出されていることを認識していない。

以上のドラッカーと私のテイラー像・科学的管理観の異同は、全てテイラーの〈精神革命論〉の理解の違いに縁由すると思われる。ドラッカーは「テイラー証言」を読んでいなかったのではないか。読んでいたら、私と同じようなテイラー像・科学的管理観をもったと思う。ドラッカーの業績はそのことを示している。ドラッカーは、テイラーシステムの原理・原則を論じた『科学的管理の原理』を中心とし、そこからテイラー像・科学的管理観をつくり上げている。

しかしながら、ドラッカーが「テイラー証言」を読み、〈精神革命〉論の決定的な重要性について私と同じ把握をもったとしても、なおドラッカーと私のテイラー像は限りなく接近することは無いように思われる。あるいは接近するかも知れない。それは、マルクス像・資本主義観をめぐるドラッカーと私の違いであり、更にはこの問題を軸としてテイラー・科学的管理はどのように把握されるかの問題である。

ドラッカーはテイラーを作業の科学――生産性向上――資本主義・社会主義を超えた第三の道――マルクスの超克という見解を「テイラー頌」論文でまず示した。そして、大著『マネジメント』をまとめたドラッカーは、テイラーをも含めて旧来のマネジメントの次元を全く新しい次元に引き上げたと自負したとき、彼に新しい歴史認識が生まれた。それは、知識を軸とする歴史認識である。資本主義社会はテイラーによる知識の仕事への適用にもとづく生産性革命により過去のものとなり、ポスト資本主義社会は知識の知識への適用を組織をもって行う

〈マネジメント革命〉によって第二次大戦後に展開しはじめた、と論じ、〈マネジメント革命〉の旗手としての自負をもつに到っている。

興味深い立論である。だが、彼は資本主義ないしは資本制生産社会の把握において不徹底である。彼は資本の所有を重視し、資本の機能を注視しない。彼の説くマーケティングとイノベーションは資本運動の担い手たちの自己存続の不可欠の行為原則であり、それのみが自己存続のサバイバル・ゲームの手段であるという認識に達していない。だから、この存続をかけた行為によって展開する資本運動の世界のプラスの側面を注視しても、マイナスの側面を注視しない。知識において資本運動に奉仕する内容をもつもののみ、機能性追求の知識だけが重視せられる動向に対する憂慮がない。

生産性革命のテイラーに対してマネジメント革命のドラッカーという図式は成立しうる。肉体労働時代のテイラー・システムに対する知識労働時代のドラッカー・システムという把握である。だが、テイラーとドラッカーの違いは、テイラーの切り開いた世界の外にドラッカーは一歩も出ていないのである。テイラーこそマネジメント革命の創始者である。だからこそ、他人の使うテイラー・システムという呼称を使わず、科学的管理という表現にこだわったのである。そして、ドラッカー・システムは、テイラー・システムを段階的に超えてはいるが、科学的管理は一歩たりとも超えていない。しかもハーモニー命題が腰くだけとなっている。

ドラッカーは科学的管理のいま一本の柱、これなくしては科学的管理とは呼ばぬとテイラーの言った〈対立からハーモニー〉をわがものとすべきであった。ウエットなハーモニーはドライな表現をすれば統合・インテグレーションである。テイラーは当時のコンフリクト、資本運動が惹き起こすコンフリクトを職人・職長・技師・技師長の経験から把握した労資と職場内の不和・対立のハーモニー・統合を見据え、それを克服するものとして科学的管理を提唱した。つづくフォレットの統合は、地域社会、国家、国際間のコンフリクトまで視野に納めた。バーナードは組織と環境の一切のコンフリクト発生要因を分析して、有効性と能率の二原則をうちたてた。機能と統合である。

テイラー、フォレット、バーナードに続いたドラッカーは、せっかく人間の本質を自由＝責任ある選択と把らえてマネジメントのドラッカー・システムを構築したのだから、ドラッカー・システムが惹き起こす諸々のコンフリクトをインテグレートすべきであったのだ。彼は経営者の資格要因の第一にインテグリティをあげているではないか。彼の統合は〈計画と執行の統合〉に向かって、彼が喝破した企業活動たるマーケティングとイノベーションが惹き起こす諸々のコンフリクトに向けられること、あまりにも少ない。現代社会・現代文明を論ずるマネジメント学者たるドラッカーのこのような欠落は、ただに資本に対して所有的アプローチをもってするだけで、機械的アプローチを欠除していることによる。ドラッカーの自由は本来統合・ハーモニーと切り離ち難い概念ではなかったか。

では、テイラーの科学的管理をもって資本運動にいかに対処するか、科学的管理と資本運動とはいかなる関係にあるか、この問題については、稿をあらためて論ずることになる。

注

（1）「テイラー頌」論文を二度目に読む機会を与えられたのは、桑原源次「ドラッカーのテイラー再評価に関する覚え書(1)(2)(3)」（『白鷗大学論集』Vol. 8-2, 9-1, 2, 1994, 1995）のおかげである。戦後日本のテイラー研究史を飾る『科学的管理研究』（未来社、一九七四年）の著者による丹念な業績である。この論文によって、私は「テイラー頌」論文を再度読むことになった。この桑原論文を読むことなしに、この稿はない。

（2）この引用文は、経営学史学会編（第7輯）『経営学百年——鳥瞰と未来展望——』（文眞堂、二〇〇〇年）に掲載されたものと同じではない。紙数が制限されたため、予稿をそのまま、許容枚数のところまでを載せた。報告のフル原稿は、「科学的管理——その展開と未来」と改題して「AURORA」（道都大学 *Management Review* No. 2, 2000）であり、引用文はその「はじめに」の部分である。

（3）P. F. Drucker: *Adventures of a Bystander*, 1979.（風間禎三郎訳『傍観者の時代』ダイヤモンド社）四〇三頁。

（4）生産性革命は、知識を軸に把らえられたものだが、テイラーの作業の科学の背景にある科学教育の状況を画いたものに、大島雄一『近代的管理の成立――管理者としての機械技師群の形成の研究』（成文堂、一九九七年）がある。

（5）科学的管理はテイラー・システムの技術的体系として、アメリカでも特に日本では把らえられていた。アメリカでこれが成立した時、労働組合の激しい反対運動に会い、日本でテイラー研究の最盛期を迎えたのは、日本の労働組合運動の解放された敗戦後であった。小林康助教授によって訳された Milton J. Nadworny, *Sientific Management and the Union, 1900～1930, A Historical Analysis*, Harvard University Press, 1955.（小林康助訳『科学的管理と労働組合』一九七〇年「新版」一九七〇年）Jean T. Mckelvey, *AFL Attitudes toward Production, 1900～1932*, Cornell University, 1952.（小林康助・岡田和秀訳『経営合理化と労働組合』風媒社、一九七二年）なども、そのような関心を満たすのに大きなものがあった。どちらの本も、アメリカ総同盟と科学的管理との対立・斗争そして和解・協調を十分な資料を示しながら画いている。この度、開いてみてこの本のもつ奥行は当時学んだものより更に深いものであることを知る。

日本の科学的管理把握を新しい次元に引き上げてくれたのが、中川誠士『テイラー主義生成史論』（森山書店、一九九二年）である。だが、この本の「精神革命」評論は私とは異なる。積極的な評価をしていない。積極的に評価したものとしてわずかに知るものは、これも小林康助教授の次の訳書である。

George Filipetti: *Industrial Management in Transition*, 1953.（小林康助監訳『経営管理論史』同文舘、一九九四年）。

この書の第一章で著者は次のように言っている。「科学的管理の本質的特徴をなす〈精神革命〉は、産業の領域ではますます重要な関心事となりつつある」と言い、「現代の管理の諸技法・諸原則およびその態度の一切の基礎はテイラーによって構築された」と言っている。この発言のかぎりでは、私の把握と全く同じである。だが、彼の書物の展開は、「精神革命」の〈経験から科学へ〉の柱のみに立っており、〈対立からハーモニーへ〉の柱が重視せられていない。

（6）上野陽一訳ならびに編『テーラー・科学的管理法』（技報堂、一九五七年）。この訳本には原書にない「I出来高払制私案」と「V成功論」が付加されている。

ドラッカーが手にしたのは、*The Principles of Scientific Management by F. W. Taylor, M. E., ScD. Past Precident of A. S. M. E.*, Harper & Brothers. 1911. だけであろうか。

参考文献

(1) F. W. Taylor の諸著作及び関連書。
(2) P. F. Drucker の諸著作及び関連書。

(3)
拙著『科学的管理の未来』（未来社、二〇〇〇年）。
拙著『管理とは何か』（文眞堂、二〇〇二年）。

第五章　ドラッカーのコーポレート・ガバナンス論

初出、「経営者支配の正当性—コーポレートガヴァナンス論としてのドラッカー」
『中京経営研究』第六巻第二号、一九九七年

一　はじめに――経営者支配に正当性はあるか――

産業社会・企業社会、更にはポスト産業社会などとも呼ばれる現代である。そして、企業を支配し、産業を支配し、現代社会を支配しているのは資本の所有者ではなく経営者であるという事実認識は、既に一般的なものとなって久しい。だが、経営者支配を成り立たしめている根拠は何であるか、そして経営者支配に正当性はあるか、そして正当性の根拠は何であるかについては、未だ共通の理解には達していない。

現代大企業はいずれも株式会社であり、もともと株式会社は株主という資本所有者の会社支配機構としての法的制度として創出され存在しているものである。したがって、経営者支配の根拠を所有と何等かのかたちないしは連関において結びつけようとする努力が、さまざまな仕方でなされることになるのはけだし当然の成り行きである。ある論者は、経営者は現代においても依然として自社株の所有者であり、自分の株式所有を増大せしめようと努力しているとの実証的研究をした。(1) また、ある論者は甲なる経営者がA社の支配者であり、乙なる経営者がB社の支配者であるのは、A社がB社の株式を所有し、B社がA社の株式を相互に所有し合うことによって、甲と乙が相互に信認し合うことになり、かくして経営者支配が成り立っているのだという説をたてている。(2) さらにある論者は、所有にもとづいて支配されている法的機構において、所有していないものが支配者であるのは、拾った物・取った物を自分のものとして勝手に使う〈占有〉によるものだ、(3) と論じた。

経営者支配が成立して来たのは、株式の分散に伴い他人の所有までもわが意のままに動かすことの出来る大株主＝資本家の消滅、そして個人所有の分散・縮小に代って機関＝組織体に所有が集中し拡大して来たからである。所有にもとづいて支配する個人＝資本家がいなくなって、かわりに経営者が支配者として登場して来たわけである。このような状況のもとにある経営者支配を、なおもその根拠を所有に求めることは、かなり無理な作業となる。[4] あくまで所有に関連づけるとすれば、占有説がそれなりに筋の立った説明と言えるかもしれない。では、経営者は所有者ではないのだから、他人のものを勝手にわがものとして使う占有者とみるべきであろうか。

経営者が会社支配をしているのは、会社の最高意思決定機関である株主総会が完全に形骸化し、取締役会が実質的に最高意思決定の役割と地位を占め、最高意思決定を行使しているからである。従って、経営者支配の積極的な根拠は経営者の地位と能力とにあるとみるのが自然な把らえ方となる。

経営者支配の根拠をその地位と能力とに求めるとすると、そこに一つの大きな問題が生じて来る。それは、支配の正当性をめぐる問題である。すなわち、株式会社という制度は株主が彼の所有する株式のもつ議決権（最高意思決定権＝支配権）・配当請求権（利潤分配権）・書類閲覧権・残余財産分配権等の支配的諸権利を行使することによって成立せしめられ機能している法的な制度である。一言でいえば、株式会社における諸権利の基礎は所有にある。したがって、所有にもとづかない支配は正当な支配ではなく、経営者支配もまた正当な権力ではない。と言わざるをえなくなる。では、経営者支配は正当な根拠をもたない支配であるのであろうか。そしてまた、経営者支配は正当な支配たりうるであろうか。

1　支配の正当性とは何か――正当性と正統性――

経営者支配の正当性を論ずるには、まず正当性とは何か、支配の正当性・権力の正当性について考えてみる必要がある。

正当性という言葉は、今では一般に使われており、特別な言葉ではない。だが、日本においてこの言葉が一般化したのは戦後の五〇年たらずのことであり、ここ三〇年位の間のことである。〈正当性〉という言葉はもともと日本には使われていなかった。日本にもともと使われていたのは〈正統性〉という言葉であった。だから、legitimacy, Legitimität の訳語を〈正当性〉ではなく、〈正統性〉をもって当てていた。今でも、legitimacy, Legitimität の訳語を〈正当性〉ではなく、〈正統性〉として用いている学者も少なくない。

手近かにある辞書でみると、昭和八年版の大槻文彦『大言海』富山房には「せいとう＝正統」（一統の條、正しき系統・正當の血筋を受けて継ぎたる天子）は出しているが、「せいとう＝正当」はのっていない。昭和五三年版の藤堂明保編『漢和大辞典』学習研究社には「正統・正しい血統、正しい血統の天子、学派・党派の正しい系統」は出ているし、「正当（當）」も出している。「正当（當）①正しく当る、②ちょうど・あたかも、③道理にあたって正しい、④正直でまめなこと」とあり、②は俗語③④は常用漢字にはなく、日本語特有の意味の（国）と表示されている。新村出『広辞苑』岩波書店・昭和五年補訂版には、「正当、正しく道理にかなっていること」、「正統、正当な血統」と出している。

legitimacy, Legitimität の訳語としての〈正当性〉に私がはじめて接したのは、世良晃志郎訳・マックス・ウェーバー『支配の社会学Ⅰ』創文社・昭和三五年であった。それまで、私には正統性という語はあったが、正当性という語はなかった。以来、私は正統と正当を使い分けている。だが、使い分けていない人も少なくない、新訳語としての正当性を依然として正統性という漢字をそのまま使っている学者も多くみかける。たとえば、見田宗介・栗原彬・田中義久編『社会学辞典』弘文堂・昭和六三年の項目には legitimacy, Legitimität の訳語として「正当性」ではなく、「正統性」をあてている。その主要文献として J. Habermas, *Legitimationsprobleme im Spätkapitalismus*, 1973（細谷真雄訳『晩期資本主義の正統化の諸問題』）があげられている。そして森岡清美・塩原勉・本間康夫編『新社会学辞典』有斐閣、一九九三年には「正当化」・「正当性」・「正当性概念」の三つの項目があり、そのいずれも世良訳ウェーバー『支配の社会学』を参考文献にあげて説明している。

legitimacy をランダムハウスでひいてみると、「合法・適法：真正、正当：嫡出・正統・正系」と出ている。legitimacy はもともと語幹の leg は legal の略であり、「法・法律・合法・適法」をもととして出来ている語である。legitimacy はもともと合法性・適法性の意より出発していても、それが正当性の意に用いられるようになれば、正当性は正当性としての独自の意味内容をもった語として成長してくる。

支配の正当性・権力の正当性とは、命令＝服従関係の性格の問題である。命令が受令者にとって服従されるには、三つの根拠が考えられる。一つは力・暴力による強制であり、それには単純な腕力・体力によるものから、武器をもち集団をなすもの、例えばやくざや警察や軍隊によるものなど。二つには、利害状況によるものであり、所有関係・賃借関係・売買関係あるいは独占的地位によるものなど。三つには、受令者の側が命令に妥当な根拠を見出して、一つ目のように外部から強制され消極的に命令に服従するのではなく、内面的に納得して積極的に命令に服従する場合である。この三つ目のものが支配の正当性・権力の正当性として把らえられるものである。現実の命令・服従関係の多くは単独のものではなく、二者または三者の複合的なものが多い。

よく知られているように、ウェーバーは支配の正当性の根拠より三つの純粋型をあげ、合法的支配、・伝統的支配・カリスマ的支配の三類型を打ち出している。合法的支配は法による支配であり、その最も純粋な型は制定規則の体系によって支えられた官僚制であるとしている。伝統的支配は、昔から存在する秩序と支配権力の神聖性を信ずる信念にもとづいており、その最も純粋な型は家父長制である。カリスマ的支配は、支配者のもつ人とこの人のもつ天与の資質（カリスマ）、とりわけ呪術的権力・啓示や英雄性・精神や弁舌の力とに対する情緒的帰依によって生ずる。その最も純粋な型は、予言者・軍事的英雄・雄大なデマゴーグの支配である。

ウェーバーの天才の枠をこえようとして、われわれは容易にこえることは出来ない。この三類型は支配状況の存在するところに純粋型として多かれ少なかれこの三者を見出すことが出来ると同時に、この類型論は単なる類型論であることを超えて歴史論でもあるところに凄さがある。現代社会における特徴的な支配類型はまさに合法的支配であり、合法的支配の現代に先立つ社会の特徴的な支配的類型は伝統的支配であった。伝統的支配は家共同体・村落共同体さらには氏族共同体における支配類型であった。共同体こそ伝統の母胎であり、共同体の解体とともに近代・現代が成立したのである。氏族共同体・村落共同体・家共同体の支配類型の伝統的支配の中核は、まさに支配者の血統であり、正系・嫡出が問われ、正当性は正統性をその内容とした。

近代化・現代化は、共同体の解体・徹底的な解体である。バラバラになった諸個人は立法・司法・行政の秩序社会をつくり上げた。現代社会の支配類型はまさに合法的支配にほかならない。そして、歴史の転換に役割を果たすものはカリスマ的支配である。レーニン、スターリン、そして毛沢東を想起すればよく分かるであろう。

日本はながく家社会であった。家族は家であった。農家、町家はいうまでもないが宗教団体も家であり、統法組織としての藩も家であった。家連合国家である徳川幕藩体制は明治維新によって家統一国家となり、家的法秩序のもとに近代化を押し進めた。それは昭和二〇（一九四五）年の敗戦まで続いた。この時期まで、日本の辞書には正当性・支配の正当性なる語も概念もなかった。あるのは、正系・嫡系・家筋をとう正統性だけであった。南朝・北朝が問題とされ、徳川家の上に天皇家が存在することが問題とされた。支配の正当性が論じられ辞書に正当性が登場するのは、敗戦後の家的法体系とその秩序の解体・消滅の動向を背景としたのである。

日本は支配の正統性を問題にしたが、正当性は問題にしなかった。正当性と言えば、即正統性であった。正統性は伝統的支配の範疇に入るものである。前近代の支配類型が昭和の敗戦まで続いたのは、明治以降の近代化を家社会・家国家としての法体系のもとに推進してきたからである。そして、今ようやく戦後五〇年にして正当性が問題とされ始めて来ている。正しいスジ＝統かどうか、どのスジ＝統に属するか、ではなく、彼がその地位を占め、そのような命令を下すのは正当かどうかが今ようやく問われるようになって来たといってよかろう。

正当性に関する理論の先進国である欧米の理論は学ばねばならない。だが、日本社会における正当性の問題は、単に欧米諸理論の機械的適用のみで事足りるものではない。

2　法、そして所有と支配――経営者支配に正当性はあるか――

現代社会における支配の正当性の根拠は、何よりもまず法である。では、何故に現代社会の支配の正当性の根拠は法であるか。

支配の正当性の根拠は、その社会を統合し秩序づけている理念に立脚したものでなければならない。では、現代社会の理念は何であるか。それは民主主義である。民主主義は諸個人が基本的人権の所有者として、〈人民の、人民による、人民のため〉の政治と支配がなされることを求める。具体的には、諸個人の基本的人権は法によって与えられ、立法・司法・行政の三権分立の制度として制度化せしめられている。現代社会の支配の正当性の根拠は何よりもまず法である、と言わねばならない。では、株式会社における支配の正当性の根拠は何に立脚するのか。株式会社も現代社会における制度であり法的制度であるかぎり、そこにおける支配の正当性の根拠は法である。具体的にみてゆくことにしよう。

現代社会は経済的には市場社会である。市場社会は法的には契約社会であり、財産権・所有権を法的に保証した社会である。株式会社は何よりもまず会社財産の持ち分を等額に細分した株式の所有を証明する株券の所有者である株主のものである。株主は当然に所有権の内容である使用・収益・処分の権利をもつ・具体的には株主総会における議決権、そこで会社の最高意思を決定し、取締役＝経営者を選任して経営権を委譲し、監査役をもうけて経営者の行動を監査し、会社財産の運用によってあがった利潤を配当請求する権利をもち、さらには所有する株式を売却することも出来る。売却せられた株式を購入した株主が、新たな所有者となるわけである。国民を主権者とし最高意思決定の議会をもち、その執行をする行政と司法の制度のミニチュア版として、株主を主権者とする株主総会、その執行をする取締役会、そして監査役をもつ株式会社がある。株式会社は株主支配・所有者支配の法的制度である。

主権在民の国家体制と株主主権の株式会社制度とは、支配の観点からみて同じ法的支配に正当性の根拠を置くといっても根本的な違いが横たわっている。それは、国民一人一人が全て主権者としての権利をもっているのに対して、株式会社における財産の運用には必ず雇用せられた諸個人が存在することになり、その会社従業員は命ぜられるままに行動するにすぎない存在である。株式会社の社員はあくまで株主=所有者であって、従業員は法的には社員ではない。

次に、国民諸個人は一人一票の投票権をもち自分の代表を選出するが、株主の議決権は一人一票ではなく、一株一票である。したがって、株式会社の支配権は大株主支配となる。株式が分散し、中小株主の比率が増大すればするほど、大株主は中小株主の所有部分を全てわがものとして自己の意思のままに動かすことができる。したがって、株式会社は他人の資本を自己の資本として運用する制度である、という主張が生まれて来る。

株式会社における所有と支配の問題は、更に単純な物の所有とは異次元の問題をふくむのである。単に使用価値物の所有権と株式の所有権とは、使用・収益・処分権という原理論的レベルでは何等ことなるものではない。だが、株主が株式の所有という形で出資している資本は、一方では具体的な使用価値物=会社財産として現実的に運用され、利潤をあげるという運動すなわち現実資本の運動体として存在している。ところが他方において、株主が実際において所有しているものは株券であり、株券自体が株券に記入せられた額面とは全く違った価格をもった利潤証券・投機証券としての価格をもって転々流通するという擬制資本の運動を辿っているのである。

利潤証券としての株式の価格は、原理的には配当の利子換算によって成立する価格であり、配当の利子化は株式所有という自己資本の所有を銀行利子と同じ他人資本の所有と同じうする実質をもつ。さらに、現在では株式は配当目当ての株式購入ではなく、まったく売買差益を追う投機対象となっている。自己資本それも大株主でさえ、いつ何時たりとも、株式売却が可能であり、回収期間の固定の他人資本の所有者以上に株式所有は無責任所有である。自己の意思決定に制度的に責任をとらなくともよい意思決定は、そこに正当性を認めることが出来るであろうか。責任ある意思決定のみが、正当な意思決定であり、正当な支配となる。その意味からすれば、株式会社の法的支配は所有者支配に正当性の根拠を置く制度ではあるが、本質的には無責任な支配であり、そこには十全な意味での支配の正当性は存在しない。

株式会社の規模が大きくなり、株式の分散が進んで来て所有者支配から経営者支配への推転が実現するという実証研究をしたのはバーリとミーンズであった。株式の分散の現象はある程度進展すると、逆に表面的には株式の集中現象に転ずる。だが、株式の分散と株式の集中は内部的には単線な現象ではない。株式の分散の主体は個人株主であり、株式の集中の所有主体は機関＝組織体である。個人株主の持株の縮小分散と機関株主の持株の拡大集中が同時進行していたのである。

個人所有と機関所有は、本質的に違いがある。個人は人間であり、機関は非人間である。機関は法人として権利義務の主体として法的な取り扱いを受けたとしても人間ではない。機関は社会的に認容せられた特定の目的をもった組織体である。したがって、所有にもとづいて会社支配を行使することは認容せられない。ただ、一般に機関投資家と呼ばれるように配当と株式売却差益をすくう行動をとることになる。もっとも、株式会社は大株主支配の法的制度であり、会社支配の可能性をもつから、支配可能な株式取得の制限がもうけられることになる。もっとも、機関の目的が公共の福祉の実現を目指すものであれば、その目的にそった所有と支配がなされることになる。いずれにしろ、機関所有の状況下においては経営者支配が現実的に実現している。なお、機関所有と経営者支配に関しては拙著『財産の終焉』（文眞堂）を参照されたい。

法的には正当性をもたぬ経営者支配が現実において成立しているとすれば、経営者支配は何を根拠に正当性を獲得することが出来るであろうか。この問題を、経営者支配に正当性なしと論じ、やがてその正当性を主張し、経営者支配に正当性を付与する著作活動をつづけて来たP・ドラッカーの所説の検討を通じて、追求してゆくことにしよう。

二　P・F・ドラッカーの経営者支配の正当性論

経営者支配を深く、大きく問うたのはP・F・ドラッカーである。彼は経営者支配に正当な根拠なきことを論ずることから文筆活動を始め、やがて経営者支配に正当性を賦課することを使命とする著作を次々に発表し現在に到っていると評することもできよう、ドラッカーは自らをそのように語ったことはないにもかかわらず、私がそのように評するのは彼の全著作の内容を次のように把握することが出来るからである。彼は支配の正当性なきナチス批判をもって文筆活動をはじめ、そして支配の正当性に関して独自の説をたて、現代社会を産業社会と把らえて、その基本的制度としての株式会社の支配者である経営者にたいして、支配の正当性はないと言い切っている。やがて、経営者支配は正当性ありと論じ、彼の数多い書物はいずれも産業社会の現在と未来をいかに把握するか、そしてその社会の支配者たる経営者はいかに行動すれば正当性を確保することが可能であるかを論じたものばかりであるからである。それを、みてゆこう。

1　社会の純粋理論—または支配の正当性論

ドラッカーは、『経済人の終焉』*The End of Economic Man*, 1939 をもって文筆活動を始めた。『経済人の終焉』と題するこの書物は、彼のフランクフルトでの仕事を奪いウィーンの家庭を壊したナチズムを真正面から見据え告発したものである。だがそれは単なる告発の書ではない。彼は憎むべきナチズムが何故どうして生まれて来たのか、そして何故に凶悪・邪悪なものなのか、を時代と社会の根底に迫って把らえようとした。

ナチズム・ファシズム・全体主義は何故生まれて来たのか。それは、旧秩序の崩壊と新秩序の欠如に起因する大衆の絶望から生じたものであって、単なる暴徒の反乱・容赦ない宣伝の勝利ではない。崩壊した旧秩序とはいかなるものであったか。それは経済人の社会・資本主義の秩序であり、西ヨーロッパに二百数十年前から起こり拡大・深化した秩序である。それは、経済価値を諸価値の中で最高のものとし、全ての価値を経済的価値に従属させ、経済的発展を人間の発展・社会の発展とし、それが諸個人の自由と平等を豊かさとともに実現するという信条にもとづいてつくり上げられた秩序である社会である。それが資本主義と呼ばれている社会である。

だが、この秩序は二十世紀の初頭にいたり、自由と平等を豊かさを基礎にして実現するものではないことがはっきりして来た。それを打開する道を社会主義が示した。それは私的所有を社会的所有へ、市場経済を計画経済に変革するというものであった。だが、社会主義社会は出来上がるとともに、それは自由も平等も平和ももたらすものではないということが次第にわかって来た。資本主義も社会主義も、その理念・信条・約束はともかく、経済的価値を最高の地位に据える経済人の社会秩序であり、経済人の社会である。その経済人の社会は終焉を迎えたのであり、迎えながらも新しい社会秩序は未だ明確なものとして構想されてもいないし実現されてもいない。その絶望の底におかれた大衆の自由からの逃走が、ナチズム・ファシズム・全体主義を生んだのである。

全体主義は神をもたない。神をもたない全体主義者は〈指導者〉をもち、指導者に随順する。全体主義は理性的ではなく、諸矛盾に満ちている。指導者は諸矛盾を一つにまとめる。邪は正に、偽は真に、幻は現に、空は実に変え、またその逆も行う。全体主義の社会は指導者の言うことを信じ、指導者の示すとおりに行うことによって秩序が保たれる社会である。

やがて、第二次世界大戦が起こる。このヒットラーのナチスを主軸とする全体主義とアメリカを主軸とする連合国との戦いはいかなる意味をもった戦争であるかを『産業人の未来』*The Future of Industrial Man*, 1942 なるタイトルのもとに論じ、これを世に問うた。彼は〈経済人の社会〉すなわち資本主義社会の終焉の次に来る社会を〈産業人の社会〉と把らえたのである。そして、この現在から未来に向かう産業人の社会が、全体主義的に統治せられるか、それとも自由で機能する社会として秩序づけられるかを決する戦いが、第二次世界大戦として戦われているのだ、と把握した。この書物で、彼は経済人の終焉の次に産業人の未来を展望するとともに、それぞれの社会を把握するための基礎理論・一般理論にして、そもそも社会とは何か、社会はどのように把握すべきかの社会純粋理論をつくり上げ、その理論でもって〈経済人の社会〉そして〈産業人の社会〉を把らえてゆこうとしたのであった。まず彼の社会の純粋理論をみてゆこう。

社会は人間の集団である。だが、単なる人間の集合ではない。それは烏合の集にすぎない。その人間の集団は、一定の物的現実 physical reality によって機能していなければならない。機能なくして社会の存続はない。秩序づけられ体系化した物的現実をもって社会成員たる諸個人が機能してはじめて、社会は社会として機能し社会たりうる。そして、諸個人が機能するためには、それぞれ諸個人は社会的地位をもたねばならず、社会的地位 Social status によって機能する。社会的地位と機能を諸個人がもって、はじめて社会は社会となる。

だが、社会が社会たりうるには、以上の要因だけでは十分ではない。諸個人が体系化せられた物的現実において社会的地位をもち機能するためには、社会の成員たる諸個人が共通のその社会特有の理念・信条・価値観をもたねばならない。そうでなければ、物的現実の体系的維持と諸個人の地位と機能を安定的に確保することは出来ない。そのためには、共通の理念・信条・価値観に立脚し与えられた統治権力・支配が存在しなければならぬ、すなわち、これ正当なる権力 legitimate power であり、正当なる支配である。正当なる権力があってはじめて、社会成員の地位と機能は確保せられるのである。(5)

2　経営者支配に正当性はない

ドラッカーは彼独自の社会の純粋理論をもって、終わりを告げた経済人の社会そして未来に向って展開してゆく産業人の社会における権力の正当性の問題を真正面から論じて行く。

彼は言う、第一次世界大戦に先立って一五〇年間の西欧世界は確かに機能的社会でありしかも自由な社会であった。その社会においては、諸個人はそれぞれ社会的地位をもち機能し、共通の社会目的に統合されていた。その社会の起源・目標・信念・制度において商業的社会（mercantile society）であり、産業的ではなく前産業的であった。

商業的社会は、市場において諸個人は社会的地位を得、機能し統合せられる社会であり、社会における決定的な権力は市場における権力であり、正当な権力は市場における権力であった。

市場における活動は商業的活動であり、市場において統合せられる人間の性質は経済人であった。諸個人は財産の所有者としてのみ市場に出てゆき、統合せられた。財産の種類は大きくわけて三つの範疇にわかれた。それは、土地と資本＝貨幣と労働力であった。土地の所有者は地主としての社会的地位を得て機能し、貨幣＝資本の所有者は資本家という社会的地位を得て資本家として機能した。そして、労働力のみしか所有しない者は、賃金労働者の社会的地位に甘んじ賃金労働者として機能した。地主・資本家・賃金労働者は、それぞれの社会的地位と機能により、地代・利潤・賃金という異なった所得を得ることにより、それぞれの生活を維持するとともにその社会的地位と機能をも維持した。

商業社会における決定的権力は、市場における権力であり、市場を通してふるう権力が正当な権力である。その権力は市場における典型的な制度を通して行使される。その制度は、中央銀行ほか銀行であり、株式取引所・外国為替市場など金融市場であり、商品取引市場等である。これら制度に接近出来るのは地主であり資本家であり、賃金労働者は接近できなかった。賃金労働者が登場する市場は労働市場にすぎなかった。賃金労働者は権力を保有することが出来なかった。地主と資本家のふるう権力は正当な権力であった。

さて、ドラッカーは市場社会である商業社会につづく二十世紀の産業社会の代表的な社会的制度は、大量生産工場と株式会社であり、株式会社は産業社会の物的現実を組織し機能させる制度であり、それは前産業社会の基本的な制度であった市場、そしてそれ以前の社会の基本的制度であった荘園にかわる産業社会の基本的な代表的な制度である、と把握した。したがって、産業社会における決定的・代表的な権力は株式会社における権力であるということになる。そして、二十世紀も中期に至った株式会社における権力者＝支配者は、既に株主＝所有者から経営者に移行しており、経営者支配が現実のものとなっている。そして、経営者支配は正当な根拠をもたない支配であり、非正当な支配である、と論じた。

前産業社会すなわち経済人の社会における株式会社の支配者は株主であり、所有者であった。株式会社は株主支配の法的制度であり、それは経済人の社会＝商業社会における支配の正当な権源である財産権にもとづくものであった。だが、二十世紀も半ばに達しようとしている株式会社における支配者は株主＝財産所有者ではない。現実の支配者は経営者であり、経営者の権力は所有＝財産権にもとづくものではない。だから、経営者支配は非正当な権力である。

ドラッカーが経営者支配の現実を論ずるには、かのバーリ＝ミーンズの分析やM・E・ディモックの所論に加えて、J・バーナムの経営者革命論を親近性をもって援用している。バーナムの経営者革命論は生産手段に実質的に接近し支配するのは所有者から経営者へ移行しているというマルクス主義の修正であるが、ドラッカーの立論もまたこの局面ではマルクス主義理論と完全に無縁ではない。それに、株式資本は現実資本と擬制資本の二つの運動に分裂するという把握もまた同一の把握である。もっともマルクス主義者は、階級理論に固執するから所有に徹底的にこだわる。ドラッカーは次のように言う。

「大体において、われわれの産業経済は二つの部分に分裂している。つまり、設備・工場・機械・経営者及び労働者からなる〈実物〉経済と、流通可能証券、法律上の権利および実質なき所有権からなる〈象徴〉経済である。〈実物〉経済は〈継続事業体《ゴーイング・コンサーン》〉―アメリカの法律学が財産権の法体系にまったく調和しないもののために作りだした、意味ありげな漠然たる術語だが―に組織化されている。〈ゴーイング・コンサーン〉は、株主たちの財産権の外部に、財産権をこえて存在し、市場の動揺と変動に影響されないとみなされている。株主や市場の価格体系を放棄するごとき価格であっても、「ゴーイング・コンサーン」は維持され強化されなければならない、という仮説にもとづいた経済政策を、今日、どこでも見出す。これに反して、〈象徴〉経済は、市場に属している。そこでは、財産の地位にかんする十九世紀の仮説が守られている。」（田代義範訳『産業人の未来』八三頁）。

バーナムは、資本主義社会の次には社会主義社会が来るのではなくて経営者支配の社会がくる、と論じたわけだが、ドラッカーもまた似たような把握をしていたわけである。彼のいう商業社会は資本主義社会であり、商業社会の次に来た社会は産業化社会であり、産業社会の支配者は経営者だと把握し、しかも経営者支配は正当性なき支配だと把らえたわけである。そのような把握をした根拠ないし理由は、社会主義者レーニンそしてスターリンの共産党支配もまた所有にもとづかざる、しかも全体主義的な性格をもった経営者支配の一つのタイプであると把握していた。そしてまた、彼を窮地に追いこんだヒットラーのナチス支配のまた非正当な経営者支配のタイプであると考えていたからである。ドラッカーは更に、ヒットラーのナチズム支配とアメリカにおける株式会社の経営者支配とを同じく非正当な支配として重ね合わせたのである。

ヒットラーの出現はドイツ国民一人一人が主人公として意思決定することをやめたが故に、代わりにまとめて意思決定の主体としてのナチズムが支配者として登場して来たのだ、という把握をしていた。その限り、〈自由からの逃走〉を論じたE・フロムと同じ把らえ方をしていたのである。そして、アメリカ株式会社における経営者支配は、株主が自己のもつ基本的権利である株主権を行使するのを放棄したが故に、経営者が会社支配を自ら担って来たのである。その限りにおいて、正当なる意思決定者が権利放棄することによって生じた支配は正当な根拠なき非正当な支配であるという点においては、ヒットラーのナチズムもアメリカの経営者支配も異なるところはないと把握したのである。

非正当な権力は正当な社会側根拠をもたない権力であるから、理性的な権力ではなく、どこまでも残虐に・凶悪に・陰険なものになりうる。それはヒットラーのナチス支配をみれば一目瞭然であり、それは全体主義であったからである。だが、アメリカ経営者支配は非正当な権力ではあるが、それは未だ残忍でも凶悪でもない。何故か。それはアメリカが自由を標榜する国であり、自由主義的諸制度が機能している国であるからである。そして、自由こそ西欧世界＝ユダヤ・キリスト教世界の基本的信条である。人間は全知全能の神の前に限られた智をもち、つねに誤ちを冒す存在なるが故に、自ら意思決定し、責任をもつ存在として生きねばならぬという信条を最高の規範として個人も社会もあらねばならぬとするのである。そして、第二次世界大戦は全体主義と自由主義とが、経営者支配の社会である産業社会の指導的イデオロギーをめぐって闘かわれている戦争である。ドラッカーはこのように把握したのである。

大戦が連合国の勝利に終り、ドラッカーは自由で機能する産業社会の建設にむかって、経営者支配に正当性を賦与するための文筆活動を精力的に展開することになる。

3　『新しい社会』と経営者支配の正当性

経済人の社会すなわち商業社会につづく社会は産業社会であり、産業社会の支配者は経営者である。だが、経営者支配はいまだ正当性の根拠をもちえていない。自由にして機能する産業社会を建設することによって経営者支配は正当性を確保することが出来ると考えるドラッカーは、産業社会の牽引車としてのアメリカ産業社会の分析と経営者の役割と行動規範そして経営技術の積極的開発を展開していったのである。

『産業人の未来』において、産業社会の物的現実を大量生産工場と株式会社と把握したドラッカーは、まさにその代表たるジェネラル・モータースのコンサルタントとしてその深奥に参入してゆき、『現代大企業論』*Concept of the Corporation*, 1946を発表した。ドラッカーは、この本により経営学者ドラッカーとなったが、自らこの本によって経営学は新しい次元に引き上げられ、この本が世界的な経営学ブームの引き金となったと述懐している。経営学は企業を主たる対象とした管理学であり、技術学である。だが、ドラッカーの経営学は単なる企業の管理技術の学ではない。それは、現代社会すなわち産業社会の政治学であり政策学たるの意味をもつものである。

GMの内部に参入して現代大企業の何たるかを把らえたドラッカーは、産業社会は大企業を代表的・決定的・基本的な制度とする社会であると把握しなおした『新しい社会』*The New Society, The Anatomy of the industrial Order*, 1950を発表した。『産業人の未来』には、商業社会に続く産業社会がいかなるものかは、未だ積極的に体系的に画かれてはいなかった。そして、その作業がこの本ではじめてなされたのである。

産業社会の決定的・代表的・基本的な制度である産業企業体は、経済過程において比類なく重要な役割を担い、社会的秩序の象徴であり、そこでは既に所有と経営が分離されてトップマネジメントによる経営者支配が実現した自律的な制度である。それは単なる経済的制度であるばかりでなく、伝統的制度として市町村と同じ自治的な制度としてそれにとってかわる制度であり、階級社会から従業員社会へと移行してきており、そこで諸個人が社会統合をとげる工場共同体を形成する新しい社会制度である。したがって、労働組合も階級に立脚したものではなく新しい性格と役割を伴う。産業企業体は単なる経済的制度であるばかりでなく、統治的制度でもあり、社会的制度でもある三重性格をもった制度である。

産業企業体における支配者は、所有と経営の分離現象に立った経営者であり、産業社会は経営者支配の社会であるという事実を前著『産業人の未来』において論じたドラッカーは、もちろんその事実に立って論を進める。だが、『新しい社会』では、前著であれほど経営者支配の正当性を問題にし、財産権＝所有権に立脚していない経営者支配を非正当な支配であると明言していたのに、この著作では経営者支配は非正当性の主張はすっかり影をひそめている。そして、経営者支配の正当性を前提とした論議を最終の「結論：自由な産業社会」と題する章でおこなっている。

権力の正当性は、あくまで被統治者がその権力を正当なるものと認めるか否かにかかっている。そして権力を正当なものと認めるかどうかは、その権力のもとにおいて諸個人が地位と機能と所得を保証せられるか否かにかかるものである。そうだとすれば、経営者権力の正当性は何よりもまず経済的権力の行使の妥当性のみでなく、産業企業体における工場共同体 plant community の確立にあるということになる。だが、問題はそれで全て片づくわけではない。株式会社における財産権＝所有権の問題をいかに解決するかの問題が依然として残っている。では、その問題をどう解決するか。

企業の資本調達において、資本市場・株式市場のもとでの株式による調達は不可欠である。だが、株主権を所有権すなわち支配権として取り扱う必要はない。現実において株主権は単に配当請求権としてのみ行使せられ、支配権としては行使せられてはいない。だから、その実態のままに株式は単に利潤証券としてのみのものとし、企業支配から株主を排除して差し支えない。

投資という行為の本質には、企業支配という要素は必要ないし、所有権＝支配権を株式所有において認める正当性は少しもないと言って差し支えない。現在、奴隷所有者が奴隷を支配することは不快であり不当であると人々によって考えられていると同様に、株主＝会社所有者が会社を支配し会社従業員を支配することを、未来の人々はこれを不快とし不当であると眺めることになるであろう。したがって、既成の現実をそのまま法制化して、株式は単に利潤証券としてのみ機能せしめ、所有権＝支配証券としての権利を排除すべきである。現実の追認としても、株式の本性上からいっても、その法制化には何等の不当性もなければ、支障もない。

もっとも、例外的取扱が必要である。それは中小企業の場合である。中小企業における中小企業主の自社株所有は単なる投資ではなく、単に利潤証券としてのみ所有しているのではなく、企業主自身の人格的延長であり、彼の所有権はまさに支配権として会社存続にかかわるものである。したがって、中小企業はそのようなものとして取り扱われねばならない。そして、このような観点からする創業者の創り上げた大企業における株式所有もまた、支配権のふくまれた株主権として行使されることが許可されねばならない。だが、それも創業者一代かぎりであり、その血縁的後継者も同じ取り扱いをうけ、支配者の地位と機能を所有にもとづいて行使することは既に根拠を失い、不当なものとして例外的取り扱いを受けるべきではない、と、以上のように論じている。

彼のここでの立論は、それなりに筋が通っている。ここでは、所有にもとづく支配は中小企業におけるかぎり現実であり、所有にもとづく支配はむしろ既に実質的に正当な根拠を喪失している。と論じているのである。だが、これでは、前著『産業人の未来』の所有者支配の正当性、経営者支配の非正当性の立論と一八〇度の転回である。では、何故彼の言説の転回は可能であったのか。それは企業観の変化、産業社会観の進化によるとみてよかろう。

第二次大戦中に書いた『産業人の未来』では、「現代産業制度の代表的な社会現象は大量生産工場と株式会社であり、流れ作業は代表的な物的環境であり、株式会社は代表的な社会的制度である」と把握していた。ところが、大戦後五年たったのちGM社の内部に入りこんだ時点で書いた『新しい社会』では同じ産業社会の把握は進化し、変わったものとなっていた。彼は言う。「全ての産業国において、企業体は既に決定的・代表的・構成的制度となっており、所有形態・社会形態のいかんを問わず、産業社会が資本主義・社会主義のいかんを問わずその中心的制度となり、同じような決定と行動と問題をかかえている」と。

株式会社という所有制度の観点から把らえれば、所有から切り離して支配を論ずることは出来ないし、所有なき経営者支配の正当性は容易には成立しえない。だが、企業体を中心にとらえれば、株式は社債や銀行借入れとならぶ資本調達の一手段であり、株主は単なる配当目当て・株価の差額目当ての投資家にすぎないものと把握されることになり、経営者支配の正当性は容易に成立しうることになる。

彼は観点の転換について、何も言及していない。彼はその後の多くの著作において、同じ問題を論ずる際に前の著作と整合的ではないような論述をしている箇所が少なくないが、それをいちいち断わるようなことをしていない。彼は絶えず、新しい事実に新しい立論を展開してゆくのである。

彼の産業社会把握における株式会社の位置づけの変化はいちがいに否定さるべきものではなく、彼の新しい企業観はすぐれた洞察を示している。だが、所有の問題は容易ならざる問題であり、人類史を貫く問題であるが、巨人ドラッカーの洞察と分析は哲学的レベルにまで降り立ち歴史的な把握にまで拡大していないのは残念である。だから、この問題について論ずる際に、彼は二度び三度び一貫していない立論をすることになる。その論述は後にとり上げよう。

4　経営者支配に正当性を与える作業——ドラッカー・マネジメント論の意義——

(1)　ドラッカー管理論の意味

ドラッカーは、産業社会をナチズムやソ連社会主義のように全体主義で機能させるのではなく、自由で機能する産業社会を建設しようというイデオロギーの唱導者である。ソ連社会主義者は、搾取と抑圧と戦争の資本主義は没落し自由で平等で平和な社会主義が必然的に成立する歴史的推移を科学的に認識して、その実現を担うという自己義認・自己正当化の論理に立っている。これにたいして、ドラッカーは自己正当化のイデオロギーに立っていない。彼は現実に自由にして機能する産業社会を建設しなければならないという使命にかられている。彼はその具体的方途を探り、それを呈示しなければならぬ。それが、彼の管理論である。

自由にして機能する産業社会は、産業社会の決定的・代表的・構成的な制度である企業体を如何に維持し、発展せしめるかにかかっている。企業体内外の諸個人をいかに、自由にして機能せしめるか、地位と機能と所得を保証するか、これにかかっている。企業体の統治者である経営者が、企業体を自由にして機能せしめ、諸個人に地位と機能と所得を保証してはじめて、経営者支配の正当性は確立するのである。このように考えるドラッカーにとって管理論は、単なる管理論ではない。それは管理論であると同時に、それを超えて統治論すなわちコーポレート・ガバナンス論であり、支配の正当性論でもある。

ドラッカーの管理論は即ちコーポレート・ガバナンス論であり、それは即ち経営者支配に正当性を保有せしめる原理・原則を提示し、さらに具体的方策すなわち戦略・戦術・諸技術・技術政策を呈示するものである。その最初の書物が、*The New Society*, 1950 のわずか四年の後にかかれた *The Practice of Management*, 1954（野田一夫監修『現代の経営』ダイヤモンド社）である。彼の管理論の礎石はこの書物によって巨きく深く据えられた。

その書物は、*The New Society* を承けて企業目的をこれまでの利潤追求論を否定して〈顧客の創造〉としたところに、はかり知れない程の意義がある。また、〈顧客の創造〉こそ企業目的であるとするところに、利潤追求論がどのように論じようと悪・後ろめたさの何等かの負のイメージを払拭することが出来なかったのに対して、利潤を〈顧客の創造〉という成果の測定尺度にすぎないとすることによって、利潤追求を結果的に一〇〇％肯定し、利潤追求活動を完全に容認さらには義務化し、逆にこれを善なりとしたのである。

次に、企業の目的を〈顧客の創造〉とすることによって、企業の機能をこれまでの生産、流通、財務からなると把握していたのに対してマーケティングとイノベーションの二機能だとしたことである。この立論の凄さは、まさに現代における世界の諸企業がマーケティング競争とイノベーション競争の激流・奔流の中を泳いでいる現実を想起するだけで十分であろう。

さて、単なる管理ではなく自由にして機能する管理をドラッカーはどのように具体的方策をもって実現しようと呈示したか。自由とは何か、彼は可能なかぎり、重く〈責任ある選択〉を担う意思決定をし、その意思決定を自己の責任において遂行達成するシステムを目指す。それが、彼の言う目標管理であり、分権制である。それは、容易にノルマ主義の桎梏となり、分権制は事業部制と言いかえられて単なる利潤計算の技術的単位に堕してしまう可能性と現実をもっている。だが、ドラッカーが提唱するものは、そのような単なるノルマ論、利潤追求技術論ではなかった。

今一つ、彼の管理論は大きな特長をもつ。それは経営者・管理者に integrity（品性高潔と野田訳は付しているがいい訳語だと思う）という資質を強く求めたことである。あからさまに、経営者・管理者にこのような要求を言った経営学者は彼以前にはいない。そして五〇年近くたった今、ようやくその追随者をみつつある。

彼は言う、品性高潔とは心のよさであり、人の短所ではなく長所をみる人であり、それぞれの人の能力がそれぞれに伸長するようにはからう現実的な心である。そして、品性高潔は経営者・管理者にとって、頭脳や経験や能力以上に大事なものであり、品性いやしき者を決して管理者にすべきではなく、昇進さすべきではない、と言いきっている。私はかつて共感し、「この主張にドラッカーの真骨頂をみる」[6]と紹介したことがある。

(2)　管理論の展開

『新しい社会―産業的秩序の分析』（一九五〇年）で、産業社会を大企業体を代表的・構成的・決定的制度とする社会であると把握し、大企業の支配者である経営者が彼の支配の基礎を〈機能〉においているその事実を積極的に容認し、支配権を行使しない株式所有の実態そのままを法制化することを提唱した。支配の正当性を問題とするドラッカーにとって、経営者支配の正当性の根拠を〈機能〉におくかぎり、経営者の機能を積極的具体的に論じないわけにはゆかない。経営者の機能とは、〈マネジメント〉であり管理である。日本語の管理は、〈マネジメント〉の訳語として使用されるとき、新しい内容をもつことになる。

経営者に正当性を実質的かつ具体的に賦与する書として彼が渾身の力を振るって著わしたものが『管理の実践』*The Practice of Management*, 1954（邦訳書名『現代の経営』ダイヤモンド社）であった。彼の管理論は、この本において大きく深くその石が据えられており、その後の多くの著書は、いずれも彼のその後の知見と経験の深化拡大に伴うその部分的精緻化であり豊富化であり、更には領域的拡大であり普遍化である。*Managing for Results*, 1964（野田一夫・村上恒夫訳『創造する経営者』ダイヤモンド社）及び *The Effective Executive*, 1967

（野田一夫・河村欣也訳『経営者の条件』ダイヤモンド社）は、『管理の実践』の部分的精緻化・充実化である。大著 *Management: Tasks, Responsibilities, Practices*, 1974（野田・村上訳『マネジメント—課題・責任・実践』ダイヤモンド社）は、*The Practice of Management* の改訂版を出そうとして新たな内容のものとなった著作である。それは、前著が大企業の「マネジメントの実践」について論じたものであるのに対して、新たな本は全ての大きな組織体のマネジメントについて論じたものである。副題として付けられた「課題・責任・実践」に、彼の意図がよく表現されている。その延長上に書かれるべくして書かれたものが、大企業体＝ビジネスのマネジメントに対して *Managing the Nonprofit Organization*, 1990（上田惇生、田代正美訳『非営利組織の経営—原理と実践』ダイヤモンド社）がある。また、『管理の実践』において、企業の機能をマーケティングとイノベーションの二者と喝破し世界中の企業をその激しい競争の渦の中に巻きこんだが、更に三〇年たってその内容は大きくふくらみ *Innovation and Entrepreneurship*, 1985（小林宏治監訳、上田惇生・佐々木実智男訳『イノベーションと企業家精神—実践と原理』ダイヤモンド社）となって書き下ろされ、主題について方針と決定・機会と危険・組織と戦略・人材の配置と報酬について体系的に詳述している。

なお、その他少なからざる管理に関する論文集・講演集が、時論を交えて出されている。時論を交えて管理＝マネジメントが論じられているのは、既に指摘したように、彼のマネジメント論が単なる技術論としての管理論ではなく、現代社会の支配者である経営者がその正当性を保持するためには現代社会の構成的基本的制度である企業そしてもろもろの組織体を社会適合的に機能させねばならないとする使命感が伏在しているからに他ならない。

5　現代社会論の展開

(1)　知識社会論の登場

彼の著作のマネジメント論と並ぶいま一つの系列である現代社会をいかに把握するかの諸著作について、これからみてゆこう。

彼の現代社会論に関する見解は、『産業人の未来』から『新しい社会―産業的秩序の分析』によって大きく基礎を据えられ、その現代社会論に立脚して『管理の実践』によって彼のマネジメントの実践に関する理論的体系が大きく打ち出された。そして、その後の彼のマネジメント論の一切はその部分的精緻化・充実化と領域の拡大と一般化にあることを以上においてみてきた。しかしながら、その後の彼の諸著作にみられる現代社会論は『新しい社会』において把握・論述された産業社会論の深化・拡大の理論展開とは、容易には言いきれないものがある。その傾向は、既に『産業人の未来』と『新しい社会』との間にもあったことを既に指摘しておいた。

さて、*The New Society*, 1950〈邦訳『新しい社会と新しい経営』〉につづいて特に彼の名を高からしめた現代社会論は *The Age of Discontinuity — Guidelines to Our Changing Society*, 1969〈林雄二郎訳『断絶の時代―来るべき知識社会の構想』ダイヤモンド社〉であるが、直訳〈非連続〉が〈断絶〉と表現された書名となったとき、〈断絶〉はドラッカーの意味するところをこえて当時日本の流行語となった。

『断絶の時代』は『新しい社会』で論じた産業社会論の構想の枠をとどめないような作品である。彼は一九六九年の時点に立って、現代を非連続の時代と把握する。彼はいう。「本書は社会・経済および知識における根本的な非連続をとり扱っている。」と。そして、非連続の主要な領域を四つうち出し、次のように論じている。第I部「知識技術」で新しい知識にもとづいた技術が旧い技術にもとづいた産業を没落に向わせ、新しい産業を興隆させはじめた現実。第II部「世界経済」で国民国家に立ったインターナショナル・エコノミーに代わってボーダーレスなワールド・エコノミーの抬頭に席をゆずりつつある現実。第Ⅲ部「組織社会」では政府を代表とする中央集権的な組織にかわって、新しい多元的な組織の社会に移行しつつある現実。そして第Ⅳ部「知識社会」では、以上の三者を凌ぐ最も重要な変化は知識に関するものであるとし、知識は近々一〇年の間に資本・物的資源に代わって中心的な経済資源となり、知識人は新しい権力者となった、と論じた。日本語訳の副題に「来るべき知識社会の構想」と付されているのも、むべなるかな。

非連続を論じるドラッカーは、何故かここでは、『経済人の終焉』から『産業人の未来』で論じた非連続について一言もしないし、『新しい社会』で分析した産業社会について一言もしていない。〈産業社会〉と新たに提唱する〈知識社会〉とはいかなる関係にあるのであろうか、これについて、彼は一言もしていない。その鍵は、彼の産業社会論と知識社会論とを貫流する組織ないし組織社会の問題にあると思う。だが彼は序文で第Ⅲ部の「組織社会」に言及した箇所を、次のように結んでいる。「世界中のどこの国でも、若者たちはあらゆる既成の組織体に対して、ひとしく敵意をもってそれを否定しようとする態度をとっている。われわれは充分な理解と思慮を払うことなく、新しい社会・政治の現実をつくり上げてしまった。この組織体による新しい多元的社会は、本書の領域（これは多分に著者の能力にかかわることだが）をはるかにこえるほどの政治的・哲学的および精神的な挑戦をもたらすものである。」

私は、この「組織体による多元社会の把握は自分の能力をはるかに超える」というドラッカーの述懐に驚く。私はドラッカーをマルクス以後最大の社会思想家とみる者であるが、その巨人ドラッカーをしてなお立ち抗いえないと言わしめる〈組織〉は、まさに現代のレヴァイアサン、神によって創られ・人間がこれに抗し得ぬ・そして神によってのみ滅ぼしうる怪物・レヴァイアサンと言うべきか。マルクスは貨幣とその世界の秘密を解き明かすのに彼の一生を捧げて逝ったが、ドラッカーは組織について少なからず論じはしたがそれを真正面に見据えて組織と組織社会の解明に彼の一生を捧げることをしなかった。

(2)　ポスト資本家社会論—知識従業員の責任

彼の現代社会をとらえる視座は、産業社会論から知識社会論へと移行し、更には *The Unseen Revolution: How Pension Fund Revolution Came To America*, 1976（佐々木実智男・上田惇生訳『見えざる革命—来るべき高齢化社会の衝撃』ダイヤモンド社）を経て *Post-Capitalist Society*, 1993（上田惇生・佐々木実智男・田代正美訳『ポスト資本主義社会—二十一世紀の組織と人間はどう変わるか—』ダイヤモンド社）と書名に示されるような社会把握が披瀝されている。そこでは、現代は数百年に一度の歴史的転換点すなわち社会主義を含めて資本主義の時代が終り、新しいポスト資本主義の社会に非連続的に移行をはじめた転換点であるとの見解が出されている。彼はこれまで、全体主義としての社会主義そして共産主義批判はしてきたが現代社会を資本主義の社会であるという立場も分析もして来なかった。それが、ここに至って、資本主義社会からポスト資本主義社会への転換を主張するとは。

『見えざる革命—いかに年金基金社会主義がアメリカに到来したか』は、アメリカにおける最大の資本源が個人から機関投資家になっているという周知の事実の意味をドラッカー流に掘り下げて提示した現代社会論である。

機関投資家と呼ばれているものの実態は、企業の従業員および公務員の退職後の生活を支えるための年金基金である。彼はいう。「今日ほとんどの企業が、業績のかなり良い年でさえ、利益の半分以上が自社の年金基金への拠出と他社の年金基金への配当として、結局は被用者の年金基金の所有に帰してしまうという現実を認識しなければならない。」そして、「この事実が何を意味するか」彼はこの現実を年金基金社会主義の到来と唱える。生産手段＝会社の所有者が資本家にかわって、アメリカの企業従業員と公務員の年金基金がその位置についたということは、まさに企業が資本家のものから働く者皆のものとなったということであり、社会主義の到来というべきである、と彼はいう。そして、一九三〇年代の経営者出現のときに表現された Quiet Revolution 静かなる革命に対して Unseen Revolution 見えざる革命と表現し、アメリカ独自の社会主義が実現したという認識に立つ政治勢力の再編制の可能性を示した。

『断絶の時代』一九六九年で知識社会の到来を指摘し、『見えざる革命』一九七六年で年金基金社会主義の到来を論じたドラッカーは、ソ連および東欧諸国の崩壊の後に、Post-Capitalist Society, 1993『ポスト資本主義社会』を出した。ここにいたって、彼の商業社会から産業社会へという史観は全く姿を消し、資本主義社会からポスト資本主義社会へという既に他の諸学者によっても用いられているような現代把握が為されている。もっとも、ポスト資本主義社会の内容は、『断絶の時代』そして『見えざる革命』で示された著者の見解をふまえたものではある。

資本主義・ポスト資本主義というからには彼もまたマルクス（一八一六〜一八八三年）を登場させる。資本主義社会は生産手段を所有し支配する〈資本家〉と疎外され・収奪され・従属させられたプロレタリアート＝無産階級の二つの階級からなる社会である。だが今や年金基金が資本の供給と配分を支配するようになり、年金基金の所有者は将来における年金の受給者である従業員たちである。資本家と無産者との二大階級の社会から従業員社会となったのである。そして、従業員社会は知識社会であり〈知識労働者〉と〈サービス労働者〉の二者からなる社会である。

知識が資本・物的資源・労働に対してより重要な生産要素となったことをいち早く指摘したドラッカーである。資本家なき従業員社会となった社会における支配階級は、もちろん決定的な経済的要因の所有者である知識階級である。そして、その知識はかつての教養としての知識・文化人的文人的な行動につながらない知識ではなく、何らかの特定の行動の成果を生むための高度に専門化された知識であり、行動の結果によってのみ証明されうる知識である。彼はいう「知識とは成果としての知識、すなわち社会的・経済的成果を実現するための手段としての知識である。」行為ないし生産のための手段としての知識であるから、決定的要因としての手段である知識の所有者である知識労働者が知識社会の支配階級となるのは当然である。

ドラッカーは知識社会を同時に組織社会と把握している。組織とは、彼によれば、共通の目的のために働く専門家からなるものである。個々の専門家的知識は、それだけでは何ものも生み出さない。統合されてはじめて生産的となる。それを可能にすることが組織の役割であり、存在理由である。知識労働者は組織が存在してはじめて存在可能である。かくして、組織に活力を付与する、マネジメントとは、知識の適用と知識の作用を有効ならしめ、かつそれに責任をもつことと定義されねばならなくなった。だが、知識を重点において組織を把らえるドラッカーは経営者を意思決定者として組織において特別な地位を与えようとしていない。知識労働者によって構成される組織は全員が責任者であり、全員が貢献者であり、そこにはボスも支配者も存在しない、とドラッカーは言う。

知識社会においては、経営者もまた一種の知識労働者であり、そこには支配の正当性の問題はなく、あるものは知識労働者の機能と責任である。

三　P・F・ドラッカー理論の検討

1　社会の純粋理論の適用について

ドラッカーの経営者支配の正当性に関する把握の展開をみてきた。まず、彼は独自の社会の純粋理論をたて、その社会理論の不可欠の一環として支配の正当性論を位置づけたことをみた。次に彼は、その理論に立って第二次大戦中の先進諸国の分析をし、既に経営者支配が実現していること、そして経営者支配に正当性はないと主張している。そのとき、世界は商業社会から産業社会への移行の時代と把握されている。新しい産業社会への移行をとげたと把握した大戦終了後は、一転して経営者支配の正当性を主張した。それは経営者支配の正当性の根拠を所有にかえて機能に置いたからである。従って、経営者支配の正当性は経営者機能の遂行にかかってくる。かくして彼は彼の掲げる理念である自由の貫かれる産業社会の建設を目指し、経営者の機能すなわち管理＝マネジメントの理論と実践を積極的に論じて現在に到っている。そのマネジメント論は企業から領域拡大して非営利組織にまで及ぶことになる。そして、支配の正当性論は経営者機能からマネジメントの責任論の次元に移ってゆくことになった。

社会をトータルに把らえ産業社会の担い手として経営者を位置づけるドラッカーは、社会の推移をダイナミックに把らえ、そこにおける経営者の位置をつねに確かめ直し、経営者機能としてのマネジメントの在り方と技法とそして責任を論じてゆく。そして社会に生起する諸現象を、あるものは成長期を終えて衰退にむかい、あるものはこれから成長期に入ってゆくものと把握し、全体として非連続の連続として進行するものと社会を把らえる。

知識の興隆は、肉体労働の位置を低下せしめ、更に知識は資本にかわって生産における最重要の要素となり、社会は知識社会となって来た。そして、更に資本の所有についてみるならば、その支配的な所有者は年金基金であり、年金基金は従業員と定年後の彼等のものだから、資本家社会は従業員社会すなわち年金基金社会主義の社会に「見えざる革命」を遂げている。そしてソ連邦を中心とした社会主義社会の崩壊した現在では、ポスト資本家社会に既に入っている、と言うのである。その資本家なき社会は、知識労働者と知識なきサービス労働者の存在する従業員ばかりの従業員社会＝組織社会となった。知識労働者は専門的知識を担う者と経営者＝マネジメントからなる。「知識とは効用としての知識、経済的・社会的成果を実現するための手段としての知識である。」「マネジメントとは既存の知識をいかに有効に適用するかを知る為の知識」である。かくして、経営者は知識労働者の一範疇であり、経営者の正当性論は知識労働者の機能と責任の問題となる。

以上がドラッカーの経営者支配をめぐる把握の推移の要約であり、それはドラッカー理論の骨格であり概要でもあると言って差し支えない。現実に密着し、現実にかかわりつつ、現実を全体として把握し意味づけて来た見事な理論という他ない。だが、彼に多くを教えられながらも、なおより深く考えてみたいところがあるように思われる。まず、彼の社会の純粋理論を取り上げてみたい。

社会が社会であるためには、社会成員である個人がそれぞれに社会的地位をもち機能しなければならぬ。そして、社会的権力がそれを可能にして社会全体を機能させることによって、その権力は正当性をうる。私はこのドラッカーの社会の純粋理論を肯定する。マルキシズムの社会理論としての階級理論は権力の正当性論をもたない。あるとすれば、生産手段の所有階級は、支配階級として被支配階級を搾取・抑圧するから、そこには正当性はないということになる。そして、所有階級を打破した権力は正当である、ということになる。だから、奴隷制・農奴制・資本制と続いて来たこれまでの一切の階級社会の権力は非正当であり、それを打破した社会主義社会の権力だけが正当な権力と言うことになろう。だが、ソ連社会主義社会の権力は機能不全となり正当性を失い解体した。私はマルキストではないと言ったマルクスは、単純に階級社会を一色に塗りつぶす史観をもっていなかった。それは、彼が階級の前に諸個人＝人間を積極的に把らえていたからである。

ドラッカーは、彼の社会の純粋理論でもって十九世紀のヨーロッパ社会を次のように把らえた。それは前産業社会であり、商業社会であると把らえ、諸個人はそれぞれ土地・資本・労働力という財産の所有者＝経済人として市場において結合され、地主・資本家・賃金労働者としての地位をもち機能し、所得をえた。財産は市場における正当な権力の基礎であり、社会における権力の正当性の根拠であった。見事な社会純粋理論の適用である。

ところが、二十世紀の産業社会への社会純粋理論の適用は、十九世紀商業社会のそれのように切れ味するどくなされていない。むしろ、その適用を積極的に為すことを放棄したようにさえ見うけられる。第二次世界大戦中の分析においては、現代産業制度の代表的な物的現実は流れ作業の大量生産工場であり、代表的な社会的制度は株式会社であると把握し、株式会社は資本という財産所有者の後退によって経営者が支配権を掌握しているが、株式会社は財産権にもとづく支配の機構とする法的制度だから、経営者支配の正当性はないと主張している。

産業社会は商業社会とは違った原理に立脚する社会と把握すべきではなかったのか。そうだとすれば、諸個人を統合するものが市場ではなく、諸個人の社会的地位と機能の基礎となる要因は財産とは別のものを呈示しなければならなかったはずである。だが、彼はそうしていない。そして、前産業社会の権力の正当性の根拠たる財産権をもち出し、経営者は支配権を掌握しているが、その権力は非正当だと主張するのは、彼の立論は不徹底というか、矛盾しているというか、彼の把握は彼の立論そのものの十分な展開をみせていない。

そして、戦後の新しい産業社会の把握においては、経営者支配の現実はそのまま認容され、法的根拠が与えられるべきであって、単なる配当と株価目当ての投資家としての株主に権原はないと主張している。ここでも、産業社会の把握には彼の社会純粋理論の適用は十分ではない。産業企業体を代表的・決定的・構成的な制度とする社会であり、経済的・統治的・社会的制度であると把握しているが、そこにおける諸個人の地位と機能と統合の問題は積極的には論じられていない。ただ、ここには彼の瞠目すべき経済理論が述べられている。すなわち、利潤を搾取の結晶あるいはこれを悪ないし不正のものと把らえていたこれまでの経済理論に対して、利潤を未来費用として回収すべきものだとする理論をたて、利潤追求のマイナス・イメージをプラス・イメージに一八〇度転回させたのである。

以後、彼は経営者機能論＝マネジメント論は展開するが、産業社会論そのものの展開はみられない。既に紹介したように、知識社会論を掘り下げ、年金基金社会主義の到来を告げ、更にはこの二つの理論を合体させたポスト資本主義社会論をつくり上げ、そこで知識労働者の責任を論じて、遂に商業社会の次に来た産業社会に対して彼は彼の社会の純粋理論を積極的に適用することなく今日に及んでいる。私がその作業を彼に代ってしてみよう。

今一度、商業社会の基本構造をくり返えそう。

商業社会が市場社会であり、諸個人はそれぞれ経済人としてそれぞれに所有する財産の持ち手として市場に出かけ、そこにおいて統合される。財産には土地・資本そして労働力の三者があり、この土地所有者は地主、資本の所有者は資本家、労働力しかもたない者は賃金労働者として、それぞれの社会的地位をもって、機能し、地代・利潤・賃金のそれぞれの所得をうる。財産こそ彼等の権原である。生産手段としての財産所有者がそれを所有しない者に対して決定的優位を占める。ドラッカーのいう商業社会は、言うまでもなく一般に資本主義社会と呼ばれている社会である。

ここで、前商業社会に社会の純粋理論を適用してみよう。前商業社会は身分社会である。共同体として諸個人が全人格的に交流する社会であり、彼等は士・農・工・商のそれぞれの身分に応じて社会的地位をもち、機能し、それぞれの所得をうる。社会的権力はそれぞれの身分に応じ、上位の武士身分が決定的な権力をもつことになる。

さて、これに対して社会の純粋理論を適用して把握される産業社会はいかなる社会であろうか。この社会は商業社会にひきつづいて、市場社会である。諸個人を結合させるものは市場であり、諸個人はそれぞれに貨幣の持ち手・商品の持ち手として市場に登場し、結びつき統合される。市場社会であるかぎり、商業社会も産業社会も異なるところはない。だが、産業社会における諸個人の結合様式には商業社会とは全く異次元のものが加わる。

　産業社会は市場社会であると同時に組織社会である。産業社会における諸個人は、何等かの組織に参加し、職務体系としての組織の何等かの地位を占め、そして機能し、所得を得る。かつて個人は、行為主体としてもろもろの仕事を自己完結的に行った。だが目的合理性の追求の社会的動向は、個人的行動を協働に、協働は分業に、分業体系はそれ自体が合理的に洗練されて職務体系となり、組織体となった。組織体は生産・流通・分配の経済的組織の企業を主要舞台として進化し、深化拡大した。やがて他の社会的機能としての病院・学校・研究所・軍隊・行政体その他諸分野を組織化し、それを進化・拡大させて行った。諸個人は何等かの組織体に属し、そこで地位・機能・所得を得、そして諸組織体のサービスによって生きるようになった。

　諸個人が、如何なる組織体のいかなる職務につき、その職務を果たすか。企業がいかなる業種企業か、病院か、何科の病院か、学校か・いかなる学校か等々の組織に勤め、その中のいかなるポストを占めているか。それを決定するものは、諸個人がどれかの組織体のどれかの職務を遂行する能力をもっているかいないかによる。諸個人のもつ能力が、いかなる組織のいかなる地位を占め、そして機能し、所得を得るかの基礎である。諸個人は組織において社会的地位を得・機能し・所得をえる。

　組織体は諸個人の集合体であるが、単なる集合体ではない、それは特定目的を有効に達成するための集合体である。したがって、諸個人の意思決定と行動を特定目的にむけて統合しなければならぬ。すなわち、諸個人と彼の行為とを組織化する行為が不可欠となる。その諸個人の意思と行為を目的達成にむけて統合する意思決定者がマネジメントであり、経営者である。他人の意思を自分の意思に従わせる人を支配者というなら、経営者は支配者である。そして、経営者支配の正当性の根拠は彼が経営者としての能力の保持者であり、その彼が経営者の地位にあるというところに存する。

経営者支配の根拠が経営者としての地位と機能にあると言うとすれば、経営者の地位と機能それ自体が組織体の意思決定の役割担当の地位と機能であり、それは最高位の意思決定であり、それは即ち支配の地位と機能だから、まるでトートトロジーの如くである。トートトロジーと言えるかもしれぬ。組織における最高位の意思決定者経営者に、彼の決定を左右する力を持つ者が存在しないとすれば、経営者は即支配者となる。したがって、経営者に向かって彼の支配の正当性を問うことは、ナン・センスにさえみえる。だが、支配者に向かってはいかなる支配者であろうと常に正当性を問いつづけねばならない。経営者支配の場合には経営者機能そのものすなわち彼の意思決定の内容そのものが、組織の本性たる組織の維持存続にとって適切なものであるかどうかの責任が問われることになる。

2　所有主体・行為主体の推移——個人から組織体＝機関へ——

経営者支配は、個人所有の縮小分散・機関所有の拡大集中の推移の中で、支配的な所有割合を占める機関が個人所有を圧倒してきて、個人大株主すなわち資本の所有にもとづき会社支配を行う資本家は姿を消してくる。財産社会＝資本家支配社会は消滅し、能力社会＝経営者支配社会＝組織社会となる。ドラッカーのいう商業社会から産業社会への移行である。

市場社会は財産に基礎を置く資本家支配の社会から、能力と地位に基礎を置く経営者支配の組織社会に移行し、見えざる手によって動かされる無政府的な市場社会は意識的・意思的な行為主体と合体し自らを変革せしめつつ存続するのである。

市場社会は貨幣中心社会である。貨幣が主人公として君臨する社会における生産は貨幣運動に抱摂せられた生産であり、生産を抱摂した貨幣運動は資本となる。生産は資本制生産となり、貨幣所有者は資本家となり、資本の価値増殖運動を利潤追求としていそしむ資本家の行動を正当化し推進しようとするイデオロギーが資本主義であり、その社会が資本家社会・資本主義社会である。

ところが、市場社会の内部に組織社会が生まれ次第に大きくなり、市場社会は組織社会と合体して自己変革をとげてゆく。組織の論理は市場の論理と全く異質である。資本運動によって、自律的・自動的になされる社会的生産の資源配分は、次第に自己調節機能を喪失して来る。それを救うがごとく、どこまでも意識的・意思・計画的存在としての組織が無政府的な総資本の運動のコントロールに介入して来る。

組織、より正確に言えば現代のビューロクラティックな組織は目的合理性という価値を至上のものとし、現代社会の社会的基礎構造ともなって来ている。そして、目的合理的価値を追求する科学と技術は、組織と合体することなくしては、自己を発展させることは出来ないし、組織もまた組織と同根の科学技術と合体することなくしては存続することは出来ない。

個人が行為主体であったときは、市場と資本運動は社会の全領域を覆いつくすことはなかった。そこには資本家がおり、資本家の利潤追求活動は生産の増大であり富の増大であり社会の進歩と観念せられ、資本家による資本運動の拡大進化を支援するイデオロギーすなわち資本主義によって染め上げられた資本家社会、資本主義社会があった。

だが、社会的行為の主体が個人ではなく組織となったとき、資本家はもはや存在しない。そして、組織が行為主体となったとき社会はその隅々まで市場に浸透してゆく。そうなったとき無制限的な資本運動は内部から外部から、制御せられねばならぬ社会となってくる。制御をするものは組織である。資本運動をひたすら推進することを社会の中心課題とする資本主義は、もはや組織社会においては適合するイデオロギーではない。資本主義は既にその役割を終え、組織社会に適合した新しい理念が掲げられ、新しいイデオロギーによって導びかれる社会とならねばならないのである。それは、人間が知らず知らずそれを主人公として仕えて来た資本と組織をして、逆に人間に奉仕せしめる社会を目指すものでなければならない。

貨幣・資本の悪を克服して、人間が主人公となって、貨幣と資本から生れ出る悪としての搾取と抑圧と戦争を克服し自由で平等で平和を実現することを標榜したのが社会主義であった。だが、貨幣と資本の根を断ち切ったと考えられた社会は、現実には組織による人間の疎外をほしいままにし、諸個人を抑圧する巨大な軍事国家となり自壊した。

ドラッカーは、組織をとり上げ問題にした。だが、彼はこれを真正面から見据え、これの解明に積極的に彼の天才・彼のエネルギーを投入することをしなかった。そのことは、既に彼自身が組織のもつ哲学的意味の深さ、組織体のもつ政治的・経済的・社会的意義の大きさを十分に知っておるが故に、その問題に積極的に入ってゆくことをしないと述懐している。

四　むすび　経営者の責任、そして経営者支配の正当性

――ドラッカー理論の限界――

さて、ドラッカーの理論を経営者支配の正当性を軸としてみてきた。そして、初期ドラッカーが提起した社会の純粋理論を称揚し、その適用が商業社会のみでなく、それにつづく産業社会にも積極的に適用さるべきであるという問題提起をし、彼にかわってその問題にとり組んでみた。その結果、産業社会は組織こそその社会の決定的・基礎的・構成的要因であり、諸個人はそれぞれのもつ能力によって組織に参加することによって、社会的地

位と機能と所得をうる社会であると把握した。そして、天才ドラッカーが組織をとり上げ、その重要性を十二分に意識しながら、これに彼のエネルギーを十二分に注ぐことをしなかったことを遺憾とした。

組織への取り組みの不十分が、彼の経営者支配の正当性をめぐる論議にどのような不徹底を生んでいるであろうか。

商業社会から産業社会への移行を財産社会から組織社会への非連続的移行として把握しておれば、支配の正当性の根拠は財産から機能へと推移してくることも明確にとらえられたはずである。そうすれば、はじめから経営者支配の非正当性についての主張などすることはなかったであろう。そして、経営者支配の正当性の根拠すなわち機能もまた積極的に呈示することが出来たはずである。

経営者支配は組織社会においてのみ成立するものであり、組織維持の機能を担うのが経営者であるから、経営者能力をもち経営者の地位を占め、組織維持の意思決定をする者が支配者であるというのは、同義反覆の感さえある自明の理となる。経営者支配はひとえに経営者機能をいかに果たすか、その経営者機能の遂行それ自体にかかっている。彼はこの筋道を積極的に論じてはいない。しかし、その論理を自分のものとしてもっている。そこで、彼は経営者機能の理論を説くことになる。そして経営者機能の遂行それ自体に正当性がかかっているわけであるから、経営者機能の遂行がいかに為され、そしていかになし遂げられるかを問題とする。すなわち、責任こそが経営者支配の正当性の根拠である。それは財産所有にもとづく支配の正当性の根拠とは、全くその性質・内容を異にするのである。

経営者機能論すなわちマネジメント論の彼における展開は、二段階になっている。すなわち、大企業のマネジメントを内容とする『管理の実践』一九五四年、を第一段階とし、第二段階はあらゆる組織体に通じるものとしての『マネジメント』一九七四年をへて『非営利組織の経営』一九九〇年である。組織社会の把握が意識されない以前に、第一段階の大企業のマネジメントを論じたときの彼は、まだ第二段階を予定していない。彼が現代社会における組織の意義の重要さに気づき、現代社会を組織社会と把握するのは『断絶の時代』一九六九年においてである。だが、それは組織が現代社会において市場とともに決定的な要因として基礎的・構成的要因であるという認識にまで達していない。多元的組織の社会となったという認識をし、むしろ〈知識社会〉の到来の方がより大きく論じられている。ともあれ、この多元的組織の時代に入ったという認識は大企業のマネジメントの枠をこえて、第二段階のあらゆる組織体の『マネジメント』を論じさせることになってきた。

彼は『マネジメント』において、その課題・責任・実践を論じている。さきにマネジメントの〈実践〉を論じた彼は、その実践を課題と責任と並べて論じるわけである。そして、マネジメントの社会的位置とその正当性の根拠について次のように述べている。「マネジメントは社会制度 institution における一個の器官 organ であり、企業とか社会的サービスの組織体はまた社会の器官である。それらはそれぞれ社会的な特別の機能を果たし貢献する存在である。したがって、マネジメントは社会から要求される業績をあげること、課題 task の達成においてのみ存在理由があり、その権威と正当性の根拠はある。」

課題（目的と使命）の達成・パフォーマンスこそ、マネジメント第一の職務であり、その為に従業員に達成意欲を与えることである。だが、マネジメントの課題はそれにとどまらない。企業の社会に与える衝撃と社会的責任を管理しなければならない。企業は廃棄物や汚染物等の副産物 by product によって、社会に衝撃を与えざるをえない。企業は自分の為した行為よりひき起した衝撃に対しても責任をもち、それを管理しなければならぬ。それは、まぎれもなく、マネジメント＝経営者の責任である。要するに、経営者は業績をあげることにより、従業員を雇用し意欲を高めさせることにより、更には企業活動の副産物たる社会に与える衝撃を管理するという課題を担うことにより、社会の人々の生活の質を左右するという責任を負うわけである。

機能する産業社会の建設を全体主義ではなく、自由にして機能する社会たらしめることを自らに課したドラッカーである。責任ある選択を自由の本義であり人間の本質であると考える彼は、責任をもって彼が建設しようとする産業社会における経営者支配の正当性の根拠として位置づけるにいたっている。

ところが、『ポスト資本主義社会』一九九三年においては、資本家社会の次に来る社会を従業員社会であり、従業員の中の知識労働者の社会・知識社会と把握し、知識労働者がそこにおいてのみ機能しうる組織の社会・組織社会と把握している。従業員社会＝知識社会＝組織社会は命令と服従の支配関係ではない。一人一人が情報にもとづいて全員が自分が為すべき貢献についてその内容を意思決定し、責任をもつ全員貢献者社会である、と知識社会の将来について語っている。全員が組織の目標に自己の目標を合致させ決定し責任を負うとすれば、そこには支配はなく、したがって支配の正当性の問題は存在しない。

だが、知識労働者には二種があり、特定の専門知識を担う従業員、そして目的をたて目標を設定し、専門的知識をそこに向けて統合し、その統合せられた知識の結果としての組織の業績に対して責任をもつ役割を担う従業員である経営者とがおり、同じ知識労働者といっても両者の機能は全く異なる。限定せられた専門的知識に対してのみ責任をもつ従業員とその統合せられた全体に対して責任をもつ従業員との機能は本質的にことなり、後者すなわち経営者機能の担い手の責任は極めて重いと言わざるをえない。個々の組織体だけでなく組織社会＝知識社会＝従業員社会全体が立つも立たぬも、経営者の責任にかかっている。その限りなく重い責任は、単なる学問的知識を統合する知識という知識レベルで達成できるとは思えない。そこには、権力＝パワーが不可欠であり、権力なくして組織社会＝知識社会は立つことは出来ない。そして権力あるところ、そこには必ず権力の正当性の問題がある。

組織社会・知識社会において意思決定の頂点に立つ者は経営者であり、彼は彼の意思決定に対しては当然責任をもたねばならぬし、また彼はその決定と遂行の権力的地位にあり、その行使は常に正当性が問われなければならない。

ドラッカーは、既に経営者＝マネジメントの責任として、既述のように業績をあげること、従業員に意欲をもたせること、社会的衝撃と社会的責任の三者をあげている。前二者はいかに組織目的を達成し組織を維持するかの問題であり、三番目のものは組織の目的的結果とともに必然的に生まれてくる随伴的結果の問題である。ドラッカーは随伴的結果の問題を〈副産物〉の問題と言っている。この副産物の問題を、経営者に課せられた課題であり責任であると挙示したのは、まさにドラッカーならではの感がある。だが、『マネジメント』でとり上げたこの問題を『イノベーションと企業家精神』一九八五年においても、『ポスト資本家社会』一九九三年においてもほとんど積極的にとり上げていない。

組織は限定した目的達成の手段としての性格をもつ。知識はまた限定された目的を達成するために精緻化された手段として組織に合体され、目的的結果の有効性を高めるためにのみ奉仕する。組織も知識も市場社会で鎬ぎをけずり、自己を絶えず陳腐化させるイノベーション競争に明け暮れる。そうしなければ、優勝劣敗の市場では生き残ることは出来ない。ところが、組織活動の終わりには必ず求めた目的的結果とともに随伴的結果すなわちドラッカー言うところの副産物が意図せざる結果・求めざる結果として生起する。知識の発展すなわち科学・技術の発展は巨大・膨大な目的的結果を組織が意図した通りに生み出し、同時に意図せざる巨大・膨大な随伴的結果を生み出す。深刻の一途を辿りつつある自然環境破壊も随伴的結果そのものであり、社会不安・社会病理的諸現象の質量ともに増大しつつある現状もまた随伴的結果の諸様相以外の何ものでもない。

組織は目的的結果を求める存在であり、知識＝科学・技術はそれに奉仕するものであるから、随伴的結果についてはこれをネセサリー・イヴルとして積極的に取り組まない。組織はそのような本性をもつ。だが、自然と社会が破壊されれば、人も組織もそれだけ破壊されやがて破壊しつくされた自然と社会の中で終焉を迎えざるをえないであろう。イノベーション競争とは未知の随伴的結果を招来する競争である。自然と社会とを破壊し、人間と組織との存続を脅かす競争がイノベーション競争である。

知識を結集するイノベーションとマーケティングの競争が、人間の個々の諸欲求をかき立て充足させる目的的結果の追求だけでなく、それと同じか或いはそれ以上の注意とエネルギーを随伴的結果に対しても払わないかぎり、この社会の明日はない。いかなる明日を迎えるかは、企業のみでなく、政府も自治体もジャーナリズムも大学等諸組織における知識統合の役割を担う経営者の意思決定に大きくかかっている。最高意思決定者たる経営者の権力の正当性はいまや随伴的結果を目的的結果と一緒に複眼的に把らえ意思決定をする複眼的管理かどうかに、彼の責任も彼の支配の正当性もかかっている。(7)

注

（1）小松章『企業の論理』三嶺書房、一九八三年。
（2）奥村宏『法人資本主義の構造』日本評論社、一九七五年。
奥村宏『法人資本主義』御茶の水書房、一九八四年。
（3）西山忠範『現代企業の支配構造』有斐閣、一九七五年。
西山忠範『支配構造論』文眞堂、一九八〇年。
（4）拙稿「個人所有・機関所有パラダイム再論」（『同志社商学』第四八巻第一号所収）。
拙著『財産の終焉』文眞堂、一九八二年。
（5）拙著『ドラッカー』第二章　未来社、一九七一年。
（6）拙著『ドラッカー』未来社、一九七一年、二一〇頁。
（7）拙著『随伴的結果』文眞堂、一九九四年を参照されたい。

第六章　ドラッカーの現代大企業論批判

初出、「現代大企業の意義と機能——ドラッカー経営思想批判——」
『立教経済学研究』第一九巻第四号、一九六六年。

一　はじめに

現代大企業の意義について、ドラッカーほど、真正面からとり上げた者はいなかった。そして、現代社会における大企業の意義を、彼ほど重要視したものもいなかった。本章は、彼の見解の要約とその吟味からなっている。

二　現代大企業の意義

1　ドラッカーの見解[1]

「大量生産の原理[2]」がどれほど浸透し現実化しているか、大量生産革命を経過しているかいないか、これこそ現代社会にとって最も基底的な問題であって、資本主義・社会主義・共産主義・ファシズム等は第二次的なものにすぎないと把握する彼にとって、大量生産革命を経た社会である産業社会において、大量生産の原理の現実的拠点であり、大量生産の原理がそこにおいて典型的なかたちで展開せられる現代大企業こそ、決定的 decisive 代表的 representative 構成的 constitutive な制度であると、意義づけられることになる。すなわち、およそ社会が産業社会であるかぎり、その社会が資本主義的に組織せられていようと、社会主義的に組織せられていようと、また共産主義的に組織せられていようと、さらにはファシズムにより組織せられていようと、大企業はその社会の決定的・代表的・構成的な制度であり、はたまた中心的な制度 central institution であって、同じような形態をとり、同じように行動をし、さらに同じような課題と決定に直面しているのである。

このように現代大企業を把らえる彼にとって、既存の語句のなかにこれを表現するものを見出しえず、彼の概念づける現代大企業を表現するものとして、Industrial Enterprise をもってしようとする。すなわち、現代大企業をその所有ないし出資の形態を問わず把握するとき、Big Business とか Corporation とかの用語は、不適当となってくるのである。(3) そして、現代大企業がこのようなものであるかぎり、産業社会における根本問題は一般に論ぜられているように「体制」あるいは政治機構という上部構造をかえることによって解決できるものではなく、真の問題は大企業体そのもののなかに存する。したがって、企業体の問題の解決のしかたいかんによって、体制が形成せられてくるのである。では、体制問題に決定的な力をもつイデオロギーはどうでもよい問題であるかというに、そうではない。イデオロギーが真にかかわるところは、現代大企業という新しい制度をどのように秩序づけ、それが抱える問題をどのような仕方で解決するかにかかわるものであり、現実的には決定的な意味をもつものである。現代大企業の問題を、どのような価値と信条にもとづいて解決するか、これを左右するものである。もちろん、彼は共産主義的な価値と信条ではなくして、自由主義的な価値と信条にもとづいて、この問題を解決しようとするものであることを、あきらかに表明する。とはいえ、大企業体そのものの分析ないし把握とそれぞれの信条とは一応無関係であり、この分析がどのような価値と信条をいだく人にとっても有効であることを付言することを忘れない。

産業社会において現代大企業が、決定的・代表的・構成的な制度であるということを、さらに言葉をそえて説明しよう。

現代大企業が決定的性格をもつということは、それが果たす経済的役割による。なるほど大企業は、数的には小部分しか占めてはいない。だが、大企業は社会における戦略的中心をしめ、国民のうちそこで直接働いていない人人でも、これにたいする供給者ないし配給者として生計を直接に依存しているのである。また大企業の意志決定によってその国の経済すなわち、価格・賃銀・雇傭・需給・景気等々は左右されるのである。技術の発展も、大企業によってリーダーシップがとられ、労資関係のパターンがうちたてられるのもここであり、産業に対する政府規制ないし規制の目標としているものも大企業である。最後に、大企業体の内部にうちたてられる工場共同体という社会形態は、その社会全体の基準となるのである。このような意味において、大企業体は決定的性格をもつといいうる。

次に、大企業体が産業社会における代表的な制度であるということは、それが産業社会の基本的組織原理を代表的に体現しているということである。すなわち、産業社会においては、たとえば町角のタバコ屋をもって社会の典型と思わず、大企業を典型と考える。大企業体は、産業社会の基本的原理である大量生産の原理、換言すれば専門化と統合の原理を、もっとも純粋明瞭なかたちで体現している。比喩的に言えば、産業社会があるいはそこに住む人々が、真の自己の姿を見ようと思ったとき、それをみせてくれる鏡のようなものである。大企業体は現代社会の秩序を真に象徴しているのであり、現代社会の真の問題はそこにおいて典型的・代表的なかたちで把らえることができる。だからこそ、現代大企業体の内部の問題をどのような方向において、どのような組織ないし構造によって解決するかという問題が、そのまゝ産業社会全体の構造ないし方向を決定することになるのである。決して、その逆ではない。

そして、大企業体が産業社会において基本的な制度であるということは、大企業体は産業社会においていかなる上部構造にも従属しない自律的なもっとも基本的な制度である、ということである。大企業体は、小規模企業がその所有者から支配せられていたのとちがって、若干の例外を除き所有者によって支配せられていない。アメリカ・ドイツなどの大株式会社においては、株主の手から支配がはなれ、専門経営者の手によって管理せられているし、イギリスの大企業たる英国石炭庁などの公共企業体においても、経営層は国家の統御から離れて完全に独立していることを実証している。ソヴィエト・ロシアにおいても、経営者グループがこの国の権力中枢に次第に力を占めてきたことによって、経営者が法的所有者たる国家の統制・支配から独立しつゝあることが示されるのである。このように、企業体は他の何物からも支配されず、他の外部から目標・動機・権力・構造を与えられるものではなく、それ自身内在的な法則をもち、本質と機能において独自のものをもつ自律的な制度である。

大企業体が自律的な制度であるからといって、国家が何等かの統制を加えることが不可能であるということを意味しない。むしろ、産業社会は強力な中央政府を必要とするのであり、それにより経営層と組合の力は制限せられ、その行為は規制せられなければならない。そして、国家主権の座が大企業体・大労組に簒奪されないように、またこの両者を国民の福祉に適正に従属するよう、大きな注意が払われねばならない。そしてこのとき、国家と企業体はともに、同一の基本的信条と原理にもとづいて組織されなければならない。企業をみちびく価値と信条が社会のそれと矛盾する場合には、産業社会は存立しえない。社会全体の価値と信条が、その社会の基本的・代表的制度のそれと対立するものであるとすれば、その社会は合理性をなくすどころか、混乱と解体にいたるほかない。だが、社会もまた、企業体が機能しうるように組織されなければならない。もちろん、国家の経済政策や政治的統制はつねに公共の福祉に焦点をあわさなければならないのはいうまでもないが、もし公共の福祉のために大企業体の基礎的要求が拒否せられるとすれば、その社会はまた解体するの他ないであろう。

企業の機能のために自由を犠牲にすれば全体主義国家となり、自由のために企業の機能を犠牲にすれば無政府状態にならざるをえない。自由にしてしかも機能する産業社会こそうち建てられるべきこれからの社会でなければならない。しかるに、大企業体の出現は、中世の解体以来ひろまってきた自由の風潮を逆転するがごとき傾向を一方においてかもしている。全体主義国家の出現は、社会の唯一の中心・唯一の焦点・唯一の権力としての国家という傾向があり、それはまさに不条理にみちたものと断ぜざるをえない。なぜなら、近代的政党や軍隊は近代国家のなかから生れた制度であり、それは他律的な制度・第二次的な制度であるが、大企業体はそれらと異なってその起源においても機能においても国家とは根源的には無関係な制度であり、国家の機関ではなく社会の機関である。根源的に国家に従属するものではない。大企業体を国家権力に従属したものとし、大企業体の自律的制度たるの性格を無視するということは、不条理というわけである。したがって、現代社会における主動力は一つではなく、すくなくとも二つある。国家と大企業、これである。この両者は調和して共存しなければならぬ、さもなければともに存続することはできないであろう。

2　その吟味

現代社会を大量生産社会すなわち産業社会であると概念づけ、資本主義・社会主義・共産主義等の社会体制の問題は、まったく第二義的なものであると把らえ、大量生産の論理より理論を展開するとき、彼が大企業体をもって、これを決定的・代表的・構成的な制度として論ずることは、それはそれとして見事な理論的展開であり、しかもその所論はかなり内容をもったものとして、充分首肯させられるものがある。

たしかに、彼の論ずるように、現代社会は大量生産社会であり、大量生産の拠点は大企業体であり、そこには大量生産の原理としての専門化と統合の原理が貫き、大企業体はその原理の典型的なかたちいわば標本的結晶体であり、しかもその原理は人間結合の原理でもあるから、社会のあらゆる面にまで滲透し作用しているのである。だから、彼の現代企業体をもって決定的・代表的・構成的制度であるとする論述は、彼の説明をこえて――彼は大企業体の経済的機能・社会秩序の象徴、所有と支配の分離から説明している――これを補足することができる。戦後のわれわれ日本人の技術革新云々といわれたものの引きおこした諸変化の生活体験は、大企業体を拠点とする大量生産に縁由するものであり、食生活の変化、電化生活・節約的生活から浪費的生活・レジャーとその画一性、公害その他、われわれの生活は大きく変化した。また、大量生産原理すなわち組織原理の作用は、人間を独立的人間から組織的人間 organization man にかえ、かくして人間の思考様式や行動様式を規制するにいたっている。彼は組織の一員として生きる以外に生きてゆく道はないし、組織における地位と機能に限局されてしか思考し行動することは出来ない。(4) そして、それは大量生産的教育とマス・コミュニケーションにより唇歯輔車されている。このように、思考様式・行動様式・生活様式・社会的機能を一変させる大量生産の原理が、もっとも基底的・直接的・典型的に作用する場であり、拠点であるものが大企業体であるとすれば、大企業体こそ現代社会の決定的・代表的・構成的な制度であるといってもよいかもしれない。

以上のように、われわれもまた、「大量生産の原理」の進展にともなう社会的諸変化およびそのとき果たす大企業の決定的役割その他について、認容するにやぶさかではない。おもえば、およそ、生産力の変化はつねに社会的変化を随伴せざるをえなかったし、生産力の段階的・飛躍的発展は社会の段階的・飛躍的変化をともなわざるをえない。そしてまた、社会的変化は生産力の発展に大きな変化を与えてきた。現代におけるオートメーション的機械体系・装置体系を媒介として、ドラッカーのいう専門化と統合の大量生産の原理が高度に利用せられる高度生産力は、社会的状況に変化を及ぼすことはもちろん、生産をめぐる人間の諸関係、社会における人間の結合の様式について大きな変化を生ぜざるをえない。

ドラッカーにあっては、大量生産の原理が即人間結合の原理であった。だから大量生産原理の進展は、それが同時に従来の社会における人間結合の様式の変革を直接的に惹起するものとして把らえられていた。そのような側面のあることは、否定できない。だが、社会における人間の結合の様式ないしは生産をめぐる人間の関係には、生産手段の所有関係をめぐる関係もあり、それにもとづく社会の様式というものがある。奴隷社会とか、封建社会とか、資本主義社会とか、社会主義社会とかいうのが、それである。生産手段の所有者は、奴隷所有者であれ、封建的土地所有者であれ、あるいは資本家であれ、所有にもとづき労働せずして労働生産物を取得し、生産手段をもたないものは、生産手段の所有者に何等かの形で従属し、彼等の労働生産物の一部は生産手段の所有者の手に帰した。このような人間の結合関係＝生産関係は、ドラッカーにとって、ことさらに無視・あるいは軽視されている。そして、現代大企業は、かかる所有関係の埒外に立たされている。そのとき、「所有と支配との分離」の理論が、都合よく利用せられているのである。資本主義・社会主義は、生産手段の所有関係にかかわる概念であり、この生産をめぐる人間関係たる生産関係は、生産力とは別個、相対的独自なものである。ドラッカーのように生産力（大量生産の原理＝技術的原理）即生産関係（人間結合の組織的原理＝社会的原理）として、生産関係を生産力のなかにすっかり埋没させてしまうといった把握や、あるいは資本主義・社会主義・共産主義は大量生産革命によって惹き起された二次的なものにすぎないとして、生産関係を生産力に決定的に従属したもの、あるいは独自性をもたぬものとする把握を許さないのである。

すでにみたように、ドラッカーにあっては、不況と失業は「大量生産の原理」によるものであった。だが、これもすでに指摘したように生産手段の私的所有と社会的分業という原理の上になり立つ資本主義的経済の宿命として存在するものであった。いかなる社会であれその社会が存在するためには、いろいろの質の生産物がそれぞれの量において一定のバランスをとって生産および再生産されなければならぬ。社会的分業において、部分的生産を担う個別的生産単位が自主的に独立的に各自勝手に生産するところに、不況と失業が生ずる。社会総生産が全部計画的になされるならば、もちろん、そのとき労働力の社会的配分もともなうが、不況や失業が起るはずがない。一方においてのどから手が出るほど品物が欲しいが買えない人々がたくさんおり、他方において品物が売れなくて不況になり失業を生ずるという矛盾は、資本主義的生産の矛盾であり、これを大量生産のせいにおしつ

けるのは、まったくの冤罪である。(5)

不況と失業は、大企業の機能を制約し停止させ、社会成員の個人的な地位と機能を喪失せしめる。だから、彼もいう。「社会もまた企業体が機能しうるように組織しなければならない」と。資本主義も、生産力が決定的段階にならないうちは、自由・競走・放任的でありえた。不況をむかえ、失業があろうとも。だが、生産力がドラッカーのいう大量生産革命的段階になると、自由・放任的ではありえなく、強大な中央政府を必要とするようになると同時に、個別大企業が各自独立性を維持しながらも、社会的計画生産の度を歩一歩とすすめざるをえなくなってきた。ドラッカーは、資本主義のままで、すなわち生産手段の私的所有、大企業体それぞれの独立性を維持したままで、不況と失業のない、大企業体も機能し、個人個人もそれぞれ自分各自の価値と信条をいだいて、地位と機能をうる社会を「自由にして機能する産業社会」free and functional industrial society として夢想している。だから、彼は、大企業体が国家に従属せず、これと並びこれにあくまで独立した制度として、すなわち国家権力に大企業体が従属する、社会的主導力がただ一つの一元的社会に対して、多元的社会を規範的にいだいているのである。たしかに、資本主義的大量生産社会は、すくなくとも国家と大企業体の二者を主導力とする多元的社会である。ときには、その主導力は、国家と大企業体と加うるに軍隊の三者を数えるかもしれない。だが、およそ資本主義たるかぎり、不況と失業を回避することは不可能なのであって、したがって、大企業の機能と個人の地位と機能が脅かされることにより、「自由にして機能する産業社会」は、遂に空想ないし願望にすぎないものとなりおわらざるをえないであろう。大企業体による社会的計画的生産はますます進展するであろう。だが、大企業体が独自性をもつかぎり、計画の高度化にもかかわらず、それにはおのづから限度があり、生産力の巨大化はわずかの計画の不徹底ないし齟齬といえども生産と消費の量的矛盾をひき起すのであって、不況と失業は依然として姿を消すことはないであろう。

不況と失業を完全に克服し、大企業体の機能を克服することの唯一の可能な道は、大企業体の絶対的独立性をなくし――もちろんそのときといえども相対的独立性は残りうるが――社会的生産と労働力の社会的配分を完全に計画化し、社会的生産と社会的消費のバランスをとる以外にはない。すなわち、社会的な巨大な生産力を個々の独立した個別企業の統御の下から、社会全体の統御の下におくことである。そして、それには、生産手段の私的所有を社会的所有にしなければならない。所有からの支配の分離がいかに進展しようとも生産手段の私的所有が制度的にあるかぎり、大企業はあくまで絶対的に独立的な制度たるの性格をうしなわず、大企業体のエゴから解き放たれることは、ありえないであろうし、それは真の社会的存在としての社会的制約を一〇〇パーセント受容することを拒否する制度たるの性格から脱却することは不可能であろう。

生産手段の私的所有の否定と完全な社会的計画的生産という不況と失業克服の道を名づけて社会主義というが、ドラッカーには、これが「機能のために自由を犠牲にした全体主義」として理解され、その主義によって導びかれた社会を「抑圧することによって機能する産業社会」として把えられている。社会主義国家は大企業体を完全に国家に従属させた国家であり、国家が社会において唯一の中心・唯一の焦点・唯一の権力として、犯罪的な・邪悪な・気違いじみた不条理 absurdity として、彼の眼に映ずるのである。このように社会主義が彼の眼に映じたのは、眼前の社会主義国たるソヴィエト・ロシアの状況の部分的観察によるものであろう。唯一の政党たる共産党によって政権をとられた国家の指導統制のもとに、生産と消費が規制されることはもちろん、思想・言論・文化・芸術まで国家権力の強力な介入がなされた、あるいはなされている事実にたいして、これを自由の抑圧として激しい嫌悪をもよおしたのである。

では、われわれは「不況と失業のない社会」すなわち大企業の機能を保証する社会のなかに生きようとするとき、換言すれば、社会の全成員の経済的保証をえようとするとき、そのときはかならず他方において思想・言論・文化・芸術については国家権力の強力な介入により逆に自由を失わねばならないのであろうか。貧乏と失業を形式的自由、貧乏と失業からの解放を実質的自由と把握して、そのような状態を肯定すべきなのであろうか。ドラッカーは、あらゆる権力が国家に集中する傾向を「不条理」と断じたが、大企業体が完全に国家に従属することの「不条理」をつぎのように把らえている。すなわち、近代的政党や軍隊は近代国家に随伴する第二次的制度であるから、それが国家権力にしたがうものとして存することは当然であるが、大企業体は起源からいっても機能からいっても国家から独立した制度であって、本来社会の制度である。したがって、もともと国家から独立した自律的制度である大企業が、国家に従属せしめられるということは、まさに不条理だというのである。彼の立論はもっともなこととうけとれる。大企業体は本来社会的制度であるから、それを私的所有のもとに私的性格を賦与せられている矛盾から脱して、社会的所有のもとに社会的性格を一〇〇パーセント賦与させねばならぬ。だが、社会構成員全体の利害が完全に一致するかぎり、国家権力の生産への強力な介入は不必要であるが、社会を構成する諸階級ないし諸階層の利害が一致を容易にみないかぎり、国家権力の強力な介入をまたざるをえないであろう。そして諸階級ないし諸階層の矛盾の減少にともない、国家権力の大企業体への介入は後退・減少してゆくであろう。また、社会を構成する諸階級ないし諸階層間の矛盾が、少なくなれば、国家権力の暴力的な傾向は減少し、言論・思想・文化・芸術等に対する国家権力の介入は同時に減少してゆくにちがいない。あるいは、その国家権力を掌握している党が、形式的ではなく実質的に国民各階級ないし各階層の支持に立てばたつほど、思想・言論・文化・芸術等各面において自由であろう。(6)

ドラッカーが標榜する「自由にして機能する産業社会」なるものが、労せずして他人の労働生産物を自由に享受することを保証する産業社会であれば、単的に言って搾取を保証する社会の維持を望むものであるとするなら、われわれはこれに組みすることはできない。また、形式的ではなくして実質的自由を保証するという名目のために、言論・思想・芸術・文化が一党支配の国家権力のもとに強力に抑圧され、単一化的方向をよぎなくさせられるとすれば、われわれはまたこれを肯定することはできない。「自由にして機能する産業社会」の内容が、不況と失業を克服して企業の機能を発揮させ、しかも社会の各成員のおのおのがそれぞれ独自の価値と信条をいだいて地位と機能を発揮しうる社会を意味するとすれば、われわれはこれを全面的に支持せざるをえない。それは生産手段の私的所有の維持のもとではなく、その社会的所有のもとでなければ不可能なのではあるまいか。

三　現代大企業の機能

1　ドラッカーの見解

ドラッカーは、現代大企業はどのような機能をもつものであり、したがってどのような性格をもつものであるか、について次のように論じている。(7)

現代大企業は、専門化と統合の組織原理＝大量生産原理の典型的・代表的な体現者であるから、それは必然的に大規模であり、巨大なる物的様相を呈する。かつて「ビッグ・ビジネス」という言葉で非難されたような規模は、すでに現在ではスモール・ビジネスとして取扱われている。アメリカでは現在五千ないし一万の従業員の規模が、主要産業ではスモール・ビジネスとして取扱われているほどである。

この大規模という物的・量的状況それ自体が、企業体および社会に、不可避的に質的変化を招来し新しい性格を賦与することになる。大企業は大規模であるが故に、社会はその崩壊を許さない。その安定と持続が企業体にとっても社会にとっても、主要関心事となる。大企業の崩壊が惹起する社会的影響、失業・不況・崩壊の連鎖、生産および消費の体系の混乱・破壊、時には社会そのものの存在にかかわるであろう。だから、現在主要産業国では、大企業はゴーイング・コンサーンとして、機械設備、人的資源からなる機構の維持が、生産者・債権者の権利主張より優先される法的処置がとられている。

このように、大規模化により企業が単なる私人の私有物的存在から社会的存在＝社会的制度に転化したことは、企業体に関して利害をもつどの集団に対してでもなく企業体そのものに対して責任をもつ専門経営者 professional management の出現によって明白に証拠だてられる。経営層の構成、経営層による適正な機能の遂行、適正な資格をもつ重役の選任・育成・訓練・経営層のコードとエトスは、今や大企業それ自身にとってばかりでなく、社会にとっても重要な問題となってきた。同様のことが、大労組の指導者にたいしてもいえる。彼等の責任は組合員に対するよりも組合という制度そのものにかかわってき、彼等の能力・エトスは経営者の場合と同様に社会の様相に大きな影響を与える重要問題となってきた。

大企業体の出現は、このように、経営者と組合指導者という新しい階級＝支配階級を生むと同時に、それと労働者階級との間にいま一つ新しい中間階級を生ぜしめた。この新しい階級は、ともに六〇年ないし七〇年前まではなかったものであり、この新しい二つの階級の出現により、社会のパターンは急激にすっかり変化した。特に大量生産社会の発展あるいはその性格を決定づけるものは「新しい中間階級」である。大量生産革命は、旧支配階級――土地所有者・商人・銀行家・資本家の物的＝経済的基盤をほりくずし、彼等の支配力を喪失せしめ、「金融資本主義」はイングランド銀行の国有化とモルガンの証券業から預金銀行への転換により終りをつげた。旧中産階級――独立小企業者・独立専門家・農家――は、すでに内容的には独立性を完全に喪失しており、数的にもきわめてわずかの比率をしめるにすぎない社会的存在になりつつある。

では、労働者階級はいかなる変化をとげたか。これこそ長期的にみてもっとも重要な現象であるが、この階級は絶対数においても相対数においても峠をこした。そして、将来ますます減少してゆくであろう。その減少に対応して、その分だけ増大するのは、新しい産業中間階級である。労働は単なる手先だけの肉体労働たる未熟練労働から工学的・化学的・会計的・管理的な知的能力をそなえた熟練労働へ移行して来た。労働者は、次第に技術者・技師・監督者・会計士・統計員・部課長等に転化してきた。この新中間階級の社会における質的・量的優越性の増大化傾向は、今後ますます進行するであろう。歴史のこの発展は、この階級＝セクレタリアートの勝利にむかっていることをさし示している。だが、この階級はいまだ自己の地位ないし役割にたいして自覚していない。

さて、企業体が以上のように大規模化という物的な様相にともなう企業体の制度化・社会構造ないし階級構造の変化に加うるに、企業体は従来の機能に内的変化をひき起し、さらには新しい機能がつけ加えられてきた。すなわち、大企業体は単なる経済的機能を果たすという以上に、それは経済的制度に転化したのであり、さらに新たな政治的機能を果たす統治的制度 governmental institution であり、かつはまた社会的機能を果たす工場共同体 plant community でもある。

企業体が経済的制度として経済的機能を果たすということは、個々人ないし小集団が独立に生産を営むのではなくて、集合的な巨大な機械体系に結びつけられ、また相互に一定の関係に立つ尨大な人々の集団によって、生産がなされるようになっているということを意味する。かつて個々人は生産者であったが、現在ではそうでない。大企業体のみがそれが一つの全体として生産者なのであり、産業社会は、制度的生産社会なのである。かくして、企業は巨大な長期的資本投下を必要とする。今日投下された資本は相当に長い期間を経てはじめて生産的に機能しうるようになるのであり、その回収はさらに長期の生産の継続期間の後にはじめて可能なのである。そのことは生産組織だけでなく販売組織、さらには人的組織についても、まったく同様のこととしていえるのである。だから、時間単位は前産業社会におけるように現在の市況中心的であった状況から、投資の回収時間単位で把らえられ、未来志向的となってきた。それに伴って、「利潤」とか、「所得」とか、「費用」とかの諸概念の意味内容が変化せざるをえなくなった。この点については、別個に（次節）論ずるであろう。

企業体は、第二に、統治的制度であり、必然的に政治的機能をおこなう。産業社会においては、大企業体の一員としてこれに参加することが、実質的に市民権 citizenship をうる典型的なあり方である。このとき、大企業体は市民としての生活をうるか否かを決する大企業体への参加を支配する。市民としての生活を可能にするか否かを決定する生産手段への参加を支配する control access to the citizen's livelihood 者は誰でも、政治的支配力をもち、これを行使するのである。大企業体への参加を拒否された人すなわち失業者は、社会的有用性から切り離され、地位・社会との一体性・自尊心を失い、名目的な市民権以外のすべてを事実上失い、果ては名目的なそれすら失うにいたるのである。

企業はその内部組織においてもまた、一個の統治体なのである。すなわち、産業的生産の組織は、権限と服従 authority and subordination すなわち権力関係 power relationships にもとづく内的秩序を不可欠のものとしているのである。かくして、企業体における権限所有者は正規の統治機能を遂行している。それは、立法機関として個々人の行動・紛争に関する規則を定め、司法機関として規則違反者に処罰を課する。刑罰は解雇（市民権の実質的剝奪）をふくむから、その権力は強大なものとなる。また、行政機関として、何時・何処で・何をするかを決定し命ずることにより、個々人の生活・将来・社会的経済的地位等に影響を及ぼす意志決定・政策をくだしている。企業体は無定形の群集を機能的生産的集団に組織化するのである。

統治機関はまず何より、その機能を果たさなければならない。その機能が十分に果たされてはじめてそれが善政であるかどうかが問題となりうるものである。ところで統治者たる経営者は、統治される人々たる従業員の利益になるようその権力をふるわなければならないにもかかわらず、彼等が何よりもまず責任をとらなければならぬものはその統治的機能ではなくして経済的機能＝経済的成果に対するそれである。経済的成果と統治的成果（統治される者全体の幸福）は、必ずしも一致せず時として矛盾するものである。ここに労働組合の出現の根拠があり、労働組合の果たす機能が規定せられるのである。労働組合は企業体統治機関に対して、本来対立的であり斗争的であり、かくしてはじめて機能を果たし・存続し・結合を維持しうるのである。と同時に、労働組合は企業体の存在そのものにその存在の根源をおくものであり、それ自体絶対的な機能を果たす制度ではないから、企業体の存続と繁栄に対する責任を負う「光栄ある野党」たるべきである。

第三に、大企業体は社会的機能を果たしている工場共同体であり、社会的制度である。かつて十九世紀末までの前産業社会においては、個人は独立の単位であり、個人として独立して社会内部に地位と機能とをもっていた。だが、大企業体の出現により、個人はその独立性をうしない、大企業体という社会単位 social unit においてのみ地位と機能をえるようになり、社会全体においてかつてのように地位と機能をもつものではなくなった。従業員は、あきらかに社会的身分・機能に対する欲求を、経済的欲求より重視している。賃銀は疑いもなく重要ではあるが、従業員は同僚との良好な関係・監督者との良好な関係・昇進・人間としての認知・社会的満足・威信・身分と機能等について、はるかに大きな欲求と関心をいだいている。この欲求が充足されなければ、深刻な個人的・社会的不満足、緊張・欲求不満が生じ、企業体の社会的組織全体が毒されることになる。

企業体は、かくして、個々人のためにも自己のためにも、従業員個々人に適正な社会的な地位と機能とを賦与しなければならない。そしてまた、企業体が適正に機能するためには、従業員一人一人に、共同体の一員としての自覚すなわち臣民 subjects としてでなく市民 citizens としての自覚をもたせ、彼等一人一人に経営者的態度 managerial attitude をとるようにさせねばならない。そうすれば、個々人ならびに企業体は、いっそう生産的・能率的になるであろう。したがって、生産性・能率性への主要誘因は金銭的なものではなく、社会的・道徳的なものとなるのである。さらに言えば、大企業体は産業社会の代表的な制度であるから、そこにおいて従業員に市民が社会的身分と機能を与えられることによって、社会的信条と約束が充足されねばならない。そうでないとすると、社会のエトスと社会の代表的制度との秩序とは矛盾し、社会の道徳的崩壊ないしは企業の機能的崩壊を結果せずにはおかないであろう。

以上のように、企業体は経済的・統治的・社会的制度であり、この三者の同時的・一体的存在である。したがって、企業体における問題はいずれもこの三つの側面において同時に満足せられ許容せられる解決策が見出されねばならない。そうでない解決策は企業体にうけいれられないし、無理にそれがとられたとき状況を一そう悪化する結果になること、あきらかである。ところで、この三つの側面は、それぞれどのような関係に立つものであろうか。統治的・社会的機能は従業員にとっては重要には違いないが、経済的機能はそれ自身にとっても社会にとってもかけ替えのないものである。したがって、経済的制度としての機能こそ他の二者に優先されなければならない。企業体は経済的成果を第一とした統治的・社会的制度であり、かかるものとして人類の歴史はじまって以来の制度である。

2　その吟味

現代企業は、まことにドラッカーの論ずるがごとく、必然的に大規模である。そして、彼は、大規模といういわば物的・量的なものが企業および社会に質的な変化を惹きおこし、新しい性格を賦与することを論じている。「その変化は、砂粒から砂の山への変化のようなものであり、それは粒の堆積には違いないけれども、それはまったく別の何物かである」という比喩をあてている。それは見事な比喩であり、かつ、彼の論ずる質的変化そのものについて、多くの教示をうける。だが、ここでもやはり、若干の疑問が生じてくる。

彼は、企業規模の巨大化によって、新しい二つの階級が出現したと論ずる。かれは、第一に新しい支配階級the new ruling groupとして、経営者と組合指導者が生じ、従来の地主・資本家階級の地位は大量生産革命によって破壊され、その支配力は喪失したという。たしかに、経営者ならびに組合指導者は、多数の企業従業員および多数の組合員の行動に関する意志決定を掌握している。その意味からすれば、大きな力をもっていることは、うたがいえない。だが、彼等は、果たして支配階級と名づけることができるであろうか。たとえば従来の資本家階級とか、封建的土地所有階級とか、奴隷所有者階級とかのように。ドラッカー自身、新しい階級の出現というときは、classを用い、経営者ならびに組合指導者をいうときはgroupを用い、そして次の新しい中間階級の出現にたいしては、またthe new industrial middle classといってclassを用いている。この用語法の彼自身による区別は、彼みずから、経営者・組合指導者を従来の支配階級とかなり異質のものと把握していた証拠ではあるまいか。意志決定者即支配者ではない。意志決定は支配者の大きな属性ではあるけれども。

次に、彼は大量生産革命により旧来の階級は地盤を失い、土地所有者・資本家の地位が破壊され、支配力は喪失し、旧中間階級は重要性を減じたという。旧中産階級はたしかに、量的にも、また彼等の社会的機能・地位は弱化したことはあらそえない事実である。だが、地主・資本家の地位が破壊され、支配力が喪失したと断ずるのは、性急のそしりをまぬがれまい。いわゆる自由主義国ないしは資本主義国なるものは、生産手段の私的所有をたてまえとした社会体制であり、土地所有にたいしては地代を、資本所有には利子を、資本の機能には利潤を、それぞれその果実として帰着せしめられることが体制的に固定化せられており、したがって、地主および資本家階級の存在およびそれにともなう力は、否定すべくもない。ただ、問題は経営者グループと資本家階級との関連をどのように把握するかがもっと究明されねばならないところであろう。

ともあれ、彼のいう大量生産革命は、経営者・新産業中間階層・労働者階層の三つの階層を大企業体内につくり、したがって社会にこのような階層をつくりだした。そして、労働者階層は減少をきたし、逆に新中間階層が増大してきた。この三つの階層は、それぞれ、その機能性において、その経歴・教育において、収入において、したがってまた行動様式・思考様式において、それぞれ異なったものとして把握することが可能であり、そのような把握は有効であると思われる。だが、それは階級ではなく階層と把らえられるべき性質のものである。わたしは、ここで、階級というものは、階級間の根底には敵対的な矛盾が存在するものであり、階層の場合の矛盾は根底において非敵対的なものだと区別して把らえるのである。もちろん、階層間の矛盾といえども、それが感情的になるとき、時と場合により敵対的なものとなりうることを排除しない。

さて、大規模化によってもたらされた企業の三重性格論にうつろう。彼のいうように企業は経済的機能を果たす経済的制度であり、そして、大規模化は経済的機能の発揮の様式に質的変化をもたらした。ここでは、それだけのことを、とりあえず容認して論をすすめることにする。経済的機能の質的変化の内容そのものについては、次節でとり上げることにする。

彼は、大企業体は、経済的制度であると同時に、さらに統治的制度でもあり、社会的制度でもあるという。企業の巨大化にともない、企業体が産業社会における代表的な社会単位であり、工場共同体たるの性格をもつことは否定できない。したがって、従業員はその一員たるということにおいてのみ、この社会で市民権を実質的には得るものであり、彼はここにおいて社会的身分と機能における欲求を充足するのである。したがって、大企業体が社会的制度たるの性格を有することはあきらかである。大企業体が社会的制度であるかぎり、それが一定の秩序をもって維持・存続せられるためには、そこに権威と服従の体系としての統治的機能を必要としてくる。企業体は一個の統治的制度たる性格を帯びてくる。

われわれは、彼が企業の性格を経済的制度・統治的制度・社会的制度と把握し、かつ経済的制度こそ三者のうち主導的なものであると規定したことについて、賛意を表する。だが、さきにその経済的制度としての内容について、若干の保留をしておいたが、統治的制度についてもその内部にたち入って把らえたとき、全面的な賛意を表するわけにはゆかない。

企業体は、企業体という一個の社会の社会成員の行動・紛争解決のための規定を定め、それを適用し、成員の行動・生活に決定的な影響を及ぼす諸決定をなし、立法的・司法的・行政的機能が行使せられている。ところで、その統治の権限はどこから賦与せられたものであろうか。彼はそれについて触れるところがない(8)。考えてみるに、もともと企業は経済的制度であり、従業員は生産のための人的資源として(9)、彼の生産的機能を賃銀と引きかえに買いとられたのである。従業員はもともと労働をより正確に労働力を賃銀と引きかえているわけであるから、労働力の支出たる労働すなわち従業員の企業内における行動したがってまた生活は、彼の自主的決定によるものではなく、賃銀を支払った者により絶対的に規制せられざるをえないのである。したがって、そこにおける統治権力は、原材料や設備機械と並ぶ生産要素たる人的資源を自由に処分する力としてふるわれるものであり、たまたま人的資源は機械や原材料と異なって感情と人格をもつ特殊な生産要素たるが故に特別な配慮を要するといった性質のものである。統治者は被統治者たる従業員が人格的立場において選んだものではないことはもちろん、彼等は選び出す何等の権限をもっていない。それは、まったく専制支配的な統治であり、したがってそれは彼のいうような共同体自治 community government は些末な分野においてはともかく根本的には存在しえようはずがなく、それは自治体でもなんでもない。だからこそ、彼はしきりに従業員に「経営者的態度」をとることを求めてやまないし、経営者が従業員に経営者的態度をとらせるような施策をなすべきだと説くのである(10)。

ドラッカーは、経済的制度と統治的・社会的制度との矛盾はたしかに把らえている。だが、資本主義制度という特殊な条件をことさらに無視しているドラッカーにとっては、資本制的企業における統治的制度の性格、およびそこからする経済的制度と統治的制度との矛盾については、ついに触れるところがなかった。彼の立場からすれば当然といえば当然といえよう。だが、現実に資本制的企業のもとに生きる従業員にとっては、看過されてよいことがらではない。

四　現代大企業の経済法則

1　ドラッカーの見解

現代大企業体の出現は、それ以前の社会すなわち前産業社会における経済法則に質的変化をもたらした。端的にいって、前産業社会における企業の指導原理は利潤原則であったが、現代大企業体のそれは損失回避の原則 the law of avoiding loss である。では、なぜそのような変化が生じたのであるか、また損失回避の原則とはいったいどのような内容のものであるのか。[11]

大量生産原理の展開、大企業体の出現すなわち産業社会は、前産業社会とつぎのような相異点をもつ。第一には、生産の単位が個々人ないしはそれに近い小単位の無数のあつまりによってなされていたのであるが、産業社会においては、尨大多数の個々人の専門化と統合によってつくりあげられた組織と巨大な固定資本の結合体たる企業体によって担われている。第二に、前産業社会においては絶えまのない交換によって生ずる取引 trade が中心的事項であったが[12]、産業社会では非常に長期にわたる生産こそ決定的な事項となってきた。前産業社会においては、市場こそが中心であり、市場価格をめぐって生産がなされ個々の企業の転廃は社会にとって重大事ではなく、むしろ、それによって経済社会は支えられていた。だが、大企業体においては、その巨大な組織の形成・大量の固定資本の投下はそれが成果をあげるには長期を要し、その回収には更に長期を要する。その転廃は社会的混乱を生じ、企業の維持こそ企業がその社会から負わされた責任となってくる。このような状況になると、市場めあての利潤獲得的衝動にかえて、大企業体は企業維持のためには損失回避、コストないし費用の回収こそ絶対的必要性として迫られてくる。

回収せられるべき費用は、三つの範疇にわけて考えられる。第一には、当期費用 the current costs, the costs of doing business であり、第二には未来費用 the future costs, the costs of staying in business であり、第三には社会的費用 the social costs, the social burden of society, the social burden of noneconomic service である。

当期費用は、原材料費・労務費等の会計学者の費用概念にあたるものであり、現在時における有形の費用 the visible and tangible costs であり、過去において実際に使用された費用である。だが、当期費用を回収しただけでは、大企業は単純再生産すら維持することはできない。大企業体の維持は、拡大再生産を現実化してはじめて可能なのである。ここにおいて、そのための費用たる未来費用の回収が必要となってくる。

未来費用は、当期費用が過去に属するものであったのにたいして、未来に属する。未来は、つねに未知で予定不能で不確実である。だから、未来費用とは危険 risks である。前産業社会において当期生産と当期費用との差額は剰余 the surplus であったが、産業社会においてはその部分は未来の危険のための掛金 premium であり、企業維持の費用となる。この部分は、おなじく利潤 profit と呼ばれてはいるけれども、前社会とくらべて本質をまったく異にしているのである。未来費用が回収されないということは、「損失」ということであり、未来の危険を賄いきれないということである。これを社会的にみれば有用なる商品の生産能力の減少、潜在的生産力の縮減を意味する。損失回避こそ、産業社会の第一原則にならざるをえない。

では、未来の危険に対処するための費用として未来費用は、どのような機能を果たせばよく、またそのようなものとして回収されねばならないか。それには、取替え replacement・陳腐化 obsolescence・本来の危険 risk proper・不確実性 uncertainty の四者がある。取替えと陳腐化は生産設備すなわち、社会の欲する商品を作りだす能力にかかわるものである。本来の危険および不確実性は製品にかかわるものであり、商品の欲求度に影響せられる。陳腐化と不確実性は、前産業社会ではまったく知られなかったものであり、危険と不確実性は産業社会になってますます増大し見積り困難となったものである。

取替えは生産施設の物理的寿命に立脚し、陳腐化はその経済的寿命に立脚する。産業社会における技術の進歩はこの二つの寿命間をますます乖離させる傾向をもつ。そして、この取替えと陳腐化の問題は、人的資源の上にも現われるのであり、企業はこれに同じように対処しなければならない。本来的危険は、ある製品ないしサービスの経済的将来が予見できないことから生ずる。かつてこの危険は物理的・自然的なもの（天候・牧畜の疫病等）が主であったが、現在では経済的なものとなった。だれが路面電車の今日の不要性を予見したろうか。この問題は、計画経済の下においても、同じように存する。ないのは前産業社会における計画経済の場合においてにすぎない。不確実性とは、時間因子にかかわるものである。かつては、時間因子は自然サイクルを基準として問題とならなかった。たとえば、春種を蒔き、秋刈入れた。生産物も特に新しいものはなく、それが何時売れるかという時間因子がそれほど問題とならなかった。大量生産社会では、そうではない。新しい技術開発・新製品が何時出るか、それが出るまでどれほどかかるか。それが売れるとして、売れる期間はどれほど持続するか。これこそ、企業の維持・存続にとって絶対に無視できないものとなる。この問題は、計画経済の場合には、はるかに重圧となってのしかかってくる。なぜなら、計画は未来にかかわるものであり、バランスのとれたものでなければならないものであるから、個々の計画遂行の時間的確実性がどの程度確保されているかが重要となるのであり、不確実性の予測が大きくなるほど計画は絶えず変更されなければならなくなるからである。

ところで、未来費用は当該企業が自己の分だけ回収するだけで充分というわけにはいかない。社会全体の生産力を減退させないためには、成功している企業は他の企業体が将来こうむるおそれがある損失をも分担しておかなければならないのである。その部分は個々の企業体のバランス・シートの上では利潤として計上されてはいるが、社会経済的にみれば純然たる費用なのである。

さらに加えて、企業体は社会的費用を負担しなければならない。教育制度・医療制度・軍事制度などの社会の維持存続のための費用、すなわち社会的費用を企業体は負担しなければならない。もし、負担しなかったら、社会の維持、存続が不可能であり、したがってまた企業体自身の維持・存続も不可能であろう。

以上のようにみてくると、損失回避の原則こそ企業体の第一原則であることが了解されるであろう。資本主義であれ、社会主義であれ、共産主義であれ、およそどの社会でも企業体の社会における機能と責任の第一のものは経済的成果である。そして、企業体の存続は、その機能の発揮いかんにかかわる。産業社会においては、損失をいかに回避するかということこそ機能の発揮を意味し、それは直接的に社会の利益につながる。企業体と社会の目的と利害は、対立せず相調和するのである。

現代大企業体にとっての第二原則は、産出高増大の原則 the law of higher output である。前産業時代の経済は内部的には不変であり、変化は外部からもたらされた。不変が規範であり変化は攪乱的であった。それにたいして、現産業社会の経済は変化を内蔵し、変化自体が現在の経済制度の基本的要因をなしている。変化すなわち拡大は経済内部からの新資源・新製品・新製法・新市場の発展を意味する。かつては、変化を予測しそれに対応するすべをもたなかった。だが、現産業社会は、拡大が日常であり、それに方向をあたえ・統御し・準備しているのである。それをすることだけが企業を維持・存続させる道なのである。すなわち、企業体は産出高増大の原則に導かれてはじめて、現社会において存在様式を与えられ、かつ存続が可能なのである。

かつて経済的変化・拡大は、戦争・征服・地理的発見・宗教運動等々の外部的要因によった[13]。産業社会にはいって、変化・拡大は生産性の向上 expansion through increased productivity によるようになり、それが恒常的なものとなった。生産性の向上は（1）より少ない資本で同じ財貨をより多く生産することを可能とし、（2）価格を引きさげることを可能とし、（3）実質賃銀を引き上げることを可能とし、（4）より大なる利潤として分配することも可能となるのである。だから、生産性を向上させてはじめて、いかなる社会体制であれ、社会進歩に貢献し、かつは自己の維持存続を可能にするのである。

われわれは、現代大企業体が損失回避の原則および産出高増大の原則という二つの原則によって導かれねばならないものであることを知り、さらに財務諸表の上で「利潤」として表示されているものは、そのじつ生産性の増大によってつくりだされたものであり、それは未来の危険に対する準備金たる未来費用であることを知った。とすれば、一般に言われる収益性 profitability こそは、企業がどれほど生産性を向上し、どれほど損失を回避したか、の唯一の指標というべきである。すなわち、収益性は現在のところ経済に関する中心概念であり、経済的成果測定の唯一の尺度 the only yardstick of economic performance にほかならないのである。

かくして、われわれは次のようにしめ括ることができよう。すなわち、産業社会における企業体の原理・行動・政策・意志決定は、個人的な「利潤動機」とは何ら関係なく、またその社会の法律的・政治的構造とも何ら関係なく、さらには、利潤の分配方式とも関係なく、収益性を企業体の至高の基準・原理とし、かつ自己および社会にたいする責任をあらわすものとするのである、と。

2　その吟味

さて、ドラッカーの産業社会における経済法則論ないしは企業原則論は、大量生産革命の結果大規模企業によって社会的生産が支配的・決定的に担われる状況における経済法則論ないし企業原則論である。たしかに、社会的生産が尨大な数にのぼる個人企業ないし中小の企業によって担われているような状況における経済法則と、社会的生産が少数の巨大企業によって担われている状況における経済法則とはまったく同じというわけにはゆかない。そのかぎりにおいて、彼がおよそ少数の巨大企業によって社会的生産が担われているような社会すなわち産業社会の経済法則を、それが資本主義社会であれ、社会主義社会であれ、体制をこえて貫く法則として把握しているかぎりにおいて、その論述について多くの教示をうけるものである。

まことに、大企業は産業社会の決定的な制度として経済的機能を果たすかぎりにおいて、資本主義社会であれ、社会主義社会であれ、損失回避の原則および産出高増大の原則を指導原理としなければならない。そうしなかったならば、企業体もその社会も維持存続することはできないであろうからである。そして収益性は、どれほど損失を回避し、どれほど産出高を増大したかの最良のメルクマールとなるのである。ここ数年来の社会主義国ロシアの利潤論争の結着は、このことをはっきりさせている。[14]すなわち、一九六〇年九月二七日ソ連共産党中央委においてコスイギン首相が、「収益性の導入・利潤方式の適用をなすことによって企業を不必要な統制から解き放つ」という画期的な経済改革に関する提案をおこなったことがこれである。およそ企業たるかぎり、資本主義的企業であろうと社会主義的企業であろうと、あるいはまた小規模であろうと大規模であろうと、利潤を獲得しなければならない。そして、企業が大企業となったとき、すなわち尨大な固定資本が投下せられ、また尨大な数の従業員が雇傭せられ、組織せられ、その企業体の活動の成果が早急には現われず、投下資本の回収が長期におよび、その企業体に直接・間接に関連して存在している企業が多数にのぼり、さらには社会的生産に大きなシェアーをその企業が占めるようになってきたとき、企業体の維持・存続は企業自身にとっても、社会的要請としても、決定的事項となってくる。そして、利潤は企業維持原則と合体した概念としての内容を帯びてこざるをえない。ドラッカーは、このようなものとして利潤論を展開したのである。われわれは、そのようなものとしての利潤論を、それはそれとして、いちおう容認することができる。

産業社会一般という把握をなし、産業社会を超体制的に把握するかぎりにおいての経済法則の存在をみとめるにやぶさかではない。だが、彼ドラッカーはこれまでも見てきたように、産業社会的アプローチに徹するのあまり社会体制の差、すなわち資本主義と社会主義との差や区別をまったく看過してしまっているという点については、大きな不満を表明せざるをえない。産業社会的経済法則もさりながら、資本主義社会と社会主義社会との経済法則の差異の問題も、それにおとらず大きな問題であり、資本主義的経済法則と社会主義的経済法則との相異は産業社会的経済法則のなかに決して解消してしまうことのできない性質のものだからである。

ドラッカーは、利潤という言葉をことさらにきらい、これを放逐して未来費用という言葉にかえようとしている。利潤とはいっても、その実、取替・陳腐化・本来の危険・不確実性に対処し企業を維持存続するための未来費用ではないか、あるのは未来費用であって利潤ではないというのである。たしかに、利潤は企業の維持存続のため、拡大再生産のために用いられる。資本主義経済であろうと、社会主義経済であろうと。だが、資本主義と社会主義とは、利潤が一たん誰の手に入り、どのように再投下せられるかのメカニズムにおいて根本的に相異するのである。

資本主義のもとでは彼がそれを未来費用と名づけようと名づけまいと利潤は生産手段の私的所有者の手に入る。資本の所有と機能の構造は、現代社会においては複雑であり、利潤の帰属・分配の態様も単純ではないことはいうまでもないが、いずれにしろ、資本の出資者・機能者たる私人の懐中に入り、彼の個人財産に転化するのである。もちろん、彼はそれを再投資するであろう。しなければ、彼の財産はさらに利潤を生んでくれないからである。だが、彼は別にそれをかならず、未来費用として投資しなければならないわけではない。そして、投資すればかならず、彼は何等の労働をなすことなく利潤をえ、彼の私有財産を拡大することができるのである。

そして、利潤の究局の源泉は、ドラッカー自身も、「人的資源こそ唯一の拡大可能的資源であるということはあきらかである」It is also clear that the "resources" capable of enlargement can only be human resources. (Practice., p. 12) といっているように、人的資源＝労働力にあるわけであるから、利潤の私的な創出・取得のことを、それが小規模でだれの目にあきらかであれ、大規模かつ複雑で誰の目にも容易にみえにくい状態であれ、それを搾取 exploitation, Ausbeutung と呼んでいるのである。そして、利潤追求がつねに倫理的・道徳的非難をともなうのである。資本家の個人的な人格とはまったく無関係に、その非難はなされるのである。

ドラッカーは、資本主義体制を自由の体制と見做しているから、利潤概念につきまとう倫理的非難を追放しようとして、それを未来費用でもって代えようとしたのであろう。だが倫理的非難は言葉をかえたところでどうにもなるものではない。そのためには、そのような非難の生ずる物的基礎をとりのぞく以外に他に道はない。社会主義的生産体制がそれである。生産手段の私的所有が制度的に廃絶されて社会的所有になった体制である。したがってここでは、利潤が私的個人に生産手段の私的所有を基礎として帰属するようなことが制度的に廃絶されているし当然にまた利潤が個人財産に転化し、また新たに資本として投下され利潤を生んでそれが個人的所有となることの連続もない。利潤は社会的所有に帰し、それはふたたび社会的な生産計画にしたがって、再投下されるのである。まさに、利潤はドラッカーのいうように、未来費用に転化するのである。社会主義社会における利潤は、私的に創出され取得されるのではないから、それは倫理的非難から本来解放されているのである。だから、社会主義において利潤をとり上げ、これを論じ重要視することを、ただちにそれをもって資本主義の復活と速断するとすれば、それは資本主義と社会主義との何たるかの基本認識をかいた議論といわれても仕方があるまい[15]。

資本主義的利潤と社会主義的利潤との相異は、以上につきるものではない。利潤の究極の源泉はいずれの体制のばあいでも生産過程それも労働力の支出に基礎をおくといっても、それが具体的現実的に企業において取得される様式の上で、かなりな相異を生むのである。

ドラッカーの論ずるように、資本主義的巨大企業は、自己の維持・存続のために、取替・陳腐化・本来の危険・不確実性のための未来費用を確保し、さらには他の企業が将来こうむるであろう恐れのある損失を分担するために、すなわち他企業のための未来費用まで確保しようとするのである。それを私的利潤の追求というかたちでおこなう。他企業のための未来費用は、他企業を圧迫し没落させることによって確保しうるのである。ともあれ、未来費用の確保には限界はなく、適正限度はない。他企業を圧迫し他企業を危険にあわせればあわせるほど、自分は他人のための未来費用を確保しなければならないしまた確保できるわけであるから、未来費用の私的確保が企業の第一原則に据えられた状況下では、次のような施策が必然的なものとなる。すなわち、他の企業より低利子の資本を借り入れ、中小企業の商品を買い叩き、優良な労働力を可能なかぎり確保し、技術を独占し、他企業の技術・計画をスパイし、独占価格を設定し、誇大な宣伝広告をなし、不況と失業を挺子として低賃銀をしい、労働者・地域住民を犠牲にするような費用節約たとえば工場鉱山の諸種の防災設備の不備より労働災害や公害を生むなど、さらには国家から恒常的な注文をとるべく軍事予算を尨大化する。

社会主義的利潤は、上述のような資本主義的な悪につきまとわれているのと性質をことにする。だが、社会主義になれば一切の社会悪から解放されるといった性質のものではない。社会主義社会における悪をすべて資本主義その他旧体制の残滓とか、あるいは過渡期の問題、あるいは修正主義とか何とかに帰せしめるわけにはゆかない。社会主義的利潤は、社会主義的悪を生む可能性をもっている。そこには、すでに生産手段の私的所有が廃絶され、搾取が廃絶されたからといって、人間の物的幸福が一挙に保証せられるわけではない。すなわち、社会主義社会は計画経済である。社会的生産・分配・消費が社会的計画的になされるのである。したがって、この社会的生産・分配・消費の計画が、真に社会成員の物的幸福を保証するものとしてつくられていなかったら、そこには必然的に社会悪が生ぜざるをえない。その計画が人民のためと主観的に観念せられていても、客観的にそうでなかったら、何の役にも立ちはしない。資本主義社会では、需要が大であれば価格は高くなり、逆の場合は価格は下がるという法則が作用した。そして需給は調節された。だが、計画経済において、恣意的な計画（主観的にはそうではなくても）がおしつけられたとき、そしてその計画の弾力性が乏しいとき、必要な生産物が不足し、あまり必要でない生産物が過剰となるというような事態が生ぜざるをえない。計画の決定者が権力的であり、官僚的であればあるほどこのような状況が生ずる。そこには、公定価格に対する闇価格が生ずるであろうし、過剰生産物の廃棄・隠匿が生ずるであろうし、不足生産物の計画外秘密生産等がなされるであろう。このような状況の出現を、資本主義の残滓さらには復活と誤認するは笑止である。それは計画の権力的・官僚的意志決定者の思考様式と根を同じうする。社会主義であり、そこにおける集中的な意志決定者のグループが人民の利益のみを追求するグループだからといって、ただちにその意志決定が常に人民の利益に客観的に合致し、それと相反することはないという保証はない。もろもろの質と量の生産物が一定のバランスをとって生産・再生産されなければ社会はなりたたない。それを計画的になすという作業は絶えざる急速な技術的進歩の社会においては、たやすいものではない。それは、単なる人民のためという主観だけではなく、さらに人民の幸福を客観的に保証するように決定がなされ、生産性高く生産・分配がなされるための物的な機構・制度が整備されなければならない[16]。それには、分権制がおしすすめられることもさりながら、意志決定者層にたいする批判がどこまでも許容せられることが前提にならざるをえないであろう。

われわれは、以上によって、ドラッカーのように、産業社会一般における経済法則のまえに資本主義的産業社会と社会主義的産業社会との差別を無視ないし軽視することができないことをあらためて確認するのである。だからといって、われわれは、ドラッカーの産業社会一般の経済法則の把握を無益であるといおうとするのではない。それは、さきにそれなりに容認したとおりである。だが、現実には産業社会一般は地球上のどこにも存在しない。それは特殊な産業社会としての資本主義的産業社会とか、社会主義的産業社会が存在するだけである。したがって、彼の把握した産業社会の経済法則ないし企業原則は、資本主義的経済法則あるいは社会主義的経済法則によって限定をうけたものとして再把握されなければならないのである。[17] そのようなものとしてドラッカー理論を取扱わぬかぎり、それは資本主義擁護論の役割を果たすにすぎないか、あるいは逆にこれを頭から独占弁護論だとして超越的非難を浴びせるに終るであろう。

論を閉じるにあたって、われわれもまた、「自由にして機能する社会」の招来を願うものであることを、表明する。だが、「自由にして機能する社会」の内容は、ドラッカーのそれと同じものであるかは知らない。われわれは、不況と失業と貧乏が根絶せられ、しかも社会の成員一人一人が自由に各自自身の価値と信条をもちそれを表明し、しかも各人が彼の能力におうじて社会において地位と機能が保証せられる社会としての「自由にして機能する社会」を望む。そのような社会は夢想のものなのであろうか。

注

（1）この項の叙述は主として、P. Drucker, *The New Society*. First part: The Industrial Enterprise. 2. The Enterprise in modern Society によった。

（2）「大量生産の原理」および彼の理論の成立展開については、拙稿「ドラッカー経営思想の研究」（『立教経済学研究』第一八巻第四号所収）を参照されたい。

（3）ドラッカーは、*The New Society*, 1950. において、現代大企業をIndustrial Enterpriseという新しい語でもって把らえた（industrialを略して単にenterpriseとして、使用している箇所の方がむしろ多いが）わけであるが、*Concept of the Corporation*, 1946では、書名そのものが示すようにCorporationという語をあてており、そのイギリス版ではBig Businessとなっている。*The New Society* の邦訳現代経営研究会「新しい社会と新しい経営」はindustrial enterpriseないしenterprise

を産業企業体とか大企業体とか訳しておられる。わたくしも企業体という用語を利用させていただいた。

（4） たとえば、William H. White, *The Organization man*, 1956. 岡部慶造・藤永保訳「組織のなかの人間」上・下、創元社、一九五九年や V. Packard, *The Hidden Persuaders*, 1957. 林周二訳「かくれた説得者」ダイヤモンド・一九五八年、V. Packard, *The Wastemakers*, 1960. 南博訳「浪費をつくり出す人々」ダイヤモンド、一九六一年、など。

（5） ドラッカーが生産手段の所有関係に規定せられる階級関係を無視しているという点については、「マルクスの内在的批判によって一歩でも二歩でも超えようと意図する」社会学者ダーレンドルフによって、鋭く指摘せられている。

彼は、ドラッカーおよびメーヨーが「斗争ならびに緊張は、人間の態度や行動の正常なる状態からのたんなる逸脱であり、したがって教育によって除去できるしまた除去されなければならない」ものであり、また「階級斗争は統合と協働という正常状態からの逸脱というほとんど心理学的といっていいような現象である」と把握していると指摘し若干の批判を加えたのち、つぎのように結んでいる。「ドラッカーならびにメーヨーの分析の不十分さと欠点を、経験的批判の水準で指摘することはむずかしいことではなかったであろう。しかしかれらのまたこれに類する他の人々の著作の最大の欠点は、その社会概念のメタ理論を検証するだけで十分明白になる。もしドラッカーとメーヨーが正しいなら、階級は存在しないばかりか、およそ歴史のうちにはそのような体系的な斗争集団はけっして存在しなかったということになるだろう。すなわち、構造的なる斗争現象それ自体が、その実在性と可能性とをうしなうのである。しかしながら、統合理論家は、やがてこの主張を自己の分析に適用することの困難に気づくことだろう。統合理論では説明できない問題はあまりに多い。だからわれわれは、もっと動学的な社会のイメージをつくりあげることが望ましいのだ、といいたいのである」と。Ralf Dahrendorf, *Class and Class Conflict in Industrial Society*, 1959.（初版は、*Soziale Klassen und Klassenkonflikt in der industriellen Gesellschaft*, 1947）富永健一訳「産業社会における階級および階級斗争」ダイヤモンド、一九六四年、一五〇―一五七頁。

（6） 藻利重隆教授もまた、この点について次のように指摘しておられる。「けだし、大量生産原理にもとづく経済の、したがってまた社会のいわゆる産業化が、失業という社会的脅威の招来するところに、ドラッカーの理解する産業社会の特質を見出さなければならない。それは社会体制とは独立のものではなくて、資本主義社会の産業化において成立するものであり、彼のいわゆる自由産業社会としての社会体制にほかならないのである。それがはたして、彼の理解するように、資本主義と社会主義とを超越する社会として把握せられうるかどうかはきわめて疑わしい。われわれはむしろこれを資本主義社会そのものの内面的変質として理解せざるをえない。だがわれわれはここではこれ以上にはこの問題には立ち入らないこととする」と。（藻利「ドラッカー経営学説の研究・第二増補版」森山書店、八八頁）。

ドラッカー理論の特質と教授みずからとらえ、その点について見解を異にすると述べられながら、なぜ「ここではこれ以上には問題には立ち入らない」とされたのであろうか。ドラッカーが、大企業体に即して、この問題を展開しているのは、大量生産の原理および大量生産の原理によって惹起される革命的諸現象（第一章緒論）と産業社会における大企業体の意義を論じた（第二章）個所に集中的であるとみてよい。しかるに、その部分に関する教授の関説が、この問題については単なる疑問の意志表示で終わっているのは、いかがなものであろうか。ドラッカー理論の特質こそ、よりつっこんだ解明こそ必要ではあるまいか。むしろ、この間に藻利教授の理論の特質が存するとみるのは、的を失するものであろうか。

　渡瀬浩氏は、藻利重隆教授に対して次のような批判をしておられる。「いままでみてきた『全体的管理』の立場を基礎づけるものが藻利教授における『制度論』である。この場合の制度論というのは経営の全体観であり、自律的経営観である。ドラッカーの制度観にもそのように解釈されうるものがあることはわれわれも認めるが、元来『制度』とは組織または集団とその環境としての社会との『関係』である。さらにいえば、社会からの『拘束』という関係である。関係概念であり、決して実体概念ではない。従って、経営を社会からの拘束関係の枠組みで捉えるものが制度的経営でなければならない。しかも、ドラッカーの制度観の中にも、かかる理解を基本的にあるとわれわれはみるのであるが、教授はこの側面を無視して、つまり他律的制度論を抹殺して自律的制度論という立場でドラッカーの学説を着色してしまっておられると思う」（渡瀬「全体的管理論批判」、大阪府大『経済研究』第三一号、一四八頁）。渡瀬氏とわたくしの立場はかならずしも同じでなく、ここで氏がとり上げておられるところはわたくしがいまとり上げている問題とかならずしも一致していないが、それにもかかわらず、渡瀬氏のこの発言とわたくしのそれには、共通するものがあると考えられる。

（7）　この頃の叙述は、主として *The New Society*, First Part 3. The Anatomy of Enterprise により、Eight part The Principles of Industrial Order で補った。

（8）　ドラッカーは *The Future of Industrial man*, 1950. において、「経営者の権力 managerial power は、今日、非正統な権力である」といっている。「経営者の権力は、権力の正統な基礎として、社会がうけいれた基本的原則に基礎をおいていない。それは、そのような原則によって支配されも制限されもしない。さらに、誰にも責任を負っていない。個人財産は、社会的・政治的権力の正統な基礎として、社会にうけいれられた基本原則であった。経営の権限・支配および責任は、共同的かつ各個別々に、その個人的財産権を行使している株主が課したものであった。西欧社会は依然として、正統な権力の権原として個人財産権を認めたがっている。だが、今日、経営者の権力は、株主たちから独立し、彼等に支配されず、彼等にたいして責任がない。そして経営者が実際にふるう権力の正統な基礎として、個人の財産権にかかわるべき基本原則は他に存しないのである」（Drucker, *Future.*, p.66. 田代義範「産業人の未来」未来社、一九六五年、八二―八三頁）。

（9）　ドラッカー自身つぎのように述べている。「経営者の第二の機能は、生産的な企業を、人的および物的資源からつくりあげることである」。「ただ人的資源だけが拡大可能的資源 the "resources" capable of enlargement であることもまた明らかな事実である」（Drucker, *Practice.*, p.12）.

（10）巨大株式会社を主要な手段として「二十世紀資本主義革命」*The 20th Century Capitalist Revolution* を論じ、地上に「神の都」"The City of God" の来りくることの可能性を論じたバーリでさえ、企業の支配に関する問題にたいしてはドラッカーほど資本主義的要因を無視してはいない。バーリもまた、現代の大企業を制度として考えさらには政治的制度 a political institution として考えているが、その彼が次のようにいっている。「ここにおそらく、会社体制の現在における最大の弱点があると考えてよい。実際には、制度的諸会社は小さな自己保全的な寡頭政治によって導びかれている。この寡頭政治は次第に、アメリカのごく小部分すなわち営利的・金融的共同体の意見によって引っぱりまわされまた審判されている。」（A. A. Berle, Jr., *The 20th Century Capitalist Revolution*, 1954, p.180, 桜井信行「邦訳」一五五頁）そして、バーリは、「経営者の経済的・社会的行為を指導ないし制限する唯一の真の統制は、経営者となっている人々の真の哲学――それは不確定で黙視的であるが――である」としている。

（11）この節におけるドラッカーの所説は、主として、*The New Society*. First Part 4. The Law of Avoiding Loss 5. The Law of Higher output 6. Profitability and Performance によった。ドラッカーの利潤に対する考え方は、*The New Society* と *The Practice of Management* では、必ずしも両者まったく同じだとはいいきれない。ドラッカーの利潤論として両者を一緒にして論じているものが多いが、それはとらない。

（12）ドラッカーは、前産業社会を *The New Society* では、trading economy と名づけ、*The Future of Industtial Man* では mercantile society of the nineteenth century と呼んでいる。

（13）ドラッカーは、産業社会における第二法則として、産出高増大の法則をあげるさい、前産業時代における経済的諸変化はただ外部からもたらされるにすぎなかったとのべ、さらに「アダム・スミスは生産増加の方法としてたった一つ既存資源の節約 the husbanding of existing resources しか知らなかった」、「マルクスは古典派経済学者とちがって、彼の生存時にやってきつゝあった新しい経済にとって、拡大は必要なものであることを理解していた。だが、彼は拡大の可能性としてたった一つ新しい領土の拡大だけしか知らなかった」とまでいうのには、まったく賛成できない。スミスは、分業の経済学者といわれる学者であり、マルクスもまた絶対的・相対的剰余価値生産の方法として、生産力増大の方法・生産性向上の方法を克明に論じている。自説の展開の都合により、先学の理論をことさらに卑少なものに、あるいはまったく違ったものに歪曲することは、許されない。

（14）フルシチョフは、一九六二年一一月一九日のソ連共産党中央委員会総会における報告「ソ連経済の発展と国民経済にたいする党の指導」の中で、企業活動の唯一の評価基準として収益率をもってすべきだというリーベルマン論文をめぐる論争（大島国雄「計画・利潤・賞与」、『経済評論』一九六三年一月号所収、大島国雄「再びリーベルマン論文について――ソ連科学アカデミーの見解を中心にして――」、『会計』第八三巻第二号所収、参照）を背景として、次のような発言をしている。

「社会主義経済制度において主要な目的をなすものは、社会の欲求をみたすことである。わが工業が生産物を産出しているのは、利潤を得るためではなく、社会全体がそれを必然としているからである。しかし、個々の企業については問題はべつである。この場合には利潤の問題は、企業活動効率の経済的指標として重要な意義をもつ。企業がどのように活動しているか――欠損を出しているかそれとも利潤をあげているか、社会の資金を食いへらしているかそれともそれを増やしているか――は、絶大な意義をもっている。利潤を考慮することなしに、企業の経営がどんな水準にあるか、企業が社会的フォンドにどれだけ貢献しているかを決めることは不可能である。社会主義経済制度を特徴づけるさいには、国民経済全体に適用した場合の利潤の概念と個々の企業に適用した場合のそれとを混同してはならない」（佐藤経明他訳『経済評論』一九五六年一月号）。

このフルシチョフ発言とドラッカーの見解とが、あまりにも似ているのは驚くばかりである。フルシチョフが資本主義的見解の持ち主であるからではなく、ドラッカーが資本主義と社会主義とを両者包摂するところで理論をたてているからである。

(15) 岡稔「ソ連に資本主義は復活したか」、「再びソ連の資本主義復活について」、『エコノミスト』一九六四年一〇月六日号、および一二月八日号、参照。

(16) ブラウダ（一九六四年八月一七日付）は、トラペズニコフの論文「弾力的な企業管理のために」を掲載し、これについて意見をよせるようによびかけている。ソ連科学アカデミー会員V・トラペズニコフは、「(a) 非弾力的、逐条的な制限から経済諸作用（賞与・税・罰金・可変価格・資本利子およびこれらに類するもの）に移行するということを念頭において、企業活動の経済的刺戟体系をつくり上げること。

(b) 企業指導者の裁量権の拡大を規定すること。

(c) 弾力的な賞与形式を規定すること。

(d) ごく近いうちに一連の企業を試験的にこの体系に移すことについて提案すること。」（山本正美訳、『エコノミスト』、一九六四年一〇月六日号）の提案をしている。

(17) 武村勇教授も、「経済性の指標としての収益性――シュマーレンバッハ及びドラッカーの学説を中心として」（『神戸外大論集』第一一巻第三号）において、シュマーレンバッハとドラッカーの利潤概念を検対し、両者の近似点を総括するとともに、両者が体制無関連的把握であることを指摘・強調される。そして、「問題の本質は、今日の企業体が、経済原則の働く経済構造と私的営利性の働く企業構造との二重構造を形成し、これら二つの構造が対立しつつ、不可分離に結合して、一つの統一体をなしているという事実にどう対処すべきかというところにある」と論じておられる。

第七章　ドラッカーの資本主義終焉論批判

初出、「ドラッカーの資本主義終焉論」
『同志社商学』第二〇巻第一・二合併号、一九六八年

一　はじめに――ドラッカーの思想体系と資本主義終焉論の位置――

ドラッカー（Peter F. Drucker）の思想体系を、わたくしなりに図式化するならば、およそ社会はかくあるべきであるとする規範論と、現代社会はいかなる状態にあるかを把握する社会理論ないし現状把握の理論、および現状をかくあるべしとする方向につくりあげてゆこうとする政策論の三者からなりたっているということができる。

何よりもまず、ドラッカーは強烈な規範論者である。彼はナチスによってフランクフルトの仕事から追われ、ウィーンの家庭もこわされた。自由を求めて、彼はロンドンへ、やがてすぐアメリカに渡った。そこで、彼は鬱積していたものをぶっつけた。ナチズム告発の書 *The End of Economic Man*, 1939（岩根忠訳『経済人の終わり』東洋経済新報社）がこれである。その序文の冒頭に、次のように言っている。「これは政治的書物である。それなりに、ここでは世間を超越した学者の態度や、新聞記者の周到な不偏不党の立場で書いているとはいわない。この書物には、政治的な役目を果たしたい念願がある。自由を捨てて全体主義に傾倒するきざしの多いきょうこのごろ、この趨勢に対抗して、自由擁護の意欲を強めたいというのがそれである。これには、ヨーロッパの伝統の基本的なものの考え方と全体主義の考え方との間には、妥協の余地などありえないという予見的確信がもとになっているのである」と。

彼は、自由を個人および社会の何よりの規範としたのである。彼はナチスに追われた体験をとおして、自由について考えぬいている。(1) 彼はいう。「自由は楽しいものではない。それは、個人の幸福と同一のものではなく、安全ないし平和および進歩でもない。芸術や道徳が繁栄する状態でもない。また、すぐれた統治、清らかな統治あるいは最大多数の最高の安寧でもない。以上のことは、自由がこれらの価値すべてないしどれか一つと本来的に両立できない、といっているのではない。両立しないかもしれないし、時には両立しない場合もあるであろうが、ともあれ、自由の本質は別のところにある。自由の本質を一言でもってするなら、それは責任ある選択 responsible choice にほかならぬ。自由とは権利というよりはむしろ義務である。真の自由は何物かからの自由ではない。それは許可証 license であろう。真の自由は、何事かをするかしないか、あることがらを行なうか他のことがらを行なうか、一つの信条をもつか他の信条をもつか、に関し、二者のいずれをえらぶかの自由にほかならない。それは、決して解放ではなく、まさに責任である。それは楽しいものではなく、人間が負わされた最も重い荷である。つまり、社会的についてと同じように個人的行為について意志決定し、この両つの意志決定にたいして責任をもつことである。決定と責任のないところに自由はない[2]」と。

では、自由を否定し自由を圧殺する専制や全体主義は、何故、どのようにして生まれてくるのであろうか。それは、「全人間的属性において、ある人物が他の誰よりも完全であるか、より完全に近いとみなされるや、自由の存在は不可能になる。なぜなら、人間の完全や完全性の仮説は、人間の選択の権利と義務を否認するからである。完全な人間は絶対的な真理を所有している。彼は少なくとも仲間のだれよりも真理に近づいている。あるいはまた、真理に到達すべき確実な方法を知っている。けれども、絶対的真理が認識されたり認識できるものであれば、疑問をおこしたり選択すべき何等の理由はない。絶対的真理にたいして自由があるはずはない。絶対的正義にたいして反対などあろうはずはない。真理が認識せられているのに他の別のものを選択したり、正義が示されているのに利己的な決定がなされるほど愚かなことはないからである[3]。」

そこから、当然つぎのような事態が生じてくる。「完全ないしは完全になれると思われている人は誰でも、絶対的な支配権を与えられているだけではなく、支配を引きうけふるう道徳的責務があることになる。彼は、批判・反対および意見をことにする勧告など無視するにちがいない。また彼は、まさに彼だけが何がみんなにとって一番よいかを知っているから、みんなの選択と決定の自由に関する意志表示のすべてを、彼の義務として抑圧するはずである。あらゆる人たちの思想や言動をスパイする秘密警察のごときも、このような支配者の観点からすればまったく合法的なものである。なぜなら、支配者と同一の思想をもたず支配者の命令を受け容れない人々は、真理をわざと否認し、正義に故意にそむいているからである。このことは、一人の完全なまた誤りのない支配者のかわりに、他よりも絶対的に優越すると自認する一団の人達をもってきても、ことがらはまったく同じことである。[4]」

このように自由を渇仰するドラッカーは、自由こそ人間の社会生活における基本的な組織原則 the constitutive organizing principle of social life だとするのである。だが彼は、この規範的な組織原則のつらぬかれる社会すなわち自由な社会の実現は単に社会の成員の精神革命によってもたらされるものだ、すなわち、個々人がおよそ人間なるものは完全なものではなく、不完全な、かつ誤りや過ち多き存在であるという認識によってもたらされるものだと考えているほど単純かつ幼稚ではない。かつまた、社会は自由だけで結構だ、他に何物もいらぬと考えるほどの精神主義者でもない。彼は、もともと政治学者であり、有能な経済担当の新聞記者として活躍した男でもある。だから彼は、倫理的な原則＝規範をうたい上げると同時に、社会の客観的現実 objective reality、物質的現実 physical reality にいかに接近し、いかに把握するかに力をそそぐのである。そして、この社会の物的現実・客観的現実をふまえて、この社会をいかに倫理的原則＝規範が貫かれるように働きかけるかを問題とするのである。

規範＝倫理的原則 ethical principle は人間の自律的意志によるものであり、物的現実は他律的条件である。かくして、他律的条件である客観的・物質的現実を認識把握し、その現実の認識にもとづき、その現実を規範＝倫理的原則にもとづいて染め上げてゆかねばならない。この物質的現実に接近し、これを把握するための理論が、彼の社会理論であり現状把握理論である。結論的な言い方をすれば、彼は現代社会を産業社会 industrial society と把らえる、しかも彼の独自の社会の純粋理論にもとづいて、いまだこの産業社会はいずれの国においても十分に機能していないと把らえるのである。そこで彼は、この産業社会を彼の規範のつらぬかれる産業社会、しかも十分に機能する産業社会たらしめる政策を模索し、これを呈示するのである。彼の目指すは、自由にして機能する産業社会 a free and functional society である。この自由にして機能する産業社会をつくるための政策論は、なかんずく企業管理論にほかならぬ。なぜなら、彼は現代大企業[5]を産業社会における決定的・代表的・構成的な制度と把握しているからである。

ところで、いまこれからとり上げようとしているものは、彼の資本主義終焉の理論であるが、それは当然、彼の社会の客観的・物質的現実を把握する理論、すなわち、彼の社会理論、現状把握理論の一部をなすものである。彼は主として十九世紀の物質的現実であった商業社会 merchantile society はすでに終焉し、現代社会は産業社会に推転を遂げてしまっていると把握する。では、彼のいう産業社会はどのような社会であり、かつまた商業社会とはどのようなものであり、それはどのようにして終焉をとげてしまった、と彼は論ずるのであろうか[6]。彼のいう商業社会なるものは、以下の論述によってもわかるように、その実一般に資本主義社会と呼ばれているものと異ならない。したがって、本稿の題として資本主義終焉論としたのである。

二　ドラッカーの資本主義終焉論

1　社会の純粋理論

ドラッカーは、社会の客観的現実を把握するにあたって、一つの社会の純粋理論 a pure theory of society なるものをもってする。それを、まず要約しよう。

社会の純粋理論なるものは、社会の内容についてたとえば自由・宗教・平等・正義・個人的権利・進歩・平和その他の社会生活におけるあらゆる価値については、これを捨象してつくり上げているものである。一言でいえば、社会の純粋理論とは、もし社会がその個々の成員に社会的地位と機能とを与えず、その社会における決定的な権力が正統なものでなかったら、社会は機能できない[7]、というものである。

社会とはどのようなものであるか。社会は、人間の身体と同じように、その構成部分が機能していなければ社会たりえない。人間の身体は、もし心臓が鼓動をとめたり、肺が呼吸をとめたり、胃腸が消化をなくすなど部分が機能をやめたら、生命体ではなくなり、人間ではなくなる。これと同じように、社会における個々の成員がそれぞれ社会において機能し地位をうることができなければ、社会は全体としても機能することができなくなり社会ではなくなってくる。したがって、社会における権力は社会の成員に地位と機能とを与えなければならぬ。それはどのような内容をもち、どのような方向においてであろうとなされねばならない。かつまた、その社会の権力が正統なものでないかぎり、社会は社会として機能することができない。

個人が社会的地位と機能をもつということは、個人にとって決定的なことがらであると同じく社会にとっても重要である。各成員のそれぞれの目的・行動・動機が社会全体の目的・行動・動機に統合されていなければ、社会は個人を理解することも包含することもできない。この各成員全体の目的・行動・動機を包含した社会としての目的・行動・動機を推進する社会的権力こそ正当な権力 legitimate power である。正統性 legitimacy なるものは、まったく機能的な概念 a purely functional concept であって、したがってまた絶対的な正統性なるものは存在しない。権力は、その社会における基本的な信条 a social basic belief やエートスにもとづいてのみはじめて正統たりうるものなのである。その権力は社会において受け容れられている原則によってのみ正統化せられるのであって、その原則が善であれ悪であれそれがどのような内容のものであるかはとわない。正統な権力とは社会で機能を果たしている権力にほかならず、この権力がどのような方向にむかい、どのような内容をもって行使せられているかは、正統性の問題とは関係ないのである[8]。機能こそが重要である。

このようなドラッカーの社会の純粋理論、それは社会の機能的把握・機能的分析であり、権力の正統性論を頂点とするものであるが、このような理論で現代社会を分析してみるならば、どのように把握せられることになるだろうか。

2　商業社会論――財産権中心社会――

ドラッカーは、現代社会をつぎのように把らえる。現代社会は産業社会である。だが現在のところ、産業社会は十分に機能していない。なぜなら、産業社会はいまだなお産業的文明・産業的生活・産業的秩序を統合しうる正統な権力をもっていないからである。自由はおろか、十分に機能していない産業社会なのである。物質的現実は、すでに産業社会である。人間は産業人 industrial man となっている。だが、産業社会たるヨーロッパはそのもっている社会的制度と経済的用具およびそのいだいている価値と信条とは、いまだなお前産業社会すなわち商業社会のそれである。十九世紀の物質的現実は商業社会であり、そこにははっきりとした社会的な価値と信条があり、それにもとづいて十九世紀の社会は正統な権力を生み出し、それによって社会は成功裡に組織され統合せられていた。だがそれは、今日の産業的現実を統合するのに適わしいものではない。今日の産業社会はいまだなお正統な権力をもっていないのである。

前産業社会である第一次大戦前一五〇年の間の西欧社会は、商業社会としてたしかに機能的な社会であり、社会の成員を共通の社会的目的に統合し、各成員のそれぞれにところをえさせ機能させる正統な権力をもっていた。しかも、機能する社会であるばかりでなく自由な社会ですらあった。そのことは、イギリス・フランス・プロシア・アメリカ合衆国のそれぞれについて言いうることである。

商業社会は、社会の成員に地位と機能とを市場を通じてあたえ、市場によって統合した。その社会における決定的な権力は、市場における正統な権力であった。市場はふつう、もっぱら一つの経済的な制度とみなされているが、実際にはそれは商業社会における核心的な社会的制度であったのである。市場のうちで、市場を通してのみ、商業社会の物質的現実は働き機能した。かつまた、十九世紀は、市場のうちで、市場を通して、その基本的な信条と目標 belief and aim を表明した。十九世紀は人間は経済人 economic man であったのである。それは、社会の目標が経済的発展におかれ、経済的発展によって自由と正義が伸長し確立しうるとしたのである。個人は彼の個人的財産権の行使を市場を通しておこない、経済的発展をとげ、社会に寄与しようとした。財産権は市場における正統な権力の基礎でもあったのである。

商業的社会においては、このように、財産は特別の意味をもっている。それまでの過去の社会においては、財産はつねに社会的序列の結果 an effect of the social order とみなされていた。人はそれぞれ、ある社会的地位 a social status をえたために財産の所有権をえたのである。あるいはまた、社会におけるある分野で何等かの寄与をとげた結果として財産をえたのである。財産は、社会的地位と機能の附属物であった。これにたいして、商業社会においては逆に財産が社会的地位の起因 cause となり、そのように見なされてきた。すなわち、個人的財産権の行使のなかに、個人の社会的機能と地位を認めたのである。商業社会は経済的報酬を社会的に意味のある報酬とし、経済的威信を社会的に決定的な威信とし、経済的活動を社会における代表的な活動としたのである。

かくして、商業社会においては、その力点・選択と組織の原則・その代表的な社会領域これらすべてが経済的活動に焦点をあわせ、経済的活動は個人的財産権を基礎におき、市場を通じてなされたのである。人と人とを結びつけ、人びとのそれぞれの地位を決定するのは、財産と財産との関係であり、個人が集団に統合せられるのは財産によってである。財産がこのような概念 concept をえてきたということは、全経済領域が市場に従属せられてきたということを意味する。ここから、経済生活における基本的な要素である土地・労働、その他一切の諸財貨および貨幣が商品とみなされ、商品として取扱われるという市場制度が成立し確立してくるのである。土地と他の諸財貨、あるいは労働と他の諸財貨との間にある本質的な区別は認められなくなってしまった。労働者は労働と呼ばれる商品の所有者であり、そういう財産をもって市場に出てゆき、彼はそれによって社会的な地位と機能とをえたのである。

市場はレッセ・フェール laissez-faire という理論的要求を呼んだ。政治的統治は狭い政治的領域に局限せらるべきであり、それ以外に政治的権力の正統性はない。市場はそれ自体として正統な権力をもち、それは政治的領域における規則 rules と権限 authority ではないが、やはりそこには規則と権限があり、人々はそれに服したのである。市場は政治的統治体とならび存し、政治的統治体から保護せられ、また政治的統治体をそこからしめだし、そのうえ制御したのである。

このような商業社会の内部に産業制度 industrial system は生まれ、成長してきた。産業制度はそれ自体として商業社会とは異質の存在であり、それは独自の社会的関係および政治的権力をもつものである。独占体の成立は産業制度が大きく育ってきたことを示すものであり、そこではもはや商業社会における諸論理・諸仮説が通用しない状況を呈してきた。たとえば、最大限の利潤は生産の制限と最高の価格によって獲得されるという理論は、最大限の生産と最低の価格によってもたらされるという現実——フォード・システムはその一つ——によってうちやぶられた。現代大企業における最重要の問題は、商業社会のそれと異なって経済的問題ではなく、むしろそこにおける政治的構造と権力の問題である。だが、商業的社会は市場によってすべてを解決しうる世界であって、市場の外部の社会的・政治的問題を理解し処理し解決することはできない。二十世紀の物質的現実はすでに産業社会に変貌をとげているというのに、社会的諸制度はいまだに商業社会のそれであり、社会は正統な権力をもっていないのである。

3　株式会社論――財産権の崩壊――

現代産業組織の代表的な社会現象は、大量生産工場 the mass production plant と会社 the corporation である。流れ作業 assembly line はその代表的な物的環境 material environment であり、株式会社はその代表的な社会的制度 social institution である。まず、この二者のうち、株式会社についてみてゆくことにしよう。

もともと株式会社は生産ないし物的技術的な機能とは直接的に関係のないものである。初期の株式会社はその権限を政治上の統治体から委譲せられて成立したものであった。だが、現代の株式会社つまり産業的現実を支配している株式会社の権限は、本来、個人としての市民の個人的財産権の委譲にもとづくものである。それは十九世紀の独立せる社会的領域、すなわち個人の財産権が社会的に地位と機能を与えることにより正統な権力を生ぜしめる一制度となりえたのである。したがって、株式会社は一個の政治的な制度であり、その目的は産業的領域における正統な権力の創造である。

株式会社は商業社会の論理にもとづいて生まれた。財産所有者はだれでも株式会社を創設することが認められた。株式会社のような集団的実体 a collective entity が何等の政治的承認を必要とせずに、個人的財産権所有者の自由契約によってつくり出されるということは、財産を固有な最高の権利とする社会すなわち商業社会において初めて許されることであり、商業社会の論理によるものである。

株式会社の設立は、契約の理論にもとづいて、そこに社会と正統な統治の二者をつくりだし、それを正統化する。それは加入の契約 the contract of association と服従の契約 the contract of subject の二者をふたつながら明白に表明しており、しかも株主の有限責任と株式の自由譲渡性がつらぬかれている。契約理論の目的は、個々の成員の存在とは別のそれから独立した政治と社会の存在を説明し正当化するものであるが、株式会社においてもことはまったく同様である。

株式会社においては、各成員＝株主が彼の個人的財産権を会社経営者の服属下におくという契約によって、社会的実体 social entity がつくり出される。法的な主権在民と同じように、株主たちも株式会社において主権をもっている。だがそれは、法的・形式的なものにすぎない。株主の主権は人民のもつ主権と同様に正統な権力の源泉である。だが、権力そのものではない（このことを多くの契約理論の論者は理解できないでいる）。権力が実際的・実質的には統治体 government によって把持せられていると同様に、株式会社においても実質的に権力を掌握しているのは株式会社の統治体たる経営者 management である。経営者は個人の財産権に基礎をおいて権力を行使しているのである。その権力が個人的財産権に基礎をおいているかぎり、彼の権力は正統なものというべきである。

ところが、産業制度の上にたつ株式会社の現実は、契約理論の仮設をこえて、経営上の権力はもはや個人の財産権にもとづいていないという状況を現出せしめた。経営上の権力は、もともと財産権にもとづき契約の結果として成立してきたものであるにもかかわらず、現在では財産権に由来しておらず、財産権の保有者によって支配せられることも制限せられることもなく、彼等にたいして責任さえ負っていないのである。現代株式会社にあっては、決定的な権力すなわち経営者たちの権力は経営者自身からでてきたものであって、他の誰からもまだ何ごとからも支配せられず、誰にたいしても責任を負っていない。それは文字どおりの意味において、根拠のないものであり、正統化できぬ、統制不可能な、そしてまた無責任な権力なのである。

現代株式会社の株主たちは、法律上の主権を行使しようとはせず、また行使することもできない。ほとんどの場合、みずから議決権を行使することなく、前もって経営者たちが自分たちのために作成している委任状に署名するだけである。彼等株主は、権力を握っている経営者たちがみずから新経営者を選出するのに何等の影響さえ与え得ないし、経営者たちのくだす経営上の諸決定にも影響を及ぼすことはない。それの承認も否認もしないのである。今日一般の株主が他の形態の財産保有よりも株式というかたちでの財産保有をえらぶのは、明白に他のかたちの財産保有にともなう面倒――たとえば、確認・処分・運営など、あるいは状況の理解・所有にともなう権利の行使と義務および責任など――からほとんど解放され、まぬがれることができることにある。だから、株主のもっている支配と決定の権限を、現在それを手中におさめている経営者が、これを奪ったと表現するとすれば、それは真実ではない。その逆である。株主は権利を放棄した。しかもそれを取りかえそうという気にさえならない。なぜなら、株主にとって権利は負担であり、その負担からまぬがれることができるからこそ、彼等は株主となったのである。

すでに、バーリとミーンズは一九二九年に株式会社における所有から支配と経営が分離している過程を実態と理論でしめし、それを現代社会における特長的かつ典型的な事態として画いている。アメリカにおいては決定的な権力を経営者が握っており、ヨーロッパ諸国では産業制度における決定的権力はカルテルなどの産業上の連合体、中央統制機関の支配者の手中にある。ヨーロッパとアメリカとの相異は、アメリカにおいては反トラスト法がカルテルを阻止し、かえって巨大トラスト＝巨大株式会社を生みその成長をうながしたからである。ともあれ、会社における権力者はもはや社会的規模で結合した個人財産の管理・運営の代理人ではなくなっている。その権力は、財産権から委譲された権力ではなくなり、固有の権力となっている。株主はあたかも経営者をば彼が会社を所有し、経営者が本来的に権力をもつものであるかのごとくにみなし、自分を単なる配当請求権者にすぎないものとうけとっている。

株式会社は、かくして、一個の自律的な社会的実体 an autonomous social entity となった。それは、市とか国家とかの政治的実体と何等異なるものではない。自律的有機的な社会的実体は、その成員から独立し、その成員以前に存在するものと考えられるべき性質のものである。だから、そこに個人的財産権など主張されるべき性質はない。ただあるのは、この実体にたいする外部的権利である請求権と、実体そのものの内部における権利たる統治上の権限である。では、経営上の権限がもはや個人財産権にもとづいていないとするなら、それはいったい何にもとづいているのであろうか。

ともあれ、社会的権力の基礎としての個人的財産権の否認は、現代の中枢的な制度的変革である。それは、すでに恐るべき諸結果を生んでいる。

株式会社がそれ自身がもつ権限 authority によって権力 power を行使している自律的な社会的実体になってきているという現実は、資本主義と社会主義との議論を無意味なものにしてしまった。すくなくとも、これまで使われてきたような用語や諸仮定でもってする議論は意味をなさなくなった。正統派の資本主義論者もまた社会主義論者もともに、財産が権力の正統な基礎であるだけでなく、財産それ自体が社会的権力であると仮定している。資本主義論者も社会主義論者もともに、そのもとでは社会的権力が財産とは無関係となり、財産が社会的に無権力化するという所有と支配の分離の可能性と現実を認めることができない。彼等はともに、財産は社会的に基本的な constitutive ものだという仮定ないし原理に立っている。ただ、財産を誰が所有すべきであるかという点について相異しているにすぎない。ともに、財産所有者がその社会と社会的権力の性格および構造を決定するという点では見解は一致している。

だが、今日では、所有は社会的に本質的なものでも基本的なものでもない。財産がどのような形態で所有されているかは、もはや誰が権力をふるうかを決定しない。ソヴィエト革命においても、全支配権の政府への委譲と財産権の国有化とは直接的関係はなかった。また、ナチスによる全支配権の掌握は、財産の領域での法律上の変化を少しももたらさなかったのに、自由企業制度には大きな変革を生んだのをみても、それは明らかである。社会主義は生産手段の国有化より計画と支配を本質とし、イギリスにおける国有化も社会主義と直接関係ない。ともあれ、所有から支配の分離は、政治的な大きな変化・動揺を生まざるをえない。それが、正統な権力を見出すまでは。

財産権の崩壊は経済的には、次のような大きな変化をもたらした。産業経済 industrial economy は二つの面に分裂している。すなわち、設備・工場・機械・経営者および労働者からなる実物経済 real economy と、流通可能証券、法律上の諸権利および実質なき所有権からなる象徴経済 symbol economy との二者である。実物経済はゴーイング・コンサーン going concern に組織化せられている。ゴーイング・コンサーンは、株主たちの財産権の外部で財産をこえて存在し、市場の動揺と変動には直接影響せられないものと見なされる。株主や市場の価格体系を無視してでも、ゴーイング・コンサーンは維持せられ強化せられなければならない。ゴーイング・コンサーンの成立こそ所有と経営の分離と相即的な現象である。他方、象徴経済は市場に属し、そこでは財産の地位に関する十九世紀的仮設がいまなお生きている。

社会的権力は象徴経済の世界から実物経済の領域に移行してきた。象徴経済は、現在でも人に富を与える。だが、富はそれ自体としてはもはや社会的権力の権原 title ではなくなった。実物経済における支配者たちは、適当な収入で満足しなければならないかもしれず、大きな財産を蓄えることはないかもしれぬ。だがしかし、彼等はそして彼等だけが権力をもっている。そして、その権力は財産権・所有権にもとづいているのではない。実物経済は法律的擬制においてのみいまだに象徴に依存し、象徴に指揮せられている。しかし実際においては、象徴経済はすでに実物経済にたいして無力な附属物にすぎないものになりはてているのである。

以上みてきたところによれば、経営者の権力は今日のところ非正統な権力である。それは、権力の正統な基礎として、社会がうけいれた基本的原則に基礎をおいていない。したがって、その権力は原則によって支配されも制限されてもいないし、誰にたいしても責任を負わない。個人財産は、かつては社会的政治的権力の正統な基礎と認められていた。西欧社会は、今でも依然として、財産を権力の正統な権原と認めたがっているが、経営権はすでに所有＝財産から分離してしまっている。しかもなお、権力のための新しい基本的な原則は、いまだ社会に確立していないのである。

三　むすび——ドラッカー資本主義終焉論の問題点——

ドラッカーは、「もし社会が個々の成員に社会的地位と機能を与えず、その社会的に決定的な権力が正統な権力でなければ社会は機能できない」という社会の純粋理論でもって、現代社会にアプローチしていった。それによれば、十九世紀の社会は商業社会であり、市場における統合によって個個人に社会的地位と機能をあたえ、社会的に決定的な支配力は市場における正統な権力であった。この社会は他の社会と異なって、財産が地位や機能の結果ではなく、財産が地位と機能の出発点であり起因である社会である。個人財産こそ一切の権力の権原であり、すべてのものが財産となり、それが商品として市場に出てゆき、そこで人と人との関係が財産と財産との関係として成立する社会なのである。

そして現代社会は産業社会であり、それは大量生産工場と株式会社を社会の代表的な現象とする社会である。そして、現在のところいまだ産業社会は個個人に社会的地位と機能を十分に賦与することができず、正統な権力も持っていない、と把握した。ここで、大量生産工場および株式会社の社会的意義の分析がとり上げられることになる。株式会社は、もともと商業社会の論理＝契約の理論にもとづいて成立してきたものである。すなわち、個人財産権にもとづいてつくり出されたものである。だが、現在ではもはや経営上の権力はすでに個人財産にもとづいていない。経営者の権力はそれ自体固有の権力となっている。しかも、この権力はいまのところまだ正統性をえていないと。

さて、次に大量生産工場の意義の分析に入るところであるが、わたくしはここではその問題はとり上げなかった。産業社会の何たるか、産業社会の積極的な内容はむしろ大量生産工場の分析をまたねばならないのである。そして、この問題の分析は、これまで主として拠ってきた *The Future of Industrial man*『産業人の未来』よりもむしろ、*Concept of the Corporation*, N.Y., 1946（下川浩一訳『現代大企業論』未来社）、さらには *The New Society: the Anatomy of Industrial Order*. N.Y., 1950（現代経営研究会訳『新しい経営と新しい社会』ダイヤモンド社）、においていっそう進められている。(9)

かくして、われわれは、ドラッカーが十九世紀は商業社会であり、それは個人財産を基礎とし、それを社会の権限とし、個人は市場において統合せられた社会であったが、現代の社会における代表的な制度である株式会社においては個人財産は権原でなくなって経営者の権力はそれ自体固有のものとなっているにもかかわらずいまだ正統性をえていない、また十九世紀においては象徴経済が支配的な力をもっていたのに現在ではそれは実体経済に従属するものに転落してしまった、と論じた部分を紹介したことになる。

一般に、私有財産と社会的分業を基礎にした社会、すなわち一切のものが商品として市場に出てゆき、人と人との関係が物と物との関係として成立する社会を資本主義社会という。したがって、ドラッカーのいう商業社会というのは資本主義社会とまったく異なるものではない。したがって、われわれはドラッカーの資本主義終焉論をとり上げたわけである。では、彼は社会主義をどう把らえたであろうか。彼は商業社会＝資本主義社会の次に来るものいや既に来ているものは産業社会であり、社会主義・共産主義・福祉社会・ファシズム等々は産業社会をいかに組織するかの形態の問題として把らえたのである。産業社会こそ基底的なものであり、社会主義・共産主義等は二次的なものである。二次的であるからといってそれが重要でないというのではない。それは、決定的な意味をもつのである。なぜなら、産業社会の成立・進展はまったく他律的なものであり、いわば人間の意志をこえた問題であるからである。どのような産業社会につくりあげるか、これは人間の意志により可能なものであり、その問題が社会主義・共産主義・ファシズム・福祉社会等の問題にほかならないからである。そして、ドラッカーの冀求するものは「自由にして機能する産業社会」free and functional industrial society にほかならないのである。

ところで、資本主義は終焉し、次に来る社会は社会主義社会ではなくして経営者支配の社会すなわち経営者社会であり、現代はまさに経営者革命 managerial revolution の過程にある、と主張したのがバーナム James Burnham である。このバーナム理論にたいして、ドラッカーが無関心でありうるはずがない。彼は、バーナムについて、次のように言及している。(10)

「バーナム氏は、経営者の権力は正統な権力であると主張している。もっと重要なことは、彼はただ多くの経営者たちが考えていることを声を大にしてうちあけているにすぎない、つまり、彼は正統性の問題についてはまったく理解していないということである。バーナムによると、経営者の擡頭は必然的に彼らが支配権をにぎる経営者社会にいたる。ナチ主義・共産主義およびニュー・ディールは、彼にとって、同じ経営者支配の異なった前面

fronts として把らえられた。経営者支配が基礎をおく権限に関して何等かの問題がおこるかぎり、バーナム氏は次のような処置をとるであろう。すなわち、かつて財産権やすべてのそれまでの正統な権力の権原についてなされたように、特有のイデオロギーが、彼あるいは他のマルキスト達によってそれに合うようにつくりあげられ、人民におしつけられるであろう、と。

このバーナム氏の分析にたいして、私は最初に、人間の意志決定の産物にすぎない政治的生活においては必然的なものは何もない、ということをはっきりいっておく必要がある。必然性への訴えは、ふつう奴隷にむかって奴隷制度を認めるように訴えていると同じである。バーナム氏がすべての産業国家はいずれも全体主義 totalitalian に必然的になると考えているのは重要なことである。

だが、バーナム氏の分析は最近の二〇年間の発展の曲解である。彼が未来に予想している経営者社会は二十世紀の最初の三分の一期において現実の社会であった。それはすでに過去のものとなっている」[11]と。

彼の批判はまだ続く。しかし、ここらでうちきろう。バーナムは資本主義は確実にほろびる。だが一般にいわれるように、資本主義のつぎに来るのは社会主義ではない、むしろ、経営者社会である、と主張した。社会主義必然論の否定という点ではドラッカーと同じなのである。だが、バーナムの主張する経営者社会は生産手段の国有を基礎においた経営者支配の社会であるかぎり、その実社会主義社会と何等ことなるもの[12]ではない。ドラッカーは、この点を鋭敏に感じとっている。そして、権力の正統性の観点から、権力把握者が自己が専有した権力の正統性を根拠づけるイデオロギーを仕立てあげ人民に売りつけることを嫌悪するのである。そして、物的現実の必然性・他律性は容認しても、その上に築かれる政治的世界の必然性は容認できない。後者を容認すれば、彼の冀求する自由にして機能する産業社会の出現はついに不可能とならざるをえないからである。

ドラッカーが嫌悪するにもかかわらず、支配者・権力者はつねに自己の権力を正統化するイデオロギーをつくり出し人民におしつける。そのおしつけられたイデオロギーが、人民にうけ入れられたときはじめて正統性を獲得しえ、うけ入れられなかったらその権力は正統なものでなく、したがって機能できず、永続できないだけのはなしである。とすれば、正統性なるものはまったくの結果論にすぎず、社会の現実にたいしてどれほど積極的な意味をもちうるものなのであろうか。正・邪・善・悪・一切の価値判断をこえ、しかも結果的にのみ正統であるか否かを判定できるとする理論は、どのような意味、どのような意義をもつのであろうか。機能とむすびついたもの、機能とのみ関連あるものだとするなら、物的現実に立った機能論のみで十分なのではあるまいか。そして、社会的に必要な諸制度の本来的な機能を探り、機能発揮の方法と方向をさぐり、さらに機能発揮をさまたげる要因の発見と分析とその除去策だけで十分なのではあるまいか。

次に、われわれは個人財産権が現実に崩壊し去ったとする理論をとり上げざるをえない。ドラッカーもふれているように、A. A. Berle, Jr. and G. C. Means, *The Modern Corporation and Private Property*, 1932, N.Y.（北島忠男訳『近代株式会社と私有財産』文雅堂書店）こそ、書名によってもあきらかなようにこの問題についてもっとも多くのことを語ったものである。わたくしは、この問題についてすでに若干の考察をして[13]みたがいまだ十分とはいいえない。所与の紙数もつきた。別の機会にあらためてとり上げたい。

注

（1）同じくナチスに追われ自由を求める思想家フロム Erich Fromm の自由の概念は当然のこととはいえ、一方はマルクスを肯定し他方はマルクスを否定しながらも、両者は非常に近い。E. Fromm, *Escape from Freedom*, N.Y., 1941.（日高六郎訳『自由からの逃走』創元新社）ほかを読まれたい。

（2）P. F. Drucker, *The Future of Industrial Man, A conservative approach*, N.Y., 1942.（田代義範訳『産業人の未来』未来社）Chapter six, Free Society and Free Government. 第6章「自由な社会と自由な統治」より引用。

（3）*Ibid.*

（4）*Ibid.*

なお、自由に関するドラッカーの論述は、彼の著作のすべてにわたって見出せるが、ここで引用したThe Futureのそれが最もまとまったものということができよう。

（5） ドラッカーの産業社会論および現代大企業論については、拙著『アメリカ経営思想批判』未来社、第五章、第六章を参照されたい。

（6） 産業社会論がもっともまとまったかたちで論ぜられているのは、*The New Society, the Anatomy of Industrial Order*, N.Y., 1950.（現代経営研究会訳『新しい社会と新しい経営』ダイヤモンド社）である。以下とり上げる資本主義終焉論は、主としてThe Future. による。

（7） 本節は、主としてP. Drucker, *op. cit.*, chap. Two. What is a functional society「機能的社会とは何か」によった。

（8） ドラッカーの権力の正統性論は、バーナードC. I. Barnard, *The Functions of the Executive*, Cambridge, 1938.（田杉競監訳『経営者の役割』ダイヤモンド社）におけるいわゆる権限受容説とほとんど同じ内容のように思われる。

（9） ドラッカーの産業社会論については、拙著『アメリカ経営思想批判』未来社、第五章、第六章を参照されたい。

（10） J. Burnham, *The Managerial Revolution*, N.Y., 1941.（武山泰雄訳『経営者革命』東洋経済新報社、一九六五年）。

（11） P. Drucker, *op. cit.*, pp.86–87.（田代、前掲訳書、一〇五―一〇六頁）。

（12） バーナム理論については、前掲拙著、第五章、「バーナム経営者革命論批判」を参照されたい。

（13） 前掲拙著、第二章、「バーリ＝ミーンズ会社革命論批判」、その他。

終章　文明の転換とドラッカー

初出、第二十八回経営哲学学会全国大会統一論題報告草稿、二〇一一年

第二十八回経営哲学学会の統一論題「可能性の経営哲学―いまなぜドラッカーなのか―」が撰定された。これを論ずるには、当然のことながら〈いまはいかなる時代か〉と〈ドラッカーはいかなる思想、いかなる経営哲学をもっていたか〉、そして〈今、何故ドラッカーなのか〉が語られねばならない。それによって、今、ドラッカーそして経営哲学そのものが改めて問われることになるであろう。

今、日本は明治維新・敗戦・そして現在という捉え方がされるようになっている。その現在の捉え方には、第三の開国として、リーマン・ショック大恐慌に象徴される危機、さらに福島原発事故を含む大震災後として、私は現代文明の危機・文明の転換の時代と把握する。それは、西ヨーロッパに起り、地球全体をまきこんで展開し、今、危機を迎え、転換しようとしているかつてなかった文明である。それを、ドラッカーに関説しつつ語ることにしよう。

一

ドラッカーは戦後の冷戦体制の結果を象徴するベルリンの壁の崩壊前に *The New Realities*, 1989（上田惇生・佐々木実智男訳『新しい現実』ダイヤモンド社）を次のように書き起こしている。

地理上の境界を越えると気候も文化も言葉も変わるが、歴史にも境界があり、それを越えると政治も経済も文化も一変する。そして、いま既に境界を越えて「新しい現実」が展開されつつあるのだと。彼は社会主義諸国の解体・変質と社会主義に影響され続けた自由主義諸国圏の変質を、歴史が境界を越えたと把握したのである。彼は社会主義は全体主義であり、その思想の牽引車としてマルクスを把らえていた。

彼は続けて *Post-Capitalist Society*, 1993（上田惇生・佐々木実智男・田代正美訳『ポスト資本主義社会』ダイヤモンド社）を書き、同じく「歴史はいま数百年に一度の境界を越えた」と書き起こし、五〇年後にはすっかり歴史観が変わり、価値観が変わり、社会構造が変わり、政治構造も変わり、技術や芸術や制度も変わり、想像することさえ出来ない社会になる」と言いながらも、彼はそれを語っている。

第一章「資本主義から知識社会へ」で歴史の転換、三段階革命論として述べているが、その中で彼は新しい社会の出現に彼自身が主役を果たしたと位置づけている。

資本主義は如何に乗り越えられ、新しい社会・知識社会に非連続的に連続移行して行ったか、知識社会の到来をいち早く告げたのはドラッカーの *The Age of Discontinuity*, 1969（林雄二郎訳『断絶の時代―来るべき知識社会の構想―』ダイヤモンド社）である。彼は近代史から現代史への推移を、資本主義から知識社会へのプロセスとして、それを産業革命から生産性革命、そしてマネジメント革命の三段階革命の過程として把握するに至っている。すなわち、産業革命によって階級対立の激化は〈生産手段の私的所有から社会的所有〉へと進む、社会主義への革命を説くマルクス主義を生んだ。だが、その主義・主張は実質的にテイラーの生産性革命によって越えられており、その生産性革命も更にマネジメント革命によって大きく越えられた。そして、マネジメント革命の主導者は自分である、との自負を示している。

その考えは、資本主義の支配的な社会、すなわち〈経済人の社会〉は二十世紀に入って第一次世界大戦・ソ連社会主義国家の成立・二十九年大恐慌と国家の経済への介入によって終わり、次に〈産業人の社会〉が大量生産の原理＝組織と経営者支配の社会として、その未来が展開する。その最重要の役割をするのが〈マネジメント〉だと大戦直後に論じ、それを *The New Society* と *The Practice of Management* として結実・展開させ、更にそれを発展・充実させた *The Age of Discontinuity* と『マネジメント』を書き、ダメ押しのように「アメリカは既に実質的に社会主義国に〈見えざる革命〉によって移行している」と論じたのである。

産業社会をいかに機能させるか。自由主義か全体主義か、自由か専制か。この社会の機能はマネジメント如何による。

社会主義国を全体主義と把らえ、自由主義国をして冷戦に勝利させる主導者としての自覚を持って著作活動をしたドラッカー。彼はその冷戦が勝利に終わったとき、自分の画く多元的組織の知識社会としての未来を再確認する本を二冊も書いた。だが、そこにはいささかも勝利の喜びも、明るい未来も感ぜられない。何故であろうか。それは、冷戦後の社会は彼が予期し予想したような明るい健全なものではなかったからである。それは既に社会主義国解体後の世界の現実を『ポスト資本主義社会』と題して語らねばならなかったことにも表れている。社会主義諸国が資本主義化し、彼が既に社会主義となったと言ったアメリカ他先進資本主義諸国が資本主義的傾向を一層強めて来ていたからである。

現実に忠実な彼は、その傾向を具体的にしっかりと掴んでいた。彼はM&Aの多発、敵対的買収の横行に憂慮を示し、〈資本主義の危機〉というような、彼がかつて口にしたことの無い言葉が語られ論じられるようになった。経営者支配の組織社会・労働者の年金基金が支配的な所有者であったアメリカにおいて、会社が自由に売買される対象になったのである。彼は、年金基金のファンド・マネジャーがより確実に、より高額の売買利益を提供してくれる投資ファンドの提案を拒むことは出来ず、それを阻止することも出来ない現実を憂えつつ逝ったのである。彼は、次のように述懐している。「自分は資本主義を支持したことは一度も無い。自分が指示して来たのは自由市場経済である」と。

自由主義経済は資本主義経済である。市場経済は商品経済・貨幣経済である。市場の拡大・自由度の増大は資本主義経済を生む。それが持つ限界に達したとき、それは統制されねばならぬ。二十世紀の初頭その状況に達したとき、ドラッカーは強く〈経済人の終焉〉として感じた。社会主義諸国が解体して、資本主義化し、自由主義が官から民へ規制緩和を求めたとき、新しい商品形態・資本形態が生まれた。労働生産物という本来的商品に加え、労働力と土地の擬制商品の登場、そしてこの二者と本質的に異なる情報が、前二者を実態商品たらしめる架空商品として出現し、情報商品＝架空商品の売買によって利益をあげる架空資本が生まれてきて、それが実体資本の一〇倍を超す量として市場を支配し始めた。ドラッカーは、いち早く〈情報資本主義〉という言葉を使っている。企業も銀行も、国家さえもその動向に脅かされる状況が、リーマン・ショック以降に生まれてきたのである。これが今、世界の危機である。〈経済人の終焉〉を論じ、その理論展開をして来たドラッカーは、それに立ち向かうことなく逝った。彼の理論がこの巨大危機を招くのに深い役割を演じたと言うことが出来るであろうか。

二

今、何故ドラッカーなのか。前節において現在の経済的危機に応えるものをドラッカーが持ってはいないことを見て来た。だが現在の危機は大震災それが伴う原発事故の言い知れぬ恐怖がある。自然災害に対しては、千年・万年の経験知にもとづいて、これにどのように対応すれば良いか、そこにはうまく対応したかどうか、上手か下手かの差があるだけである。だが、原発事故の場合は違う。経験知ももちろん必要であるが、それ以外のものが必要である。科学・技術の先端が起こした事故は、科学・技術者によらなければ絶対に分からず、彼等の力を必要とすると同時に、彼等の知だけでは解決できないものがある。もうひとつ不可欠のものは経営学である。原子力発電所自体を建設・稼働・事故処理にとって経営学は無関係ではない。

今、〈マネジメントの発明者〉〈マネジメントのバイブルの著者〉と言われているドラッカーのマネジメントは、果たして事故処理にも有効であろうか。経営学者も一般のドラッカー信者たちも頭をかしげるかも知れないが、現代文明の危機とも言える原発事故にまともな対応をできるのはドラッカーの管理論の右にでるものはないと、私は考える。

ドラッカーの管理論は、第二次大戦中、この戦争はいかなる意味を持つのかを若くして論じ、それを読んだ当時世界一の会社ＧＭが招き、彼はそこでの見聞・実体験をもとにして、*Concept of the Corporation*, 1946を書き、ブームを起こし、世界の主役に躍り出た。彼は、経営学こそ現代社会における最重要の学問であることを、現代社会論を展開することによって示しながら、彼の管理学を論じ続けたのである。

彼の管理論は、*The Practice of Management*, 1954（上田惇生訳『現代の経営』ダイヤモンド社）によって体系的に呈示されている。管理とは組織維持の機能である。それは管理学は機能論・技術論たらざるを得ない。ほとんどの管理学者は機能論・技術論である。それをよしとしない学者は、管理に関する抽象的な理論の枠を出ない。だが、ドラッカーの管理論は機能論・技術論であると同時に、理論を持ち徹頭徹尾人間論であろうとする。そこに彼の管理論の特色がある。彼は自分の管理論を〈自由にして機能する管理〉の実際を論じるのである。

彼にとって、人間の本性は自由であり、自由とは責任ある選択である。この自由が従業員の一人一人、そしてその全体の協働体に貫かれる管理を機能性追求と共に、同時に実現することを目指す。

『管理の実践』において、彼が論じているのは企業の管理論の展開である。まず企業の目的は顧客の創造であり、それを実現する手段として〈マーケティングとイノベーション〉をあげ、その上で管理論の展開をしている。〈マーケティングとイノベーション〉こそ、経営学者・経営者の全てがドラッカーを読もうと読むまいと把らえ駆り立てた。これが巨視的には如何なる意味を持つかについては先に論じた。

　この本で彼が提示した目標管理・分権制・仕事と従業員管理・管理者の管理の定式化は、驚嘆に値する。異論があれば聞きたい。彼はここで誰よりも早く人的資源の特質を物的資源と対比しつつ述べながら、人的資源管理を提唱しない。それを乗り越えた管理論、人間としてあるべき姿の管理を論じている。そして、管理者にIntegrity 品性高潔・誠実を求めている。

　彼は *The Practice* を補足するものとして、*Managing for Result*, 1964（野田・村上訳『創造する経営者』ダイヤモンド社）、*The Effective Executive*, 1967（野田・川村訳『経営者の条件』ダイヤモンド社）を出すが、更に大著 *Management*, 1974 年が世に送り出された。

　この本は、前の三冊、特に *The Practice* の延長線上のもの、発展したものである。そのように読み理解出来る。だが、彼は平易であるが難解であり、延長のものであるが全く別のものだと言っている。*The Practice* の後の二〇年の歳月を経営者達とともにコンサルタントとして経営の現実と格闘して来た経験に裏打ちされた労作である、という意味であろうか。彼は理論なきマネジメントも経験的理論も不十分だと述べている。

　Management には、*Tasks, Responsibilities, Practices,* 課題・責任・実践が副題としてつけられている。誰でも知っている言葉であるが、限りなく重く、ドラッカー管理論の精髄を伝えるものだと思う。

　テイラーの管理は Task 管理といえるが、そのときの Task は、職務を Task と把らえていた。ドラッカーの場合は、企業であれ学校であれ、組織体それぞれが成すべく・果たすべく社会から託された課題を組織目的として受け止め徹底的に理解し、使命感を持って取り組むことをまず要求するものである。

　タスクは果たすことが要求されたものであり、果たす必要のないものはタスクではない。すなわち、タスクには成し遂げる責任がある。そのことに関して問われたら、どこまでも応答しなければならない責任がある。レスポンシビリティとは、response の ability であり、その能力のない者にタスクを任せることも、引き受けることもあってはならない。

ドラッカーが責任を問うのは、彼が人間の本質を自由即責任ある選択と把らえ、これを管理の場においてどこまでも実現すべきと考えているからである。だから、彼は企業が社会に与えた衝撃に対しては、どこまでも誠実に対応し責任を取るべき要求をしているのである。

課題を直接的に担い達成し、責任を果たす従業員は管理者ではない。現場の仕事・現場で課題を担っているのは従業員である。その従業員が有効適切に個々の課題を責任もって果たせるように支援するのが、管理者の仕事であり課題である。管理者の実践は何か。管理者の管理はいかに為すべきか。管理者を有効に管理し、現場従業員の課題達成を果たせる実践こそ、管理の実践である。管理者が課題達成・成果をあげることに、何の貢献することなければ、管理はただ無用の長物以上の存在に過ぎない。

そこには管理の理論があり、管理の技術が示され、更に管理かくあるべしの規範が語られている。彼はこの大冊で語っているのは既に認められた規範であり、これから認知される規範であると。

日本の経営学において、規範論は戦前・戦後において忌避されて来たが、アメリカ一辺倒になってから、理論・技術論・規範論の問題自体が、問題になり取り上げられたことは無い。ドラッカーを前にして、現在の学者はどうこの問題を考えるのであろうか。

さて、以上のドラッカー経営学を原発事故と関わらしめたとき、これにまともに向きあえるのはドラッカーだけだと先に言った。

原発事故を起こしたのは、東京電力という会社である。東京電力の課題・課業は何であるか。それをまず問うのはドラッカー「マネジメント」である。それは、安全・安定の電力の供給である。それは、まずは水力・火力・原子力・再生可能エネルギー開発等の絶えざる検討である。だが、原発安全の上に立って、国策として原発推進が強行され、一切の支出は経費として計上され利潤を加えて回収される経営が為されてきたと聞く。原発廃棄物の処理が理論的に明らかにされぬまま強行され、原発事故そのものの発生・安全稼働がチェルノブイリ以降問題となったにもかかわらず、何故どうして積極的な対応策が研究されてこなかったのか。絶対に起こしてはならないとも言える原発事故を、何故発生せしめたのかを徹底的に問わねばならない。安全・安定供給こそ第一の課題であり、その課題達成にはどうしたら良いのか。電力事業を構成する発電・送電・配電の三部門はどのように、分けられ、統合するのが最適であろうか。

驚怖から誰も解放されていないにも関わらず、その安全安心の処理が課題であるが、その課題が十分に認識されているのであろうか。その筋道が技術的に明確になり、その手順・方法・段取りが明確になっているのであろうか。

事故処理自体の課題達成の為に明確な目標が立てられ、それが何時まで達成と時間がはっきりと定められ、それを受け持った部署・従業員の責任体制、目標管理・分権制が実施されているのであろうか。また課題達成の為にはどの様な仕事があり、それを遂行しうる能力をもった従業員が確保せられているであろうか。更には課題達成の現場従業員が、彼等の課題を認定し成果をあげる為の支援をする管理者はどの様に管理されているのであろうか。

課題を達成する責任を管理者は負っている。同時に課題達成の目的的結果に対する責任とともに、随伴的結果に対する責任を負っている。原発事故自体が随伴的結果であり、それが起こす社会的衝撃に対して責任を取れとドラッカーは言っている。父祖伝来の土地・生きて来た職業を喪失した人たちに責任は取れるのか。責任を取れない意思決定をする人間をドラッカーは専制的権力者として自由の名において許さなかったが、専制政治家では経営者の場合どう向き合えば良いのか。原発推進を押し進めた政治家の責任はどうなるのか。

ドラッカーはまた言っている。大きな社会的衝撃を停止することの出来ない事業は直ちにやめるべきであると。また言う。その被害とそれに対する何等かのプラスのものとのトレード・オフも考えられると。原発事故の不安に対しては、これまで交付金その他のプラスが与えられていた。そして、現在それを考えている地域住民もいる。だが不安と被害のみで、トレード・オフのない住民はどうなるのか。

今の不安は何時放射能の驚怖は去るのか。それを可能にする予定・目標が示されても、それを信じ得ないところがある。何故か、事故そのものの実態と今後の予想が明確に示されていないからである。それは、科学者の仕事であるが、実体の観測さえ現場の危険性により十分に為されない状態と聞く。科学とは何か。科学の生み出した人間科学とは何であり、人間はこれにどう対処するかが人間に突きつけられた問題である。

ドラッカーは、自由＝責任ある選択こそ人間の本性であり、そこに人間の尊厳を置いている。原発事故の提起した問題は、現代文明の象徴的出来事であり、科学・技術そして学問の何たるかをあらためて問うている。と同時に、この問題にどう向き合い、どう対応・対処するか、国民としてではなく、人間一人一人としていかなる責任ある選択をするか、自由を行使するかを、問いかけている。

もちろん、ドラッカーはそれには答えていない。ドラッカーの知識社会論はこの問題を含んでいる。だが、彼はそれに手をつけてはいない。それは我々の仕事である。それは科学者の仕事であり、哲学者、経営哲学者の課題である。

だが更に言えば、この問題は、学者にとどまらず、現代文明に生きる国民一人一人に応答を迫っている問題であり、それはこの文明の終焉の在り様にかかわっている。

付論　小泉の現代とドラッカー

初出、経営哲学学会「ドラッカーと小泉の現代」
『経営哲学』第三巻、二〇〇六年

はじめに

九・一一の事件といえば、説明するまでもなく、ニューヨークのツイン・タワーのテロによる二〇〇一年の大惨事である。一九六九年にウォール街を歩き、あのビルで時間を過ごした経験をもつ私にとって、現実感をもって受け止めることになった。だが、私にとってそれを凌ぐ更に大きな九・一一は、二〇〇五年の参院選挙における小泉劇場の終幕であった。意見を異にするものに対してその息の根を止めるべくホリエモンを主役として、次々に仕立て上げられ送りこまれる刺客達によって展開され（センセーショナルに）報ぜられた経過の結果は、小泉の圧勝であり、そしてまたその後に続く独裁的な経過である。

何故だ、何故日本国民は小泉を支持し、小泉について行くのか。湾岸戦争、アフガン戦争、イラク戦争と戦争を主導的に続けるアメリカに、平和憲法の日本を積極的に追随せしめ、中国・韓国とは非友好的外交をとる小泉。「官から民へ」の市場原理第一主義によって日本の伝統社会の秩序を根こそぎにしつつある内政の小泉の改革に、国民が圧倒的な支持をするのは何故か。憲法改正・教育基本法・共謀罪の提案は、戦争中を生きた同世代が集まると口々に、「あの頃の方がまだよかった、日本はどうなるのか」と嘆く。

ある者が言う。「マス・コミが悪い。今は民主主義ではないのか。」その通り、マス・コミが連日〈小泉劇場〉の演題のもとに面白おかしく報道をしつづけた。たしかに、直接的にはマス・コミのせいである。だが、そのシナリオ＝プログラムをつくったのは小泉である。ある代議士（世耕）がテレビで言っていた。「ニュースはすぐ報道される。だから、何よりもニュースをつくらねばならぬ。連日つくらねばならぬ。刺客を一度に発表したら一日で終わる。だから次々に時を置いて発表しなければならない。刺客が男ではニュース性は乏しい。女でなければならぬ。若い、美人でなければならぬ。そして時の人ホリエモン。彼ら一人一人の戦いぶりを報じるように仕向けねばならぬ。そうしたら、マス・コミが〈小泉劇場〉を仕立て上げてくれた。予想以上に。」

小泉劇場の真の主役はなんといっても小泉である。反対勢力を徹底的に排除するこれまでにない自民党の新しい行動様式を「自民党をぶっつぶす」といって明るい楽しげな感じで振舞ったパフォーマンスを演じつづけた彼。彼には、日本がいかなる国であるかの深い認識を著書としアメリカに示して、日本人の誇りと立場を堅持した吉田茂の見識は見られない。

小泉のパフォーマンスとプログラムに引きずられたマス・コミは、自分達の報道のあり方を反省したであろうか。反省することはあるであろう。だが、その時、彼らは何をどのように反省したであろうか。それはそれとして権力を握っている人たちとマス・コミだけで、今の現状があるのではない。権力は一般国民を見、そしてマス・コミも一般視聴者をみながら、彼らは自己維持・拡大をはかっている。マス・コミの報道のあり方のみ見て事終わりとするわけにはいかない。何故、国民は小泉を支持するのか。戦争の可能性増大の方向、一切を序列化・勝負・損得の格差社会に向かって、民主主義が既に定着していると自認しているこの国の国民が進もうとしているかにみえるのは何故であろうか。

この何故かをとく鍵はドラッカーにある、と思う。

I

なぜ小泉を日本国民が支持するのかの問いを解く直接的なヒントがP・ドラッカー（一九〇九〜二〇〇五）の処女作とも言える『経済人の終り』（*The End of Economic Man; A Study of the New Totalitarianism*, 1939）にある。この本はムッソリーニのファシズム、ヒットラーのナチズムの出現を新しい全体主義として把らえ、この全体主義が何故どうして生まれ成立したかを、若き二九歳のドラッカーが独自の論法で画き、イギリスを率いてヒットラーと戦うことになるチャーチルによって評価され、ドラッカーの出世作となった。その年ドイツはポーランドに侵攻し第二次世界大戦は始まった。私は、ドラッカーのこの本の論法を小泉の現在日本にそっくり適用出来ると想い到った。

『経済人の終り』の論法は次の通りである。何故民主主義のヨーロッパが新しい全体主義について行ったのか。ファシズム＝全体主義は(1)伝統的な理念・論理を排撃・否定し、(2)権力の正当性は従う人々の幸福をすすめる手段として権力行使しているのだとひたすら主張するだけのものである。そして(3)大衆がこれに従うのは、大衆がその約束を信ずるからではなく、その約束を信じないからである。そのような全体主義に何故大衆はついてゆくのか。彼はそれを次のように論じている。

ヨーロッパは、これまでの長く続いた安定した社会秩序をもはや維持できなくなり、しかも新しいこれからの秩序が見出せない深い混迷の時代を迎えた。旧社会に変わって新社会の展望が見出せない混迷の中、どう進んでいいか分からない時、大衆はたくみな宣伝と行動でもって登場して来たヒットラーに、溺れるものがつかむ藁としてこれに従っているのだ。

当然この新しい全体主義によって否定・排撃される伝統的な理念としてキリスト教と知識階級を一時把らえた社会主義が、ナチズムに対して戦うはずであった。だが、教会およびキリスト教思想家の抵抗と戦いが為されたが弱く、一時はヨーロッパを把らえた社会主義思想もソ連社会主義の現実に失望し回復する力をもっていなかった。そしてヨーロッパを新しい全体主義が席巻して行った。

では、ヨーロッパの混迷の実態とは何か。それは〈経済人〉の社会の終焉である。スミスによって大きく示された「人がそれぞれ利己心によって行為するなかに、自ら神の見えざる手による秩序が形成され、最大多数の最大幸福が実現する」という信条に導かれて来たヨーロッパ社会が終焉を迎えた。それは、経済人の社会である資本主義社会がその矛盾を激化し、一九二九年大恐慌によって象徴せられるように、その秩序は自律的に回復困難・不可能となって来たことを指す。

そして、資本主義の階級対立を克服して自由・豊かさ・平和の実現を約束した社会主義の現実の失敗もまた、その根底に〈経済人〉の理念と社会があったからである。マルクス派社会主義が〈経済人〉の理念をもって建設するかぎり、それは限りなく否定的・非自由・非平等な全体主義的な道を辿ることになるであろう。では、全体主義としてのソ連型社会主義とドイツ・ファシズムとは本質的に同一であろうか。そうではない。ドイツ・ファシズムは共産主義が幻影にすぎないという認識に立った上で出て来た新しい全体主義である。と彼は位置づけている。

ドラッカーによって示された新しい全体主義の成立としてのヒットラーの出現の論理を、小泉に適用するとまさにピッタリと符合する。混迷の時代を日本は迎えた。どう進んでいいか分からぬ時代になって来た。小泉はこれまでの伝統的な理念を捨て、反対する者を抵抗勢力として排除しつつ、権力の正当性を選挙支持率にのみ置いて、現在最も好戦的な国と一体化する道を進んでいる。そして国民は小泉を信じるのではなく、信じないが故に溺れる者のつかむ藁として従っている。

小泉を阻止すべき、小泉に否定され排除される日本の伝統的な文化と秩序を守ろうとする者の抵抗は弱く、社会主義思想・政党の力もすでに社会主義の世界的幻滅と退潮の中にある。

では、小泉とヒットラーはどこが違うか。権力指向のパワーの強弱に明らかに差はある。だが、日本に小泉に勝る第二・第三の小泉が出現する可能性は無いとは言えない。そして小泉とヒットラーの出現の背景、彼等を出現せしめた社会的混迷には大きな違いがある。その違いは何であろうか。それが、問題である。

この問題を解く鍵もまたドラッカーにある。彼はドイツ・イタリー・日本に対する連合国との戦争である第二次世界大戦とは何であるのかを戦時中に問い、戦後世界においてその進行に最大の影響力をもった思想家であり、戦後世界は彼に牽引せられて二十一世紀を迎えたと言っても過言ではない存在と思われるからである。

Ⅱ

現代社会を経済人の社会が終焉しつつあり、ソ連型社会主義もまた経済人の社会に他ならぬとみたドラッカーは、経済人の次に来る社会を産業人の社会であるとみた。そして、第二次世界大戦は産業人の社会をいかなる信条・規範にもとづいて構築するかをめぐって戦われつつあると、その最中に意義づけた。『産業人の未来』（一九四二年）が、その著作である。

社会はその成員の全てにそれぞれ地位と機能と所得を安定的に与える権力をもたねばならない。経済人の社会は資本・土地・労働力という財産によって社会的な地位・機能・所得が決せられる社会であり、階級社会である。これに対して、産業人の社会は、地位・機能・所得は各人がいかなる組織のいかなるポジションを占めるかによって決まる社会であり、経営者支配の社会である、とドラッカーは把らえた。

彼は言う。戦争は本質的には無意味であり、何も創造せず、何も解決しない。だが、それは事実として存在する限り、その意味付けはしなければならぬ。第二次大戦は産業人の社会のこれからを、ヨーロッパを根底において支えてきた〈自由＝責任ある選択〉を基礎として構築するか、それとも全体主義を基礎として構築するかの戦いである、と。

戦争は、連合国の勝利に終わり、勝利に最も大きな役割を果たしたアメリカを主軸とする自由主義諸国とソ連を主軸とする社会主義諸国の東西冷戦時代に入った。日本はこの国の歴史上かつてない敗戦、アメリカ軍による占領、平和憲法をもつ国家として進むことになった。

彼が自由主義諸国の最大の知的リーダーとして主導的役割を果たしつづけることになるのは、上述の彼の最初の二冊の言説を見れば当然のことであるかもしれぬ。そして、大戦が終わるまでの彼が主として立ち向かい倒したいと思った全体主義は主としてヒットラー・ナチズムであったが、大戦後彼の念頭から離れなかったのはソ連型社会主義であった。彼がソ連型社会主義を許容しなかったのは、それはナチズムとともに全体主義であり、その反対者の否定・弾圧や軍事力重視を自由の対極に立つものとみたからである。そして、ソ連社会主義の崩壊を予言し、その実現をみて、彼は逝った。

彼の戦後の思想・理念の展開をみていこう。

Ⅲ

『産業人の未来』を読んだ世界最大の企業GMの首脳が、大企業の組織の研究を内部から徹底的に研究したいとかねて思っていたドラッカーをただちに迎え入れ、一八カ月のそのプロジェクトを彼に委嘱した。これによって、彼の産業社会論・企業論・管理論は一体的内容をもって構成され、F・テイラー以来の瞠目すべきドラッカーイズムとドラッカー・システムとして世に送り出されることになった。彼の諸業績によって、「現代社会は資本を決定的要因とする企業を構成要素とする資本主義社会である」というこれまでの通説に大きく風穴が開けられ、ドラッカー理論は意識的・無意識的に受け容れられ、ドラッカー・システムは現実のものとして広く深く浸透し定着しつつあるかに見える。

彼は言う。企業は単なる経済的存在ではなく、何よりもまず多数の人間の集合的・集団的存在であり、特定の目的のもとに協働する組織体として把握すべきものである。そう把握するとき、大企業は経済的機能のみではなく統治的機能・社会的機能をも果たす制度であり、それにより現代社会＝産業社会における決定的・代表的・構成的制度であるという認識が成り立つ。*The New Society*, 1950, がその著である。

企業を以上のように把握した彼は、企業の目的を〈利潤追求〉にかえて〈顧客創造〉とした。その根拠は利潤は企業の維持存続そして現代社会の維持存続にとって必要不可欠のものであり、それは企業維持のためのいわば未来費用として回収すべきものと観念されるのであり、そして利潤は企業目的達成の尺度とされるものとなる。そして、企業目的である〈顧客創造〉を可能にする機能は〈マーケティングとイノベーション〉であり、この二大機能によってのみ〈顧客創造〉は可能であり、この二大機能は現代社会の発展の原動力に他ならぬと論じた。

このドラッカーの利潤観・企業観は戦後世界を大きく変えた。それまで利潤追求には何がしかの後ろめたさ・やましさ・卑しさがつきまとっていた。ドイツ経営学が成立したとき経済学者たちから〈金儲け学〉として非難を浴びて自らの立地を深く考え、マルクス経済学は利潤を搾取の結晶と理論づけた。アメリカにおいてもハーバード・ビジネス・スクールはビヨンド・ザ・リバーと呼ばれたりした。日本においても、この状況は変わりはなく、経営学は長く蔑視の中にあった。だが、この風潮はドラッカー理論によって一変され、金儲けは国是となったかの観さえある。そして、世をあげてマーケティングとイノベーションの時代とはなった。

だが、ドラッカーを著名にしたのは彼の社会理論・経済理論ではなく、経営理論であり、世は彼を経営の神様として、彼の経営書をバイブル視し、コンサルタントとしての彼の言は御託宣となって門前市をなした。

Ⅳ

ドラッカーは、彼が〈科学的管理の父〉と位置づけたF・テイラー以来の経営＝マネジメントの巨人である。ほとんどの経営学者たちがテイラー・システムを既に過去のものとした中で、彼はテイラー以降の一切の経営学の発展はテイラー・ディシプリンの枠内にあると明言し、テイラーを生産性革命の起点と位置づけると同時に自分をマネジメント革命の起点と位置づけている。

テイラーは仕事＝Work の科学の創始者であり、それにもとづいた管理体系がテイラー・システムである。ドラッカーは、それによって生産性革命がなされ、労働者の生活の向上が果たされて資本主義が克服され、マルクスを超えたとさえ言っている。ドラッカーにとって管理は、現代社会すなわち組織社会における組織維持機能であり、現代社会において最も重要な機能として把握されている。そして彼はドラッカー・システムと呼称されるに適わしい具体的・現実的な実践的体系を提示し、自らはこれを〈自由と機能〉の管理と言っている。これが最初に示されたのが *The Practice of Management*, 1954.（『現代の経営』として邦訳されたもの）であること周知である。

ドラッカー・システムは目標管理・分権制・責任労働者の三層からなる体系であることも知られているが、久しく目標管理はノルマ主義管理と受けとられ、分権制は事業部制と訳語されて理解されていたし、責任労働者は未だにドラッカーの意図通りにはうけとられていない。彼は〈人をして仕事をなさしめる〉という伝統的管理を目的達成の為の目標に向かう協働、目標による管理に転換すべきと説いたのであり、人間の本質たる自由（責任ある選択）の保証・育成を目指し、自由人の協働の組織である分権制こそ最も機能的な組織としたのである。行動科学は、今なおドラッカーが人的資源の特質を比類なく深く指摘したにもかかわらず、責任労働者論を説いている真意を理解せず、人的資源管理を説き、これを推進している。

以上でドラッカーの〈現代社会はいかなる社会か〉〈その社会はいかにあるべきか〉そして〈あるべき方向へ進む具体策〉についてのあらましは示されている。彼はその後も自らもライターと称して数十冊の本を世に送り出したが、その基本的なところは変わっていない。だが、彼は第一級のコンサルタントとして世界中のさまざまな組織のエグゼクティヴをクライアントとしてホットな切実な問題をつきつけられて、これと対応するなかで現実と深くかかわり、彼の思想は若干の修正をともないながら深化し拡大して行った。

経営学分野を超えて広く日本に彼を知らしめた林雄二郎訳の『断絶の時代』*The Age of Discontinuity*, 1969. からは日米同時発表となった。それ以後の著作では、〈経済人から経営人へ〉の非連続は、技術・世界経済・組織・知識をキーワードとして具体的に再把握されて行くことになった。組織は、企業管理から非営利組織の管理へと展開せられ、領域的把握が進み、全ての組織体に通じる一般的管理の*Management*（1974）は原著八三九頁、ダイヤモンド社版『マネジメント』は上六二一頁・下七三九頁の類まれな大冊である。この本の副題「課題・責任・実践」はドラッカーのマネジメント観を如実に表現している。彼はこの本を規範論として書いたと序の中で表白している。彼はこの本の中で〈組織の意義〉〈組織が提起する問題〉の大きさの前に立って自分はこれに向かって全力を尽くしてはいないと述懐しているが、残念である。『ポスト資本主義社会—二十一世紀の組織と人間はどう変るか—』（上田惇生・佐々木実智男・田代正美訳、ダイヤモンド社、一九九三年）他でも組織を論じてドラッカーならではの認識を示しているが、遂に徹底的な論求に及んではいない。

彼は、先に述べたように、科学的管理の父テイラーの創始したテイラー・システムを生産性革命と把握し、彼の創始したドラッカー・システムをマネジメント革命と把握すると位置づけている。

生産性革命というのは、テイラー・システムが肉体労働・肉体労働者が主力を占める作業＝仕事段階における肉体的作業の科学化という革命的変革の現象であるのに対して、マネジメント革命は知識労働・知識労働者が主力となった段階における組織維持作業たる管理の科学化が惹起する革命的変革現象を言うのである。

主流をなす経営学者は経営を構成する要素・領域の一部を対象として、その科学化・技術化を目指しているが、ドラッカーは個々の要素・領域を問題とすると同時に、その総体を統一体として対象とし、問題とし、その解明とともに、そのプラクティスを規範論として構築したのである。彼の規範論は技術論として具体化され、体系化されている。言うまでもなく、彼の規範は自由＝責任ある選択である。彼の言う自由とは何か。自由こそ最重要の課題であるが、これを詳述する余裕はここにはない。

だが、知識労働については、一言しておかねばならない。知識労働は組織維持の管理労働およびマーケティングとイノベーションを生み出すものである。現代はまさに知識社会となり、彼の著作はこれに関する論述が増えて行く。人間結合としての組織を維持する管理労働、そして市場社会における社会的・規範的存在としての組織を存続せしめるに不可欠のマーケティングとイノベーションを生み出す知識労働を主力とする現代社会は、まさにドラッカーによって開幕され牽引されたと言っても過言ではないかもしれない。小学校から大学院まで、一切の教育と学問とがマーケティングとイノベーションの為の知識・科学化に向かって制度化が進行している。ほとんどの教育者・研究者が自分の位置と意味を見失い、無自覚のうちにこの知識革命のさなかにある。情報社会・ＩＴ社会化である。

情報技術を中核としインフラストラクチュアとする情報社会化が二十世紀の終幕に出現して急速に進んでいるが、もちろんドラッカーがこれを無視することはなかった。だが、重要事を常に先取りして論じて来た彼としては必ずしも早くはない。『新しい現実』（一九八九年）の第４部「新しい知識社会」の中の19章「情報化組織」を最初のものとして、次第に大きく取り扱われて行っている。彼独自の視点からする情報・情報技術論は示唆に富む。しかし、遂に知識と情報の統一的・体系的な把握を示す所までは到っていない。彼の年齢を思えば、当然のことというべきか。惜しまれる。

Ⅴ

全体主義の告発者として登場し、その克服の最大のイデオローグとして巨大な役割を演じたドラッカーは、戦後標的ともしたソ連邦の解体を『新しい現実』の第1部のなかで一章をもって「〈ロシア帝国〉崩壊のとき」と題して予告したが、その二年後一九九一年に現実のものとなった。彼は、直接的にソ連邦を批判し攻撃してはいない。彼はそれを、アメリカを中心とする自由主義諸国の健全な発展の道筋を、その社会と経済のあるべき姿を具体的に示しつづけたのである。そのあらましは、以上において示した。彼が意図した「自由にして機能する社会」を「一人一人の自由な発展が全ての人の自由な発展の基礎となる社会」と言い換えることにドラッカーもまたいささかの異論をもたないであろう。後者は、マルクスのものであり、そのような社会を社会主義社会・共産主義社会として、その実現をマルクスは夢みたのである。そして、マルクスの追随者マルキストの創りつつある社会主義社会の現実を自由に背馳する全体主義としてドラッカーはその克服を意図したのである。彼はソ連型社会主義の失敗を、マルクスが規範とした〈自由〉を見捨てたところより、目指す〈抑圧から自由へ〉〈搾取から豊かさへ〉〈戦争から平和へ〉の道を踏み外すことになった。そして、自己の権力をこの約束を自分達は果たすものという自己義認することに正当性の根拠を置いたからだと見た。彼はマルキシズムが〈憎しみ〉を基礎として正義に立つ吾に反するものを倒すべしとする行動規範を強くいましめている。

では、ドラッカーに唱導されてきた自由主義諸国の現実は今いかなる状況にあるか、それに肯定的である者もいれば否定的であるものもいよう。たしかに、一九八〇年代前半まではアメリカをはじめ日本とそのほかの国々もおおむね肯定的に見られる状況にあったといえるであろう。だが、ソ連邦の内部に市場経済化が進み、政治的解体の動向が生れ、資本主義対社会主義の冷戦体制が消滅に向かうとともに、市場原理に制約をかけていた自己抑制的資本主義が市場原理第一主義の方向をとるに到った。市場原理に築かれる経済は、景気循環を不可避とし、一九二九年恐慌以降はその自立的・自律的回復は不可能となり、その規制を不可避とする段階に入った。内需拡大の政策をとったアメリカ、戦争の道をとった独・伊・日。そして、大戦・冷戦後日本は市場経済のもとで可能な限りでの社会主義的な政策をとり、日本的経営をもってJAPAN as No.1と言われるようにまでなった。アメリカもまた自由で豊かなよき国と見られた。だが、八〇年代後半市場経済はバブルを起こすべくして起こしてその処理に苦しみ、アメリカは絶えざる戦争によってのみ自己を維持する道をとって二十一世紀を迎え、その道を進んでいる。

ドラッカーは、このアメリカの現実を直視し肯定してはいなかったであろう。彼は組織・技術・知識を論じ、知識と技術がそこにおいて結晶せられうる組織のマネジメント革命を論じた。だが彼は、その組織の二大機能をマーケティングとイノベーションとし、これなくしては維持存続不可能たらしめる〈市場〉の何であるかを根底的に問うことなく、これを所与のものとし、それに忠実をつくすことを是とする地点に立ち続けたのである。何故か。それは、かれが〈経済人の終り〉即〈資本主義の終り〉と把握していたからである。

ドラッカーは、資本家支配の資本主義社会は既に過去のものであり、経営者支配の現代社会は一種の社会主義社会とも言いうる社会であると把握した。すなわち、現代株式会社においては、所有と経営が分離し、所有者として企業を支配する資本家は過去のものとなり、公的・私的組織の従業員たちの年金基金こそが最大の所有者となったことによって、労働者所有の企業社会が出現し、まさに年金基金社会主義が実現していると彼は見た。この資本主義から社会主義への革命は暴力によってなされたのではなく、徐々に〈見えざる革命〉として生じた、と一九七六年に *The Unseen Revolution — How Pension Fund Revolution Came to America*（佐々木実智男・上田惇生訳『見えざる革命―来るべき高齢者社会の衝撃』ダイヤモンド社）と彼は題して出版している。この本をソ連崩壊後の一九九六年に *Pension Fund Revolution* と改題して出版したのは、思い入れの程をうかがわせる。

なお、彼はソ連崩壊直後の一九九三年に*Post-Capitalsist Society*（上田・佐々木・田代『ポスト資本主義社会―二十一世紀の組織と人間はどう変わるか―』ダイヤモンド社）を出しているが、この題からも彼の資本主義観をうかがわせるものがある。すなわち彼は、資本主義社会即資本家支配社会とみている。“Capitalistic”は「資本の・資本家の、資本主義の、資本にもとづく」などの意をもつ。しかし資本家支配社会は資本制生産社会であり、資本主義社会であるが、経営者支配の社会もまた資本制生産でありうるし、資本主義社会でありうるし、また修正資本主義社会たりうるし、社会主義社会でもありうる。すなわち、彼は資本制生産の何たるかを深く問題としなかったのである。市場原理第一主義こそ資本主義社会であることの認識をもたなかったのである。

市場原理第一主義に立って、企業存立の不可欠の基本機能をしてマーケティングとイノベーションとし、利潤をその成果達成の尺度とし、一切の事物を貨幣価値によって測定し序列化する損得重視社会の建設を彼は推進したのである。教育・研究の組織もまた優劣・勝敗・損得競争の渦に引き込まれ、異常気象が普通であり、人間がかつて見ない人間性喪失の惨事の報導が増大する世となった。この現実もまた自由＝責任ある選択を人間の本義としてその実現を意図したドラッカーのマネジメント革命の意図せざる随伴的結果である。

Ⅵ

敗戦後五〇年たち新しい世紀を迎えた日本は、世界とともに混迷の中にある。そして、かつてヒットラーのナチズム＝全体主義に追随したドイツ人と同じような状態に日本人はある。小泉はヒットラーと同じほどパワーを持っていない。だから、自民党をブッ潰すと言ったが、再編成しかけて退場しようとしている。だが、彼の言論のたくみと、パフォーマンス、そして深い広い思考の欠如、反対者を作り排除し、さらに自己の言論と行為に対する無責任は、ヒットラーのそれと全く同巧異曲である。小泉は去っても第二・第三の小泉が生れないという保証はどこにもない。

財閥解体・地主制廃止・労働運動解禁の戦後民主化改革は、保守対革新の二大陣営の対立と結合の五五年体制のもと、高度成長・安定成長、そしてバブルとその崩壊、そして小泉の登場。資本家・地主の退場後における傑出した経営者たちの叢生とこれに対するマルクス派知識人たちの唱導に指導せられた労働組合運動の昂揚、そして一億総中流の実現。やがて、社会主義諸国の現実とマルクス派知識人の退潮、そして労働組合運動の弱体化。その間、〈経済人の終り〉を告げ新しい時代のプログラムを提示しつつ、戦後世界をリードし続けたドラッカーの優等生に日本はなった。市場原理第一主義に立つ「官から民へ」のドラッカー・ドクトリンに盲従する小泉の日本になった。

ドラッカーの言う〈経済人の終り〉は旧き資本主義の終りに他ならず、彼はそれを蘇生させ再生して新しい資本主義を社会主義の一種として構想した。だが、その現代資本主義の生み出した混迷は、ヒットラー出現時代をはるかに超えて深く大きい。その混迷に立ち抗いこれを克服する思想とプログラムが、ドラッカーイズム・ドラッカーシステムに代わって提示されねばならない。

参考文献

(1)　P・ドラッカーの著作一覧は、牧野洋訳解説『ドラッカー20世紀を生きて』（日本経済新聞社、二〇〇五年）の付録が最も詳しい。

(2)　私見の関連するものとしては、ドラッカーを主題として書いたものを除けば『科学的管理の未来―マルクス、ウエーバーを越えて』（未来社、二〇〇〇年）、『管理とは何か―テイラー、フォレット、バーナード、ドラッカーを超えて―』（文眞堂、二〇〇二年）および「二つのテイラー像―P・F・ドラッカーの科学的管理法を越えて」（『名城論叢』三―四、二〇〇三年）であろうか。

あとがき

ドラッカーを読み始めたのは、いつ頃であったか。一九五六年熊本商大から同志社に移ってすぐ、御所をはさんである立命館の植村省三さんと、外苑に座って話した時のことを思い出す。そのとき、「野田一夫監修『現代の経営』の訳がおかしいのでは」と話しが合った。彼は原書「*The Practice of Management*, 1954. を注文している」と言っていたが、アジア版が一九六一年、野田一夫監修のダイヤモンド社版、一九六五年が完訳されて出た。

当時は、〈骨はドイツ、肉はアメリカ〉の日本の経営学を創り上げていた経営学第一世代と、第一世代を先生として学を形成した第二世代が登場して来ていた頃である。この世代の人は、ドラッカーを読まない人は少なかったであろう。

私の馬場克三先生は「面白いね」と、副田満輝先生は「あれはあれでいいのではないですか」と言われた。ドイツ経営学の市原季一、鈴木和藏さんと六甲で一緒に飲んだとき、二人ともよく読み込んでおり、鈴木さんは「批判論文とはいえ、あれほど一生懸命読み込んだのに、君のは愛情が少しも感ぜられないのはどうしたことだ」、と言った。今でも心に残っている。その頃、私はマルクスに心酔し、「一人一人の自由が皆の自由の基礎となる社会」という社会主義社会の実現を願っていた。『現代の経営』に私の会社経験に共感するものがあったが、批判の対象としてのみ読んでいた。

『個別資本論序説、経営学批判』森山書店、一九五九年を書いてすぐ、立教に招かれた。立教で時間無制限のゼミを開き、学生と一緒に名著ばかりを熟読した。ドラッカーのものは次々に読んだ。その時まだ訳本のなかったものは原書で読んだ。松永壽夫君が報告の為に準備した *The Future of Industrial Man* の翻訳の何冊かのノート、和田一彦君の *The Concept of Corporation* の翻訳した幾冊かのノートが、そのままそれぞれ田代義範教授の『産業人の未来』未来社、下川浩一教授の『現代大企業論』未来社の下訳として使っていただいたことは、嬉しいことである。とくに、『産業人の未来』は、私にとって特別なものとなった。それは、この本の第六章「自由な社会と自由な政治」に展開されている〈聖書に基礎を置きオーガスチヌスによってはっきりされたもの〉として論じたドラッカーの自由論の所為である。私の書いたドラッカー論は、それ以前と以後とでは全く異なるものとなった。この本にも「批判」とついた二つの章を載せているが、なおそれも捨てがたいものと思いおるからである。

私がドラッカーの自由論にうちこんで行ったのは、当時の私の置かれた情況にある。これを機に、アイザイア・バーリンその他の自由論などを読んだが、やはりドラッカーのものでなければならなかった。それは、ソ連社会主義国家の現実の進行が、〈抑圧から自由へ、貧困から豊かさへ、戦争から平和へ〉の方向ではないという実情が次第に報じられるようになったことと、学内のマルキスト集団の方針が研究・教育第一ではなく、大学民主化の路線をとって教授会運営が為されていたことによる。私は、それに同調することが出来ず、孤立無援の場に立たされ、しかもその場に立つことの絶対的根拠を見出すことの出来ない状態に立ち到っていた。マルクスの今まで読んだものを読み返し、読んでいなかったものの幾つかを読んで、何の違和感も覚えなかった。何故だ。私は戦後マルクスについで多くの学者を惹き付けたウェーバーを読み、その支配論、官僚制論に同意するものがあり、マルクスもまたウェーバーの官僚制論と同じ考えをもっていたことも知った。そのことを『官僚制——現代の論理と倫理』未来社に書いたりした。このことは、私を組織論＝管理論に向かわせた。現代社会の理解は資本論だけでは不十分であり、組織論を不可欠とする。しかも、それはウェーバー理論だけでは不十分である。それは組織論を基礎とした管理論の方向に答えがある。それには理論だけでは不十分であり、規範論としての自由論が不可欠である、と考えるようになったからである。組織論の上に管理論を誰よりも深く論じたのがバーナードであり、自由論を管理論に不可欠のものとしたのがドラッカーである。ドラッカーの代表作『マネジメント』の序文は、まさに「専制にかわるもの」と題されている。

『マネジメント』の二年あとに *The Unseen Revolution*, 1976 が出た。それは労働者のものである年金基金が支配的な株式会社の所有となり、アメリカでは既に見えざる革命として社会主義が成立していると論じたものである。その頃、日本でも会社支配論が大きく論じられており、私は階級社会としての資本主義が組織社会となった状況に応じた会社支配論を、〈私的所有から社会的所有へ〉ではなく〈個人所有から機関＝組織所有へ〉と進行しつつあるのだという論を展開した『財産の終焉――組織社会の支配構造』文眞堂、一九八二年を出した。当時の代表的論者の諸説が念頭にあり、宮崎義一、西山忠範、奥村宏教授のものの批判を加えた。奥村教授は、反論というべき書評（エコノミスト、一九八三・二・八）を次のように締め括って載せられた。

第二部について触れる余裕がなくなったが、最後に著者のいう「パラダイムの転換」についていえば、これは果たしてパラダイムの転換なのか、それともマルクスからドラッカーへ馬を乗り換えただけなのか。もし後者であるならそれは実態分析や理論の問題ではなく、単なるファッションの問題でしかない。

書かれた内容をよく読み理解する努力なく自説擁護の為にのみ相手を罵倒しようとするものを、相手する必要はない、と思った。だが、吾が子をかばってやらねばと、「書かれている内容をよく読んで欲しい」との一文を『経済評論』に載せたりし、評判になったりした。それにしても、ドラッカーの年金基金社会主義論に同調するものを全くもっていなかった私に、この本を書くときほとんど念頭になく、今、目次を開いてみても、ドラッカーは第二部第四章「企業社会と共同体」の五、「ドラッカーの工場共同体」で取り上げられているだけである。私の未来社版『ドラッカー』が、マルクスからドラッカーに馬を乗り換えたと受けとめられたのであろうか。転向者のレッテルが張られた年月が続いたが、今はどうなのであろうか。

未来社版『ドラッカー、自由・社会・管理』一九七一年は、傾倒していった自由論（本書第三章）を軸にまとめたものであるが、広く読まれたが経営学関係者からは積極的に取り上げる人はいなかった。そんな中、菊池敏夫さんが書評し評価していただき、嬉しかった。菊池さんはその書評を『現代企業論』にも再録し、私もこの書評をしていると言われる。その後、有沢・桑原の日中人文社会交流協会と中国企業管理シンポジウムを高宮先生亡きあと二人で引きうけ、今も菊池さんは背負い続けておられる。今年彼が会長の経営行動研究学会の統一論題「ドラッカーと二十一世紀の企業経営」の報告者の一人として私も語ることになっている。何という縁であろうか。齊藤君は、さきの学会シンポジウム、総合司会をつとめることになっているし、麻生君は序章ドラッカー研究業績の紹介のところでもあげているように、注目された『ドラッカーの経営学』を出している。

経営学を講義する私が、〈骨はドイツ肉はアメリカ〉＝〈マルクスに拠った経営経済学〉から〈アメリカ一辺倒〉＝アメリカ管理論の経営学に移行したのは、ドラッカーが機縁ではない。基本的にはバーナードの組織・管理論によって、経営学は経済学ではなく全く別の学問であるという認識に立ったからである。

そして、アメリカ管理論はテイラーの科学的管理をもって始まり、テイラー・ディシプリンとして現在に到っている。そして、ドラッカーは、その本流の巨人として、テイラー、フォレット、バーナード、ドラッカーという位置と意味をもつものと把らえている。二十一世紀を考えるのに経営学を抜きにし、ドラッカーを抜きにして考えることは出来ない。なのに何故か、アメリカ一辺倒になってからドラッカーを読み打ち込む経営学者が少なくなったのはどういうことか。今、『もしドラ』にはじまったかつて無いブームによって、経営学者もようやく取り組みはじめた。どのように読まれるのであろうか。

なお、どうしても書きたいことがある。ゼミで一緒にドラッカーを読んだ人達と、一緒に『ドラッカー――新しい時代の予言者――経済人の終焉から傍観者の時代まで』有斐閣選書、一九七九年を上田惇・齊藤貞之・麻生幸・晴山俊雄共著で出した。その本の見開きにドラッカーさんから貰った写真と私が彼の通ったギムナジウムを探しあてたときの写真を載せている。この本のカバーに、この時の写真を思い出してカバーに仕上げてもらった。

ドラッカーにうち込み、クラレ人事部長をやめて、コンサルタント＝大学教授になった島田恒さんは、私に「一緒にドラッカーさんに会いましょう」と言って彼の来日時のアポイントを取ったりして、ホテルで待ち合せたが、急に来日がとりやめになって会う機会を失した。島田さんはあとクレアモントまで会いに行かれた。私はお会いする機会は失したままである。想い出は尽きぬ。

この本を書くことが出来たのは、先生方・友達の御思・お蔭である。そして直接的には毎週三時から九時、土曜日の午後、名著をひたすら共に読んで来た諸君である。感謝の言葉もない。心身すこやかに、充実した日日を過されよ。

なお、この度の本についても、いろいろと思いついたことを話すのに、聞き返えし、励まして下さった畏友村田晴夫先生に、感謝の意を表したい。

想えば、ほとんど同時代を生きた先達ドラッカーを、半世紀にわたって問い学び、学び問うて、その都度論文を少なからず発表して来た。読む視座も変りつづけた。その全ての中から幾編かを一冊の本にするのは容易ではなかった。一冊の本になる為には幾編か、新しい稿を必要とした。その作業のおかげで新しい地平が見えて来た。

文眞堂前野さん御一家の方々には、これまで御世話になって来たが、この本をまとめる提案を続け、着手から出来上がるまでの困難を熱意をもって支えていただかなかったらこの本は出来なかったであろう。このような形で世に出して下さったことに、厚く御礼申し上げる。有難うございました。

二〇一一年六月二七日

三戸　公

著者紹介

三戸　公（みと・ただし）

1921年　山口県に生れる

1949年　九州大学法文学部卒

現　在　立教大学名誉教授・中京大学名誉教授　経済学博士

日本労務学会会長，経営哲学学会会長，経営学史学会会長を歴任。

著　書　『装置工業論序説』（有斐閣，1957年），『個別資本論序説』（森山書店，1959年），『ドラッカー』（未来社，1971年），『アメリカ経営思想批判』（未来社，1972年），『官僚制―現代における論理と倫理』（未来社，1973年），『大企業における所有と支配』（共著，未来社，1973年），『公と私』（未来社，1976年，毎日出版文化賞受賞），『人間の学としての経営学』（産能短大出版部，1977年），『自由と必然――わが経営学の探求』（文眞堂，1978年），『財産の終焉――組織社会の支配構造』（文眞堂，1982年，経営科学文献賞受賞），『会社ってなんだ――日本人が一生すごす家』（カッパブックス版，1984年・文眞堂版，1991年），『恥を捨てた日本人』（未来社，1987年），『家の論理・1　日本的経営論序説』（文眞堂，1991年，経営科学文献賞受賞），『家の論理・2　日本的経営の成立』（文眞堂，1991年，経営科学文献賞受賞），『随伴的結果――管理の革命』（文眞堂，1994年），『家としての日本社会』（有斐閣，1994年），『新版・現代の学としての経営学（文眞堂版，1997年），『科学的管理の未来』（未来社，2000年），『管理とは何か――テイラー，フォレット，バーナード，ドラッカーを超えて』（文眞堂，2002年），その他，著書・訳書多数

現住所　359-0025　所沢市上安松11

ドラッカー、その思想

二〇一一年九月一〇日　第一版第一刷発行

検印省略

著　者　三　戸　　公

発行者　前　野　　弘

発行所　株式会社　文　眞　堂

東京都新宿区早稲田鶴巻町五三三番地

電話　東京三二〇二―八四八〇番

振替　〇〇一二〇―二―九六四三七番

組版　豊　国　印　刷

印刷　モリモト印刷

製本　モリモト印刷

定価はカバー裏に表示してあります

ISBN978-4-8309-4716-2　C3034

三戸　公　著

●現代大企業の所有と支配、組織中心社会の人間の運命を問う

財産の終焉

―組織社会の支配構造―

定価３３６０円

現代社会とはいかなる社会であり、いかに進みつつあるか。本書は、歴史を資本主義から社会主義へという把握にかえ、財産中心社会から組織中心社会への非連続の連続の時代ととらえることにより、現代を根底的に開示。組織中心社会における経済権力の化身である現代大企業の所有と支配、ならびに組織中心社会に生きる人間の運命を問う力作。

（１９８２年刊）

●日本の家の組織原理を根底から読み解く

家の論理

２日本的経営の成立

定価３３６４円

現代日本の家を尚も貫く組織原理である「家の論理」を摑み出し、未解明の日本的経営を根底から体系的・歴史的に解く。社会諸科学（民法、政治学、法制史、社会学、民族学、経済史、経営史等）のインターーディプシナリー・アプローチによる画期的業績。家の論理が家解体後も何故企業に残存するか、を解く。

（１９９１年刊）

●環境破壊の危機に対応、管理の諸理論を超克

随伴的結果

―管理の革命

定価３０５９円

精緻・巨大な技術に武装された組織体の行為は、巨大な目的的結果とともに必ず巨大な随伴的結果をもたらす。本書は、随伴的結果という新しい言葉を創り、概念化し、目的的結果のみを追求する単眼的管理から随伴的結果をも積極的に配慮する複眼的管理を提唱し、危機的地球環境問題、悪化する政治・社会的環境問題に新しい対応を求めるものである。

（１９９４年刊）

●現代における人間と社会の深奥に迫る21世紀経営学の原点

管理とは何か

定価４４１０円

―テイラー、フォレット、バーナード、ドラッカーを超えて

人間は、科学的管理の成果の驚異的機能性を享受しながら、意図せずして惹き起した負の随伴的結果である自然破壊、社会不安、人間性喪失の危機に遭遇している。本書は、管理学の巨人たちの位置と意味を明らかにし、危機克服の方途を示す科学論・文明論とも言うべき深く大きな書である。

（２００２年刊）